权威·前沿·原创

皮书系列为

“十二五”“十三五”国家重点图书出版规划项目

北京人才发展报告（2017）

ANNUAL REPORT ON DEVELOPMENT OF BEIJING'S TALENT (2017)

北京市人力资源研究中心
主　编／刘敏华

图书在版编目(CIP)数据

北京人才发展报告.2017 / 刘敏华主编. -- 北京:社会科学文献出版社,2017.12
(北京人才蓝皮书)
ISBN 978-7-5201-1946-7

Ⅰ.①北… Ⅱ.①刘… Ⅲ.①人才-发展战略-研究报告-北京-2017 Ⅳ.①C964.2

中国版本图书馆CIP数据核字(2017)第298444号

北京人才蓝皮书
北京人才发展报告(2017)

主　　编 / 刘敏华

出 版 人 / 谢寿光
项目统筹 / 祝得彬　仇　扬
责任编辑 / 仇　扬　王小艳　陈旭泽

出　　版 / 社会科学文献出版社·当代世界出版分社(010)59367004
地址:北京市北三环中路甲29号院华龙大厦　邮编:100029
网址:www.ssap.com.cn
发　　行 / 市场营销中心(010)59367081　59367018
印　　装 / 北京季蜂印刷有限公司

规　　格 / 开　本:787mm × 1092mm　1/16
印　张:20　字　数:302千字
版　　次 / 2017年12月第1版　2017年12月第1次印刷
书　　号 / ISBN 978-7-5201-1946-7
定　　价 / 128.00元

皮书序列号 / PSN B-2011-201-1/1

北京人才蓝皮书编委会

北京市人力资源研究中心简介

北京市人力资源研究中心是北京市委组织部直属的人力资源开发与管理应用对策研究和咨询机构，成立于2004年12月，是全国组织系统中组建的第一家人力资源研究机构。

北京市人力资源研究中心承担开展北京市委、市政府关于首都人力资源开发与管理的应用研究，推进人力资源交流与合作，统筹全市人才宣传工作等方面职责。十多年来，北京市人力资源研究中心按照“小机构、大平台、宽服务”的要求，充分发挥“智囊、喉舌、触角”的作用，紧紧围绕北京市委、市政府的中心工作，圆满完成了多项重大调研任务，通过出版书籍和内刊等多种形式，为全市各级党委、政府、企事业单位提供了强有力的决策支持和服务。

主要编撰者简介

刘敏华 现任北京市委组织部人才工作处处长、北京市人力资源研究中心主任、北京专家联谊会秘书长。清华大学工学博士，曾任清华大学党委组织部副部长、北京市委组织部组织处副处长。长期从事组织人才理论研究与实践工作。

摘　要

《北京人才发展报告（2017）》是由北京市人力资源研究中心组织编写的北京人才蓝皮书系列的第6本，旨在全面总结展示一个时期北京人才发展的理论成果和实践经验。全书由总报告、行业篇、区域篇、专家篇、特邀报告和附录六部分组成。

总报告概括了首都人才发展的基本情况，论述了打造世界高端人才聚集之都的主要进展，同时对未来的工作重点进行了展望。

行业篇、区域篇、专家篇和特邀报告主要收录了北京市重点行业、区域和专家的人才发展研究报告，力求从不同角度展示有关部门、各区、专家学者在推进人才发展中的实践探索、工作成果和思路措施。

附录部分收录了2017年以来北京市人才发展的重要事件，供读者全面了解这一时期北京人才发展的总体脉络。

目　录

Ⅰ　总报告

Ⅱ　行业篇

Ⅲ　区域篇

Ⅳ 专家篇

Ⅴ 特邀报告

Ⅵ 附录

皮书数据库阅读**使用指南**

总 报 告

General Report

B.1 聚天下英才而用之：打造世界高端人才聚集之都

北京市人力资源研究中心课题组*

摘　要： 本报告首先从人才资源数量、质量、结构等方面总结了首都人才发展情况。其次，围绕实施重大人才工程、改革人才发展体制机制、营造人才发展环境、推进京津冀人才一体化发展、坚持党管人才原则等方面，重点论述了北京在聚天下英才而用之、打造世界高端人才聚集之都的主要做法和经验。最后，对下一步深入贯彻党的十九大精神，推进《北京城市

* 课题组组长：刘敏华，北京市委组织部人才工作处处长、北京市人力资源研究中心主任、北京专家联谊会秘书长。课题组成员：李晓霞，北京市人力资源研究中心副主任；举辉，北京市人力资源研究中心副主任；王选华，北京市人力资源研究中心副调研员；张帆，北京市人力资源研究中心干部；薄洁敏，北京市人力资源研究中心干部；郭红钵，北京市人力资源研究中心干部；高群，北京市人力资源研究中心干部；张旸，北京科学学研究中心干部。

总体规划（2016年~2035年）》实施，聚焦人才工作国际化阶段重点和人才发展体制机制改革方向，切实推进首都人才工作进行了展望。

关键词：聚天下英才而用之　体制机制改革　一体化　高端人才聚集之都

一　首都人才发展新情况

党的十八大以来，按照习近平总书记关于人才工作的重要指示精神，在北京市人才工作领导小组统一部署下，有关职能部门各司其职、密切配合，大力促进首都人才事业发展。人才规模不断增长，人才质量稳步提升，人才结构加速优化，人才效能日益彰显，各项人才发展指标符合预期。总体上看，首都人才发展水平位居全国前列。

（一）人才资源数量增幅较大

人才资源总量。截至2016年底，北京地区从业人员达到1220.1万人，分别比2008年和2010年增长了24.4%和18.3%。据测算，北京地区人才资源总量达到692.2万人，分别比2008年和2010年增长了105.4%和79.8%。从人才的从业人员密度看①，2016年为56.7%，分别比2008年和2010年提高了22.3个百分点和19.4个百分点。人才资源变化见图1；人才的从业人员密度见图2。

人才队伍情况。从六支人才队伍看，各支人才队伍增速合理，队伍结构逐渐优化。2016年，党政人才、企业经营管理人才、专业技术人才、高技能人才、农村实用人才以及社会工作人才的数量分别为21.71万人、283.6

① 人才密度，是指在一定区域或系统内人才数量在从业人员中所占的比重。

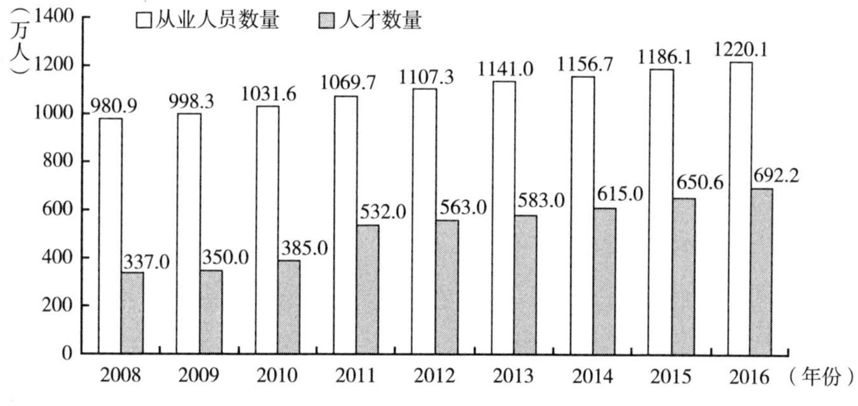

图1　北京地区人才资源变化情况

资料来源：从业人员数据来自《北京统计年鉴（2017）》，2016年人才数据来自《北京地区人才资源统计报告（2016）》，其他年份人才数据来自《北京人才发展报告（2016）》。

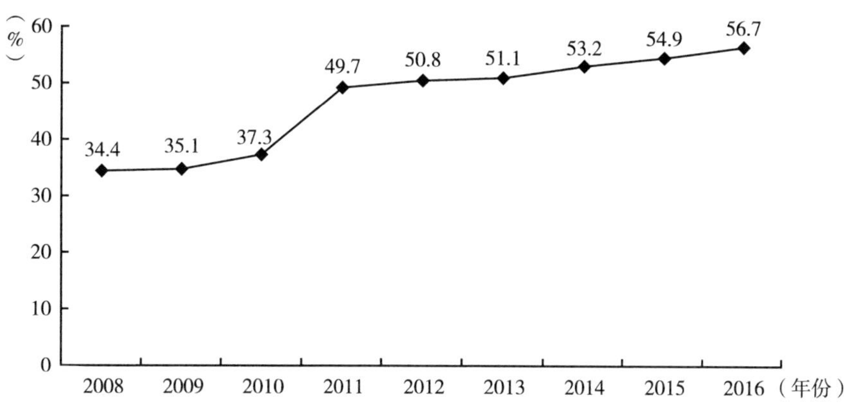

图2　北京地区人才的从业人员密度变化情况

万人、354.4万人（管理岗位74.3万人）、95.5万人、5.1万人、6.15万人。其中，专业技术人才和企业经营管理人才数量占全市人才总量比例超过90%。2008～2016年，社会工作人才队伍增长速度最快，年均增长率达到12.5%；其次是农村实用人才，年均增速为12.4%；企业经营管理人才、专业技术人才和高技能人才增速相当，年均增速分别为11.1%、10.4%、10.0%；增速最低的是党政人才队伍，年均增速为0.5%。具体情况见表1。

表1　北京地区人才队伍发展情况

单位：万人，%

队伍类型	2008 年	2011 年	2012 年	2013 年	2014 年	2015 年	2016 年	年均增速
党政人才	20.8	20.9	21.28	21.41	21.5	21.42	21.71	0.5
企业经营管理人才	122.5	243	247	249.4	257.3	269.42	283.6	11.1
专业技术人才	160.5	257	274	283.4	302.8	324.6	354.4	10.4
高技能人才	44.5	65.9	73.4	80	87.7	91.8	95.5	10.0
农村实用人才	2.0	3.8	4.3	4.6	4.7	4.88	5.1	12.4
社会工作人才	2.4	2.35	3.4	4.47	5.7	6.04	6.15	12.5

资料来源：2008 年数据来自《首都中长期人才发展规划纲要（2010～2020 年）》的测算数据，2016 年数据来自《北京地区人才资源统计报告（2016）》，其他年份人才数据来自《北京人才发展报告（2016）》。

结合首都中长期人才发展规划纲要，各支人才队伍的发展情况呈现不同特征。

一是党政人才队伍数量适度、规模稳定。2016 年底，党政人才总量比 2008 年增加了约 4%，比 2015 年增加了 1.35%，规模比较稳定。随着政府职能转变，加之中央、国家机关非紧密型行政辅助功能有序疏解，党政人才队伍总规模将趋于平稳，队伍质量将稳步提升。

二是企业经营管理人才总量快速增长、结构趋于优化。2016 年底，企业经营管理人才总量比 2008 年增加了 1.3 倍，达到 283.6 万人，提前实现了 2020 年规划目标。随着京津冀协同发展不断深入，非首都功能有序疏解，部分低端产业转出北京，预计相应企业经营管理人才增速趋缓，高端经营管理人才增速相对加快。

三是专业技术人才总量快速增长、高端化趋势日渐明显。2016 年底，专业技术人才总量比 2008 年增加了 1.2 倍，达到 354.4 万人（管理岗位 74.3 万人）。随着一般性制造业、部分批发零售业等第三产业有序疏解，北京具有全球影响力的科技创新中心建设速度加快，专业技术人才队伍将在保持总量适度增长的同时，加快向高端化方向发展。

四是社会工作人才规模、结构和素质全面提升。2016 年底，社会工作人才比 2008 年增加了 1.56 倍，在各支人才队伍中增速最快。考虑到首都人口压力较大，社会管理和服务任务繁重，对社会工作人才需求还将不断增长。预计未来时期，社会工作人才队伍规模还将加快增长，结构将逐步优化，素质将不断提高。

五是高技能人才总量快速增长、结构加速优化。2016 年底，高技能人才总量比 2008 年增加了 1.15 倍，比 2015 年增加了 4.03%。高技能人才占技能劳动者比例达到 29.6%，比 2008 年增加了 7.8 个百分点，同比提高 0.1 个百分点。随着非首都功能的疏解和“高精尖”经济结构的打造，预计高技能人才队伍增长速度将趋缓、结构优化将进一步加速。

六是农村实用人才总量快速增长、面临结构性调整。2016 年底，农村实用人才总量比 2008 年增加了 1.55 倍，增速仅次于社会工作人才。随着北京城乡一体化发展和都市型现代农业建设，农业发展重心向总部功能、休闲功能和生态功能转移，农村实用人才队伍将面临结构性调整。

（二）人才质量稳步提升

从业人员受教育程度。截至 2016 年底，北京地区接受过高等教育的从业人员比例达到了 46.9%，同比提高 2 个百分点，比 2008 年提高了 14 个百分点。从主要劳动年龄人口（20 ~ 59 岁）受高等教育情况看，2016 年受过高等教育的比例达到了 45.2%，同比提高 1 个百分点，比 2008 年提高了 18.2 个百分点，已经提前实现规划制定的 2020 年目标。具体情况见图 3。

高等院校毕业生。2016 年，全市各类高等院校毕业生为 52.88 万人，是补充首都人才资源的主要来源。其中，研究生占 15.6%，普通高校本专科生占 28.9%，成人本专科生占 15.6%，网络本专科生占 39.9%。具体情况见图 4。

高层次人才。北京市高层次人才序列主要包括“两院”院士、入选国家“千人计划”“万人计划”、北京市“海聚工程”“高创计划”等各类人才工程的国内外高层次人才，还包括国家、北京市其他类别人才计划培养支持的各类人才。到目前为止，北京地区拥有 750 多名“两院”院士，入选国家“千人计划”的海外高层次人才有 1658 名，入选国家“万人计划”的国内高层次人才有 682 名，北京地区拥有的这三类人才分别占全国的 1/2、

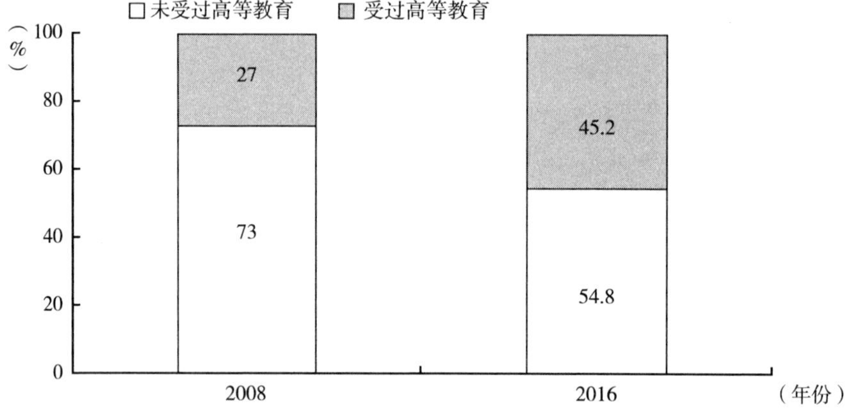

图 3　主要劳动年龄人口受过高等教育比例

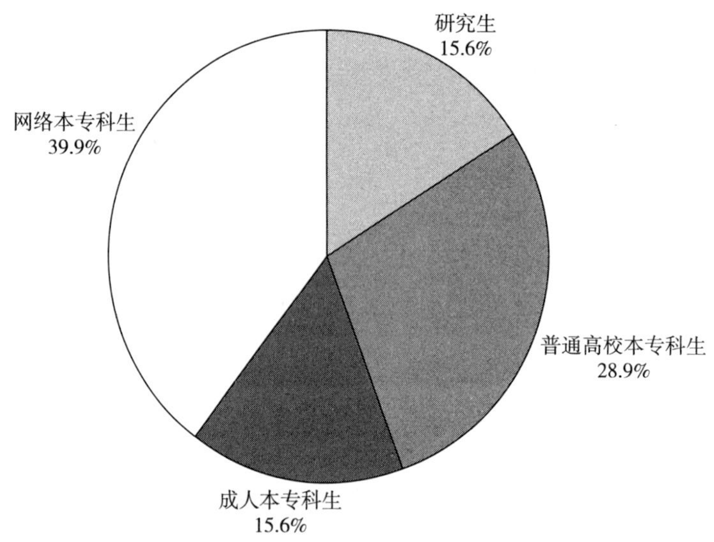

图 4　2016 年全市各类高等院校毕业生构成情况

1/4、1/3，具体情况见图 5。北京市“海聚工程”共认定 916 名海外高层次人才，其中 236 人入选了国家“千人计划”；国内高层次人才入选“高创计划”的有 428 名。先后三批共 42 名高层次人才获得“北京学者”称号。

社长致辞

伴随着今冬的第一场雪，2017年很快就要到了。世界每天都在发生着让人眼花缭乱的变化，而唯一不变的，是面向未来无数的可能性。作为个体，如何获取专业信息以备不时之需？作为行政主体或企事业主体，如何提高决策的科学性让这个世界变得更好而不是更糟？原创、实证、专业、前沿、及时、持续，这是1997年“皮书系列”品牌创立的初衷。

1997～2017，从最初一个出版社的学术产品名称到媒体和公众使用频率极高的热点词语，从专业术语到大众话语，从官方文件到独特的出版型态，作为重要的智库成果，“皮书”始终致力于成为海量信息时代的信息过滤器，成为经济社会发展的记录仪，成为政策制定、评估、调整的智力源，社会科学研究的资料集成库。“皮书”的概念不断延展，“皮书”的种类更加丰富，“皮书”的功能日渐完善。

1997～2017，皮书及皮书数据库已成为中国新型智库建设不可或缺的抓手与平台，成为政府、企业和各类社会组织决策的利器，成为人文社科研究最基本的资料库，成为世界系统完整及时认知当代中国的窗口和通道！“皮书”所具有的凝聚力正在形成一种无形的力量，吸引着社会各界关注中国的发展，参与中国的发展。

二十年的“皮书”正值青春，愿每一位皮书人付出的年华与智慧不辜负这个时代！

社会科学文献出版社社长
中国社会学会秘书长

2016年11月

社会科学文献出版社简介

社会科学文献出版社成立于1985年，是直属于中国社会科学院的人文社会科学专业学术出版机构。

成立以来，社科文献依托于中国社会科学院丰厚的学术出版和专家学者资源，坚持“创社科经典，出传世文献”的出版理念和“权威、前沿、原创”的产品定位，逐步走上了智库产品与专业学术成果系列化、规模化、数字化、国际化、市场化发展的经营道路，取得了令人瞩目的成绩。

学术出版 社科文献先后策划出版了“皮书”系列、“列国志”、“社科文献精品译库”、“全球化译丛”、“全面深化改革研究书系”、“近世中国”、“甲骨文”、“中国史话”等一大批既有学术影响又有市场价值的图书品牌和学术品牌，形成了较强的学术出版能力和资源整合能力。2016年社科文献发稿5.5亿字，出版图书2000余种，承印发行中国社会科学院院属期刊72种。

数字出版 凭借着雄厚的出版资源整合能力，社科文献长期以来一直致力于从内容资源和数字平台两个方面实现传统出版的再造，并先后推出了皮书数据库、列国志数据库、中国田野调查数据库等一系列数字产品。2016年数字化加工图书近4000种，文字处理量达10亿字。数字出版已经初步形成了产品设计、内容开发、编辑标引、产品运营、技术支持、营销推广等全流程体系。

国际出版 社科文献通过学术交流和国际书展等方式积极参与国际学术和国际出版的交流合作，努力将中国优秀的人文社会科学研究成果推向世界，从构建国际话语体系的角度推动学术出版国际化。目前已与英、荷、法、德、美、日、韩等国及港澳台地区近 40 家出版和学术文化机构建立了长期稳定的合作关系。

融合发展 紧紧围绕融合发展战略，社科文献全面布局融合发展和数字化转型升级，成效显著。以核心资源和重点项目为主的社科文献数据库产品群和数字出版体系日臻成熟，“一带一路”系列研究成果与专题数据库、阿拉伯问题研究国别基础库及中阿文化交流数据库平台等项目开启了社科文献向专业知识服务商转型的新篇章，成为行业领先。

此外，社科文献充分利用网络媒体平台，积极与各类媒体合作，并联合大型书店、学术书店、机场书店、网络书店、图书馆，构建起强大的学术图书内容传播平台，学术图书的媒体曝光率居全国之首，图书馆藏率居于全国出版机构前十位。

有温度，有情怀，有视野，更有梦想。未来社科文献将继续坚持专业化学术出版之路不动摇，着力搭建最具影响力的智库产品整合及传播平台、学术资源共享平台，为实现“社科文献梦”奠定坚实基础。

经 济 类

经济类皮书涵盖宏观经济、城市经济、大区域经济，
提供权威、前沿的分析与预测

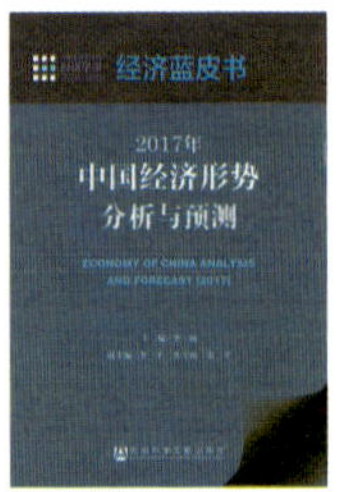

经济蓝皮书

2017 年中国经济形势分析与预测

李扬 / 主编　2016 年 12 月出版　定价：89.00 元

◆　本书为总理基金项目，由著名经济学家李扬领衔，联合中国社会科学院等数十家科研机构、国家部委和高等院校的专家共同撰写，系统分析了 2016 年的中国经济形势并预测 2017 年我国经济运行情况。

中国省域竞争力蓝皮书

中国省域经济综合竞争力发展报告（2015 ~ 2016）

李建平　李闽榕　高燕京 / 主编　2017 年 2 月出版　估价：198.00 元

◆　本书融多学科的理论为一体，深入追踪研究了省域经济发展与中国国家竞争力的内在关系，为提升中国省域经济综合竞争力提供有价值的决策依据。

城市蓝皮书

中国城市发展报告 No.10

潘家华　单菁菁 / 主编　2017 年 9 月出版　估价：89.00 元

◆　本书是由中国社会科学院城市发展与环境研究中心编著的，多角度、全方位地立体展示了中国城市的发展状况，并对中国城市的未来发展提出了许多建议。该书有强烈的时代感，对中国城市发展实践有重要的参考价值。

人口与劳动绿皮书

中国人口与劳动问题报告 No.18

蔡昉　张车伟 / 主编　2017 年 10 月出版　估价：89.00 元

◆　本书为中国社科院人口与劳动经济研究所主编的年度报告，对当前中国人口与劳动形势做了比较全面和系统的深入讨论，为研究我国人口与劳动问题提供了一个专业性的视角。

世界经济黄皮书

2017 年世界经济形势分析与预测

张宇燕 / 主编　2016 年 12 月出版　定价：89.00 元

◆　本书由中国社会科学院世界经济与政治研究所的研究团队撰写，2016 年世界经济增速进一步放缓，就业增长放慢。世界经济面临许多重大挑战同时，地缘政治风险、难民危机、大国政治周期、恐怖主义等问题也仍然在影响世界经济的稳定与发展。预计 2017 年按 PPP 计算的世界 GDP 增长率约为 3.0%。

国际城市蓝皮书

国际城市发展报告（2017）

屠启宇 / 主编　2017 年 2 月出版　估价：89.00 元

◆　本书作者以上海社会科学院从事国际城市研究的学者团队为核心，汇集同济大学、华东师范大学、复旦大学、上海交通大学、南京大学、浙江大学相关城市研究专业学者。立足动态跟踪介绍国际城市发展时间中，最新出现的重大战略、重大理念、重大项目、重大报告和最佳案例。

金融蓝皮书

中国金融发展报告（2017）

李扬　王国刚 / 主编　2017 年 1 月出版　估价：89.00 元

◆　本书由中国社会科学院金融研究所组织编写，概括和分析了 2016 年中国金融发展和运行中的各方面情况，研讨和评论了 2016 年发生的主要金融事件，有利于读者了解掌握 2016 年中国的金融状况，把握 2017 年中国金融的走势。

农村绿皮书

中国农村经济形势分析与预测（2016～2017）

魏后凯　杜志雄　黄秉信 / 著　2017 年 4 月出版　估价：89.00 元

◆　本书描述了 2016 年中国农业农村经济发展的一些主要指标和变化，并对 2017 年中国农业农村经济形势的一些展望和预测，提出相应的政策建议。

西部蓝皮书

中国西部发展报告（2017）

姚慧琴　徐璋勇 / 主编　2017 年 9 月出版　估价：89.00 元

◆　本书由西北大学中国西部经济发展研究中心主编，汇集了源自西部本土以及国内研究西部问题的权威专家的第一手资料，对国家实施西部大开发战略进行年度动态跟踪，并对 2017 年西部经济、社会发展态势进行预测和展望。

经济蓝皮书・夏季号

中国经济增长报告（2016～2017）

李扬 / 主编　2017 年 9 月出版　估价：98.00 元

◆　中国经济增长报告主要探讨 2016~2017 年中国经济增长问题，以专业视角解读中国经济增长，力求将其打造成一个研究中国经济增长、服务宏微观各级决策的周期性、权威性读物。

就业蓝皮书

2017 年中国本科生就业报告

麦可思研究院 / 编著　2017 年 6 月出版　估价：98.00 元

◆　本书基于大量的数据和调研，内容翔实，调查独到，分析到位，用数据说话，对我国大学生教育与发展起到了很好的建言献策作用。

社会政法类

社会政法类皮书聚焦社会发展领域的热点、难点问题，
提供权威、原创的资讯与视点

社会蓝皮书

2017年中国社会形势分析与预测

李培林　陈光金　张翼 / 主编　2016年12月出版　定价：89.00元

◆　本书由中国社会科学院社会学研究所组织研究机构专家、高校学者和政府研究人员撰写，聚焦当下社会热点，对2016年中国社会发展的各个方面内容进行了权威解读，同时对2017年社会形势发展趋势进行了预测。

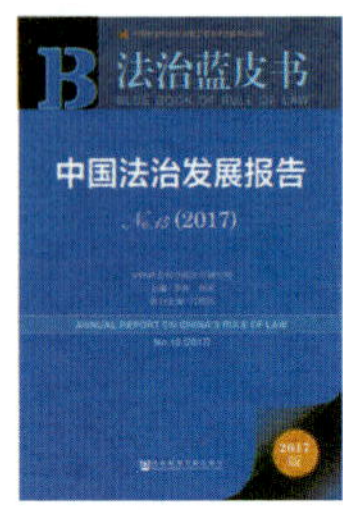

法治蓝皮书

中国法治发展报告 No.15（2017）

李林　田禾 / 主编　2017年3月出版　估价：118.00元

◆　本年度法治蓝皮书回顾总结了2016年度中国法治发展取得的成就和存在的不足，并对2017年中国法治发展形势进行了预测和展望。

社会体制蓝皮书

中国社会体制改革报告 No.5（2017）

龚维斌 / 主编　2017年4月出版　估价：89.00元

◆　本书由国家行政学院社会治理研究中心和北京师范大学中国社会管理研究院共同组织编写，主要对2016年社会体制改革情况进行回顾和总结，对2017年的改革走向进行分析，提出相关政策建议。

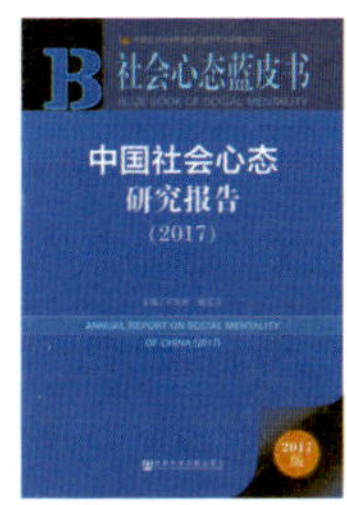

社会心态蓝皮书

中国社会心态研究报告（2017）

王俊秀　杨宜音 / 主编　2017 年 12 月出版　估价：89.00 元

◆　本书是中国社会科学院社会学研究所社会心理研究中心“社会心态蓝皮书课题组”的年度研究成果，运用社会心理学、社会学、经济学、传播学等多种学科的方法进行了调查和研究，对于目前我国社会心态状况有较广泛和深入的揭示。

生态城市绿皮书

中国生态城市建设发展报告（2017）

刘举科　孙伟平　胡文臻 / 主编　2017 年 7 月出版　估价：118.00 元

◆　报告以绿色发展、循环经济、低碳生活、民生宜居为理念，以更新民众观念、提供决策咨询、指导工程实践、引领绿色发展为宗旨，试图探索一条具有中国特色的城市生态文明建设新路。

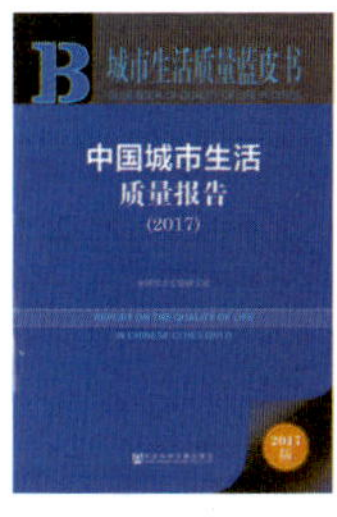

城市生活质量蓝皮书

中国城市生活质量报告（2017）

中国经济实验研究院 / 主编　2017 年 7 月出版　估价：89.00 元

◆　本书对全国 35 个城市居民的生活质量主观满意度进行了电话调查，同时对 35 个城市居民的客观生活质量指数进行了计算，为我国城市居民生活质量的提升，提出了针对性的政策建议。

公共服务蓝皮书

中国城市基本公共服务力评价（2017）

钟君　吴正杲 / 主编　2017 年 12 月出版　估价：89.00 元

◆　中国社会科学院经济与社会建设研究室与华图政信调查组成联合课题组，从 2010 年开始对基本公共服务力进行研究，研创了基本公共服务力评价指标体系，为政府考核公共服务与社会管理工作提供了理论工具。

行业报告类

行业报告类皮书立足重点行业、新兴行业领域，
提供及时、前瞻的数据与信息

企业社会责任蓝皮书

中国企业社会责任研究报告（2017）

黄群慧　钟宏武　张蒽　翟利峰 / 著　2017 年 10 月出版　估价：89.00 元

◆　本书剖析了中国企业社会责任在 2016 ~ 2017 年度的最新发展特征，详细解读了省域国有企业在社会责任方面的阶段性特征，生动呈现了国内外优秀企业的社会责任实践。对了解中国企业社会责任履行现状、未来发展，以及推动社会责任建设有重要的参考价值。

新能源汽车蓝皮书

中国新能源汽车产业发展报告（2017）

黄中国汽车技术研究中心　日产（中国）投资有限公司
东风汽车有限公司 / 编著　2017 年 7 月出版　估价：98.00 元

◆　本书对我国 2016 年新能源汽车产业发展进行了全面系统的分析，并介绍了国外的发展经验。有助于相关机构、行业和社会公众等了解中国新能源汽车产业发展的最新动态，为政府部门出台新能源汽车产业相关政策法规、企业制定相关战略规划，提供必要的借鉴和参考。

杜仲产业绿皮书

中国杜仲橡胶资源与产业发展报告（2016 ~ 2017）

杜红岩　胡文臻　俞锐 / 主编　2017 年 1 月出版　估价：85.00 元

◆　本书对 2016 年来的杜仲产业的发展情况、研究团队在杜仲研究方面取得的重要成果、部分地区杜仲产业发展的具体情况、杜仲新标准的制定情况等进行了较为详细的分析与介绍，使广大关心杜仲产业发展的读者能够及时跟踪产业最新进展。

企业蓝皮书

中国企业绿色发展报告 No.2（2017）

李红玉　朱光辉 / 主编　　2017 年 8 月出版　　估价：89.00 元

◆　本书深入分析中国企业能源消费、资源利用、绿色金融、绿色产品、绿色管理、信息化、绿色发展政策及绿色文化方面的现状，并对目前存在的问题进行研究，剖析因果，谋划对策。为企业绿色发展提供借鉴，为我国生态文明建设提供支撑。

中国上市公司蓝皮书

中国上市公司发展报告（2017）

张平　王宏淼 / 主编　　2017 年 10 月出版　　估价：98.00 元

◆　本书由中国社会科学院上市公司研究中心组织编写的，着力于全面、真实、客观反映当前中国上市公司财务状况和价值评估的综合性年度报告。本书详尽分析了 2016 年中国上市公司情况，特别是现实中暴露出的制度性、基础性问题，并对资本市场改革进行了探讨。

资产管理蓝皮书

中国资产管理行业发展报告（2017）

智信资产管理研究院 / 编著　　2017 年 6 月出版　　估价：89.00 元

◆　中国资产管理行业刚刚兴起，未来将中国金融市场最有看点的行业。本书主要分析了 2016 年度资产管理行业的发展情况，同时对资产管理行业的未来发展做出科学的预测。

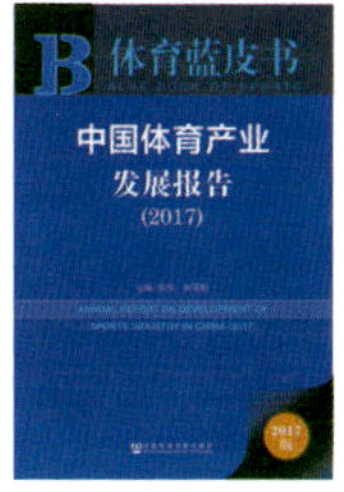

体育蓝皮书

中国体育产业发展报告（2017）

阮伟　钟秉枢 / 主编　　2017 年 12 月出版　　估价：89.00 元

◆　本书运用多种研究方法，在对于体育竞赛业、体育用品业、体育场馆业、体育传媒业等传统产业研究的基础上，紧紧围绕 2016 年体育领域内的各种热点事件进行研究和梳理，进一步拓宽了研究的广度、提升了研究的高度、挖掘了研究的深度。

国别与地区类

国别与地区类皮书关注全球重点国家与地区，
提供全面、独特的解读与研究

美国蓝皮书

美国研究报告（2017）

郑秉文　黄平 / 主编　2017 年 6 月出版　估价：89.00 元

◆　本书是由中国社会科学院美国所主持完成的研究成果，它回顾了美国 2016 年的经济、政治形势与外交战略，对 2017 年以来美国内政外交发生的重大事件及重要政策进行了较为全面的回顾和梳理。

日本蓝皮书

日本研究报告（2017）

杨伯江 / 主编　2017 年 5 月出版　估价：89.00 元

◆　本书对 2016 年拉丁美洲和加勒比地区诸国的政治、经济、社会、外交等方面的发展情况做了系统介绍，对该地区相关国家的热点及焦点问题进行了总结和分析，并在此基础上对该地区各国 2017 年的发展前景做出预测。

亚太蓝皮书

亚太地区发展报告（2017）

李向阳 / 主编　2017 年 3 月出版　估价：89.00 元

◆　本书是中国社会科学院亚太与全球战略研究院的集体研究成果。2016 年的“亚太蓝皮书”继续关注中国周边环境的变化。该书盘点了 2016 年亚太地区的焦点和热点问题，为深入了解 2016 年及未来中国与周边环境的复杂形势提供了重要参考。

德国蓝皮书

德国发展报告（2017）

郑春荣 / 主编　2017 年 6 月出版　估价：89.00 元

◆　本报告由同济大学德国研究所组织编撰，由该领域的专家学者对德国的政治、经济、社会文化、外交等方面的形势发展情况，进行全面的阐述与分析。

日本经济蓝皮书

日本经济与中日经贸关系研究报告（2017）

王洛林　张季风 / 编著　2017 年 5 月出版　估价：89.00 元

◆　本书系统、详细地介绍了 2016 年日本经济以及中日经贸关系发展情况，在进行了大量数据分析的基础上，对 2017 年日本经济以及中日经贸关系的大致发展趋势进行了分析与预测。

俄罗斯黄皮书

俄罗斯发展报告（2017）

李永全 / 编著　2017 年 7 月出版　估价：89.00 元

◆　本书系统介绍了 2016 年俄罗斯经济政治情况，并对 2016 年该地区发生的焦点、热点问题进行了分析与回顾；在此基础上，对该地区 2017 年的发展前景进行了预测。

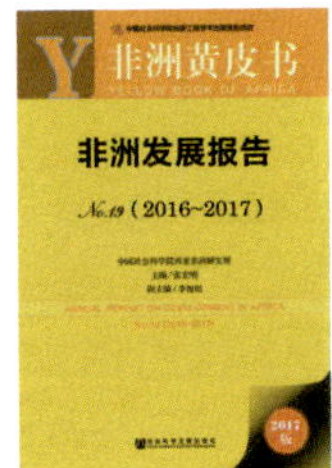

非洲黄皮书

非洲发展报告 No.19（2016 ~ 2017）

张宏明 / 主编　2017 年 8 月出版　估价：89.00 元

◆　本书是由中国社会科学院西亚非洲研究所组织编撰的非洲形势年度报告，比较全面、系统地分析了 2016 年非洲政治形势和热点问题，探讨了非洲经济形势和市场走向，剖析了大国对非洲关系的新动向；此外，还介绍了国内非洲研究的新成果。

地方发展类

地方发展类皮书关注中国各省份、经济区域，
提供科学、多元的预判与资政信息

北京蓝皮书

北京公共服务发展报告（2016~2017）

施昌奎 / 主编　2017 年 2 月出版　估价：89.00 元

◆　本书是由北京市政府职能部门的领导、首都著名高校的教授、知名研究机构的专家共同完成的关于北京市公共服务发展与创新的研究成果。

河南蓝皮书

河南经济发展报告（2017）

张占仓 / 编著　2017 年 3 月出版　估价：89.00 元

◆　本书以国内外经济发展环境和走向为背景，主要分析当前河南经济形势，预测未来发展趋势，全面反映河南经济发展的最新动态、热点和问题，为地方经济发展和领导决策提供参考。

广州蓝皮书

2017 年中国广州经济形势分析与预测

庾建设　陈浩钿　谢博能 / 主编　2017 年 7 月出版　估价：85.00 元

◆　本书由广州大学与广州市委政策研究室、广州市统计局联合主编，汇集了广州科研团体、高等院校和政府部门诸多经济问题研究专家、学者和实际部门工作者的最新研究成果，是关于广州经济运行情况和相关专题分析、预测的重要参考资料。

文化传媒类

文化传媒类皮书透视文化领域、文化产业，探索文化大繁荣、大发展的路径

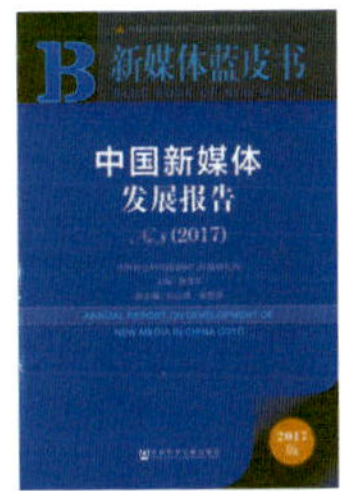

新媒体蓝皮书

中国新媒体发展报告 No.8（2017）

唐绪军 / 主编　2017 年 6 月出版　估价：89.00 元

◆　本书是由中国社会科学院新闻与传播研究所组织编写的关于新媒体发展的最新年度报告，旨在全面分析中国新媒体的发展现状，解读新媒体的发展趋势，探析新媒体的深刻影响。

移动互联网蓝皮书

中国移动互联网发展报告（2017）

官建文 / 编著　2017 年 6 月出版　估价：89.00 元

◆　本书着眼于对中国移动互联网 2016 年度的发展情况做深入解析，对未来发展趋势进行预测，力求从不同视角、不同层面全面剖析中国移动互联网发展的现状、年度突破及热点趋势等。

传媒蓝皮书

中国传媒产业发展报告（2017）

崔保国 / 主编　2017 年 5 月出版　估价：98.00 元

◆　“传媒蓝皮书”连续十多年跟踪观察和系统研究中国传媒产业发展。本报告在对传媒产业总体以及各细分行业发展状况与趋势进行深入分析基础上，对年度发展热点进行跟踪，剖析新技术引领下的商业模式，对传媒各领域发展趋势、内体经营、传媒投资进行解析，为中国传媒产业正在发生的变革提供前瞻行参考。

经济类

“三农”互联网金融蓝皮书
中国“三农”互联网金融发展报告（2017）
著(编)者：李勇坚 王弢　　2017年8月出版 / 估价：98.00元
PSN B-2016-561-1/1

G20国家创新竞争力黄皮书
二十国集团（G20）国家创新竞争力发展报告（2016~2017）
著(编)者：李建平 李闽榕 赵新力 周天勇
2017年8月出版 / 估价：158.00元
PSN Y-2011-229-1/1

产业蓝皮书
中国产业竞争力报告（2017）No.7
著(编)者：张其仔　　2017年12月出版 / 估价：98.00元
PSN B-2010-175-1/1

城市创新蓝皮书
中国城市创新报告（2017）
著(编)者：周天勇 旷建伟　　2017年11月出版 / 估价：89.00元
PSN B-2013-340-1/1

城市蓝皮书
中国城市发展报告 No.10
著(编)者：潘家华 单菁菁　2017年9月出版 / 估价：89.00元
PSN B-2007-091-1/1

城乡一体化蓝皮书
中国城乡一体化发展报告（2016～2017）
著(编)者：汝信 付崇兰　　2017年7月出版 / 估价：85.00元
PSN B-2011-226-1/2

城镇化蓝皮书
中国新型城镇化健康发展报告（2017）
著(编)者：张占斌　　2017年8月出版 / 估价：89.00元
PSN B-2014-396-1/1

创新蓝皮书
创新型国家建设报告（2016～2017）
著(编)者：詹正茂　　2017年12月出版 / 估价：89.00元
PSN B-2009-140-1/1

创业蓝皮书
中国创业发展报告（2016～2017）
著(编)者：黄群慧 赵卫星 钟宏武等
2017年11月出版 / 估价：89.00元
PSN B-2016-578-1/1

低碳发展蓝皮书
中国低碳发展报告（2016~2017）
著(编)者：齐晔 张希良　　2017年3月出版 / 估价：98.00元
PSN B-2011-223-1/1

低碳经济蓝皮书
中国低碳经济发展报告（2017）
著(编)者：薛进军 赵忠秀　　2017年6月出版 / 估价：85.00元
PSN B-2011-194-1/1

东北蓝皮书
中国东北地区发展报告（2017）
著(编)者：朱宇 张新颖　　2017年12月出版 / 估价：89.00元
PSN B-2006-067-1/1

发展与改革蓝皮书
中国经济发展和体制改革报告No.8
著(编)者：邹东涛 王再文　　2017年1月出版 / 估价：98.00元
PSN B-2008-122-1/1

工业化蓝皮书
中国工业化进程报告（2017）
著(编)者：黄群慧　　2017年12月出版 / 估价：158.00元
PSN B-2007-095-1/1

管理蓝皮书
中国管理发展报告（2017）
著(编)者：张晓东　2017年10月出版 / 估价：98.00元
PSN B-2014-416-1/1

国际城市蓝皮书
国际城市发展报告（2017）
著(编)者：屠启宇　2017年2月出版 / 估价：89.00元
PSN B-2012-260-1/1

国家创新蓝皮书
中国创新发展报告（2017）
著(编)者：陈劲　　2017年12月出版 / 估价：89.00元
PSN B-2014-370-1/1

金融蓝皮书
中国金融发展报告（2017）
著(编)者：李杨　王国刚　　2017年12月出版 / 估价：89.00元
PSN B-2004-031-1/6

京津冀金融蓝皮书
京津冀金融发展报告（2017）
著(编)者：王爱俭 李向前
2017年3月出版 / 估价：89.00元
PSN B-2016-528-1/1

京津冀蓝皮书
京津冀发展报告（2017）
著(编)者：文魁 祝尔娟　　2017年4月出版 / 估价：89.00元
PSN B-2012-262-1/1

经济蓝皮书
2017年中国经济形势分析与预测
著(编)者：李扬　　2016年12月出版 / 定价：89.00元
PSN B-1996-001-1/1

经济蓝皮书·春季号
2017年中国经济前景分析
著(编)者：李扬　　2017年6月出版 / 估价：89.00元
PSN B-1999-008-1/1

经济蓝皮书·夏季号
中国经济增长报告（2016～2017）
著(编)者：李扬　　2017年9月出版 / 估价：98.00元
PSN B-2010-176-1/1

经济信息绿皮书
中国与世界经济发展报告（2017）
著(编)者：杜平　　2017年12月出版 / 估价：89.00元
PSN G-2003-023-1/1

就业蓝皮书
2017年中国本科生就业报告
著(编)者：麦可思研究院　　2017年6月出版 / 估价：98.00元
PSN B-2009-146-1/2

就业蓝皮书
2017年中国高职高专生就业报告
著(编)者：麦可思研究院　2017年6月出版 / 估价：98.00元
PSN B-2015-472-2/2

科普能力蓝皮书
中国科普能力评价报告（2017）
著(编)者：李富 强李群　2017年8月出版 / 估价：89.00元
PSN B-2016-556-1/1

临空经济蓝皮书
中国临空经济发展报告（2017）
著(编)者：连玉明　2017年9月出版 / 估价：89.00元
PSN B-2014-421-1/1

农村绿皮书
中国农村经济形势分析与预测（2016～2017）
著(编)者：魏后凯 杜志雄 黄秉信
2017年4月出版 / 估价：89.00元
PSN G-1998-003-1/1

农业应对气候变化蓝皮书
气候变化对中国农业影响评估报告 No.3
著(编)者：矫梅燕　2017年8月出版 / 估价：98.00元
PSN B-2014-413-1/1

气候变化绿皮书
应对气候变化报告（2017）
著(编)者：王伟光 郑国光　2017年6月出版 / 估价：89.00元
PSN G-2009-144-1/1

区域蓝皮书
中国区域经济发展报告（2016～2017）
著(编)者：赵弘　2017年6月出版 / 估价：89.00元
PSN B-2004-034-1/1

全球环境竞争力绿皮书
全球环境竞争力报告（2017）
著(编)者：李建平 李闽榕 王金南
2017年12月出版 / 估价：198.00元
PSN G-2013-363-1/1

人口与劳动绿皮书
中国人口与劳动问题报告 No.18
著(编)者：蔡昉 张车伟　2017年11月出版 / 估价：89.00元
PSN G-2000-012-1/1

商务中心区蓝皮书
中国商务中心区发展报告 No.3（2016）
著(编)者：李国红 单菁菁　2017年1月出版 / 估价：89.00元
PSN B-2015-444-1/1

世界经济黄皮书
2017年世界经济形势分析与预测
著(编)者：张宇燕　2016年12月出版 / 定价：89.00元
PSN Y-1999-006-1/1

世界旅游城市绿皮书
世界旅游城市发展报告（2017）
著(编)者：宋宇　2017年1月出版 / 估价：128.00元
PSN G-2014-400-1/1

土地市场蓝皮书
中国农村土地市场发展报告（2016～2017）
著(编)者：李光荣　2017年3月出版 / 估价：89.00元
PSN B-2016-527-1/1

西北蓝皮书
中国西北发展报告（2017）
著(编)者：高建龙　2017年3月出版 / 估价：89.00元
PSN B-2012-261-1/1

西部蓝皮书
中国西部发展报告（2017）
著(编)者：姚慧琴 徐璋勇　2017年9月出版 / 估价：89.00元
PSN B-2005-039-1/1

新型城镇化蓝皮书
新型城镇化发展报告（2017）
著(编)者：李伟 宋敏 沈体雁　2017年3月出版 / 估价：98.00元
PSN B-2014-431-1/1

新兴经济体蓝皮书
金砖国家发展报告（2017）
著(编)者：林跃勤 周文　2017年12月出版 / 估价：89.00元
PSN B-2011-195-1/1

长三角蓝皮书
2017年新常态下深化一体化的长三角
著(编)者：王庆五　2017年12月出版 / 估价：88.00元
PSN B-2005-038-1/1

中部竞争力蓝皮书
中国中部经济社会竞争力报告（2017）
著(编)者：教育部人文社会科学重点研究基地
南昌大学中国中部经济社会发展研究中心
2017年12月出版 / 估价：89.00元
PSN B-2012-276-1/1

中部蓝皮书
中国中部地区发展报告（2017）
著(编)者：宋亚平　2017年12月出版 / 估价：88.00元
PSN B-2007-089-1/1

中国省域竞争力蓝皮书
中国省域经济综合竞争力发展报告（2017）
著(编)者：李建平 李闽榕 高燕京
2017年2月出版 / 估价：198.00元
PSN B-2007-088-1/1

中三角蓝皮书
长江中游城市群发展报告（2017）
著(编)者：秦尊文　2017年9月出版 / 估价：89.00元
PSN B-2014-417-1/1

中小城市绿皮书
中国中小城市发展报告（2017）
著(编)者：中国城市经济学会中小城市经济发展委员会
中国城镇化促进会中小城市发展委员会
《中国中小城市发展报告》编纂委员会
中小城市发展战略研究院
2017年11月出版 / 估价：128.00元
PSN G-2010-161-1/1

中原蓝皮书
中原经济区发展报告（2017）
著(编)者：李英杰　2017年6月出版 / 估价：88.00元
PSN B-2011-192-1/1

自贸区蓝皮书
中国自贸区发展报告（2017）
著(编)者：王力　2017年7月出版 / 估价：89.00元
PSN B-2016-559-1/1

社会政法类

北京蓝皮书
中国社区发展报告（2017）
著(编)者：于燕燕　2017年2月出版 / 估价：89.00元
PSN B-2007-083-5/8

殡葬绿皮书
中国殡葬事业发展报告（2017）
著(编)者：李伯森　2017年4月出版 / 估价：158.00元
PSN G-2010-180-1/1

城市管理蓝皮书
中国城市管理报告（2016~2017）
著(编)者：刘林　刘承水　2017年5月出版 / 估价：158.00元
PSN B-2013-336-1/1

城市生活质量蓝皮书
中国城市生活质量报告（2017）
著(编)者：中国经济实验研究院
2017年7月出版 / 估价：89.00元
PSN B-2013-326-1/1

城市政府能力蓝皮书
中国城市政府公共服务能力评估报告（2017）
著(编)者：何艳玲　2017年4月出版 / 估价：89.00元
PSN B-2013-338-1/1

慈善蓝皮书
中国慈善发展报告（2017）
著(编)者：杨团　2017年6月出版 / 估价：89.00元
PSN B-2009-142-1/1

党建蓝皮书
党的建设研究报告 No.2（2017）
著(编)者：崔建民　陈东平　2017年2月出版 / 估价：89.00元
PSN B-2016-524-1/1

地方法治蓝皮书
中国地方法治发展报告 No.3（2017）
著(编)者：李林　田禾　2017年3出版 / 估价：108.00元
PSN B-2015-442-1/1

法治蓝皮书
中国法治发展报告 No.15（2017）
著(编)者：李林 田禾　2017年3月出版 / 估价：118.00元
PSN B-2004-027-1/1

法治政府蓝皮书
中国法治政府发展报告（2017）
著(编)者：中国政法大学法治政府研究院
2017年2月出版 / 估价：98.00元
PSN B-2015-502-1/2

法治政府蓝皮书
中国法治政府评估报告（2017）
著(编)者：中国政法大学法治政府研究院
2016年11月出版 / 估价：98.00元
PSN B-2016-577-2/2

反腐倡廉蓝皮书
中国反腐倡廉建设报告 No.7
著(编)者：张英伟　2017年12月出版 / 估价：89.00元
PSN B-2012-259-1/1

非传统安全蓝皮书
中国非传统安全研究报告（2016~2017）
著(编)者：余潇枫 魏志江　2017年6月出版 / 估价：89.00元
PSN B-2012-273-1/1

妇女发展蓝皮书
中国妇女发展报告 No.7
著(编)者：王金玲　2017年9月出版 / 估价：148.00元
PSN B-2006-069-1/1

妇女教育蓝皮书
中国妇女教育发展报告 No.4
著(编)者：张李玺　2017年10月出版 / 估价：78.00元
PSN B-2008-121-1/1

妇女绿皮书
中国性别平等与妇女发展报告（2017）
著(编)者：谭琳　2017年12月出版 / 估价：99.00元
PSN G-2006-073-1/1

公共服务蓝皮书
中国城市基本公共服务力评价（2017）
著(编)者：钟君 吴正杲　2017年12月出版 / 估价：89.00元
PSN B-2011-214-1/1

公民科学素质蓝皮书
中国公民科学素质报告（2016~2017）
著(编)者：李群　陈雄　马宗文
2017年1月出版 / 估价：89.00元
PSN B-2014-379-1/1

公共关系蓝皮书
中国公共关系发展报告（2017）
著(编)者：柳斌杰　2017年11月出版 / 估价：89.00元
PSN B-2016-580-1/1

公益蓝皮书
中国公益慈善发展报告（2017）
著(编)者：朱健刚　2017年4月出版 / 估价：118.00元
PSN B-2012-283-1/1

国际人才蓝皮书
海外华侨华人专业人士报告（2017）
著(编)者：王辉耀 苗绿　2017年8月出版 / 估价：89.00元
PSN B-2014-409-4/4

国际人才蓝皮书
中国国际移民报告（2017）
著(编)者：王辉耀　2017年2月出版 / 估价：89.00元
PSN B-2012-304-3/4

国际人才蓝皮书
中国留学发展报告（2017）No.5
著(编)者：王辉耀 苗绿　2017年10月出版 / 估价：89.00元
PSN B-2012-244-2/4

海洋社会蓝皮书
中国海洋社会发展报告（2017）
著(编)者：崔凤 宋宁而　2017年7月出版 / 估价：89.00元
PSN B-2015-478-1/1

行政改革蓝皮书
中国行政体制改革报告（2017）No.6
著(编)者：魏礼群　2017年5月出版 / 估价：98.00元
PSN B-2011-231-1/1

华侨华人蓝皮书
华侨华人研究报告（2017）
著(编)者：贾益民　2017年12月出版 / 估价：128.00元
PSN B-2011-204-1/1

环境竞争力绿皮书
中国省域环境竞争力发展报告（2017）
著(编)者：李建平　李闽榕　王金南
2017年11月出版 / 估价：198.00元
PSN G-2010-165-1/1

环境绿皮书
中国环境发展报告（2017）
著(编)者：刘鉴强　2017年11月出版 / 估价：89.00元
PSN G-2006-048-1/1

基金会蓝皮书
中国基金会发展报告（2016~2017）
著(编)者：中国基金会发展报告课题组
2017年4月出版 / 估价：85.00元
PSN B-2013-368-1/1

基金会绿皮书
中国基金会发展独立研究报告（2017）
著(编)者：基金会中心网　中央民族大学基金会研究中心
2017年6月出版 / 估价：88.00元
PSN G-2011-213-1/1

基金会透明度蓝皮书
中国基金会透明度发展研究报告（2017）
著(编)者：基金会中心网　清华大学廉政与治理研究中心
2017年12月出版 / 估价：89.00元
PSN B-2015-509-1/1

家庭蓝皮书
中国"创建幸福家庭活动"评估报告（2017）
国务院发展研究中心"创建幸福家庭活动评估"课题组著
2017年8月出版 / 估价：89.00元
PSN B-2012-261-1/1

健康城市蓝皮书
中国健康城市建设研究报告（2017）
著(编)者：王鸿春　解树江　盛继洪
2017年9月出版 / 估价：89.00元
PSN B-2016-565-2/2

教师蓝皮书
中国中小学教师发展报告（2017）
著(编)者：曾晓东　鱼霞　2017年6月出版 / 估价：89.00元
PSN B-2012-289-1/1

教育蓝皮书
中国教育发展报告（2017）
著(编)者：杨东平　2017年4月出版 / 估价：89.00元
PSN B-2006-047-1/1

科普蓝皮书
中国基层科普发展报告（2016～2017）
著(编)者：赵立　新陈玲　2017年9月出版 / 估价：89.00元
PSN B-2016-569-3/3

科普蓝皮书
中国科普基础设施发展报告（2017）
著(编)者：任福君　2017年6月出版 / 估价：89.00元
PSN B-2010-174-1/3

科普蓝皮书
中国科普人才发展报告（2017）
著(编)者：郑念　任嵘嵘　2017年4月出版 / 估价：98.00元
PSN B-2015-513-2/3

科学教育蓝皮书
中国科学教育发展报告（2017）
著(编)者：罗晖　王康友　2017年10月出版 / 估价：89.00元
PSN B-2015-487-1/1

劳动保障蓝皮书
中国劳动保障发展报告（2017）
著(编)者：刘燕斌　2017年9月出版 / 估价：188.00元
PSN B-2014-415-1/1

老龄蓝皮书
中国老年宜居环境发展报告（2017）
著(编)者：党俊武　周燕珉　2017年1月出版 / 估价：89.00元
PSN B-2013-320-1/1

连片特困区蓝皮书
中国连片特困区发展报告（2017）
著(编)者：游俊　冷志明　丁建军
2017年3月出版 / 估价：98.00元
PSN B-2013-321-1/1

民间组织蓝皮书
中国民间组织报告（2017）
著(编)者：黄晓勇　2017年12月出版 / 估价：89.00元
PSN B-2008-118-1/1

民调蓝皮书
中国民生调查报告（2017）
著(编)者：谢耘耕　2017年12月出版 / 估价：98.00元
PSN B-2014-398-1/1

民族发展蓝皮书
中国民族发展报告（2017）
著(编)者：郝时远　王延中　王希恩
2017年4月出版 / 估价：98.00元
PSN B-2006-070-1/1

女性生活蓝皮书
中国女性生活状况报告 No.11（2017）
著(编)者：韩湘景　2017年10月出版 / 估价：98.00元
PSN B-2006-071-1/1

汽车社会蓝皮书
中国汽车社会发展报告（2017）
著(编)者：王俊秀　2017年1月出版 / 估价：89.00元
PSN B-2011-224-1/1

青年蓝皮书
中国青年发展报告（2017）No.3
著(编)者：廉思 等　2017年4月出版 / 估价：89.00元
PSN B-2013-333-1/1

青少年蓝皮书
中国未成年人互联网运用报告（2017）
著(编)者：李文革 沈杰 季为民
2017年11月出版 / 估价：89.00元
PSN B-2010-156-1/1

青少年体育蓝皮书
中国青少年体育发展报告（2017）
著(编)者：郭建军 杨桦　2017年9月出版 / 估价：89.00元
PSN B-2015-482-1/1

群众体育蓝皮书
中国群众体育发展报告（2017）
著(编)者：刘国永 杨桦　2017年12月出版 / 估价：89.00元
PSN B-2016-519-2/3

人权蓝皮书
中国人权事业发展报告 No.7（2017）
著(编)者：李君如　2017年9月出版 / 估价：98.00元
PSN B-2011-215-1/1

社会保障绿皮书
中国社会保障发展报告（2017）No.9
著(编)者：王延中　2017年4月出版 / 估价：89.00元
PSN G-2001-014-1/1

社会风险评估蓝皮书
风险评估与危机预警评估报告（2017）
著(编)者：唐钧　2017年8月出版 / 估价：85.00元
PSN B-2016-521-1/1

社会工作蓝皮书
中国社会工作发展报告（2017）
著(编)者：民政部社会工作研究中心
2017年8月出版 / 估价：89.00元
PSN B-2009-141-1/1

社会管理蓝皮书
中国社会管理创新报告 No.5
著(编)者：连玉明　2017年11月出版 / 估价：89.00元
PSN B-2012-300-1/1

社会蓝皮书
2017年中国社会形势分析与预测
著(编)者：李培林　陈光金　张翼
2016年12月出版 / 定价：89.00元
PSN B-1998-002-1/1

社会体制蓝皮书
中国社会体制改革报告No.5（2017）
著(编)者：龚维斌　2017年4月出版 / 估价：89.00元
PSN B-2013-330-1/1

社会心态蓝皮书
中国社会心态研究报告（2017）
著(编)者：王俊秀 杨宜音　2017年12月出版 / 估价：89.00元
PSN B-2011-199-1/1

社会组织蓝皮书
中国社会组织评估发展报告（2017）
著(编)者：徐家良 廖鸿　2017年12月出版 / 估价：89.00元
PSN B-2013-366-1/1

生态城市绿皮书
中国生态城市建设发展报告（2017）
著(编)者：刘举科 孙伟平 胡文臻
2017年9月出版 / 估价：118.00元
PSN G-2012-269-1/1

生态文明绿皮书
中国省域生态文明建设评价报告（ECI 2017）
著(编)者：严耕　2017年12月出版 / 估价：98.00元
PSN G-2010-170-1/1

体育蓝皮书
中国公共体育服务发展报告（2017）
著(编)者：戴健　2017年12月出版 / 估价：89.00元
PSN B-2013-367-2/4

土地整治蓝皮书
中国土地整治发展研究报告 No.4
著(编)者：国土资源部土地整治中心
2017年7月出版 / 估价：89.00元
PSN B-2014-401-1/1

土地政策蓝皮书
中国土地政策研究报告（2017）
著(编)者：高延利 李宪文
2017年12月出版 / 估价：89.00元
PSN B-2015-506-1/1

医改蓝皮书
中国医药卫生体制改革报告（2017）
著(编)者：文学国　房志武　2017年11月出版 / 估价：98.00元
PSN B-2014-432-1/1

医疗卫生绿皮书
中国医疗卫生发展报告 No.7（2017）
著(编)者：申宝忠 韩玉珍　2017年4月出版 / 估价：85.00元
PSN G-2004-033-1/1

应急管理蓝皮书
中国应急管理报告（2017）
著(编)者：宋英华　2017年9月出版 / 估价：98.00元
PSN B-2016-563-1/1

政治参与蓝皮书
中国政治参与报告（2017）
著(编)者：房宁　2017年9月出版 / 估价：118.00元
PSN B-2011-200-1/1

中国农村妇女发展蓝皮书
农村流动女性城市生活发展报告（2017）
著(编)者：谢丽华　2017年12月出版 / 估价：89.00元
PSN B-2014-434-1/1

宗教蓝皮书
中国宗教报告（2017）
著(编)者：邱永辉　2017年4月出版 / 估价：89.00元
PSN B-2008-117-1/1

行业报告类

SUV蓝皮书
中国SUV市场发展报告（2016~2017）
著(编)者：靳军　　2017年9月出版 / 估价：89.00元
PSN B-2016-572-1/1

保健蓝皮书
中国保健服务产业发展报告 No.2
著(编)者：中国保健协会 中共中央党校
2017年7月出版 / 估价：198.00元
PSN B-2012-272-3/3

保健蓝皮书
中国保健食品产业发展报告 No.2
著(编)者：中国保健协会
中国社会科学院食品药品产业发展与监管研究中心
2017年7月出版 / 估价：198.00元
PSN B-2012-271-2/3

保健蓝皮书
中国保健用品产业发展报告 No.2
著(编)者：中国保健协会
国务院国有资产监督管理委员会研究中心
2017年3月出版 / 估价：198.00元
PSN B-2012-270-1/3

保险蓝皮书
中国保险业竞争力报告（2017）
著(编)者：项俊波　　2017年12月出版 / 估价：99.00元
PSN B-2013-311-1/1

冰雪蓝皮书
中国滑雪产业发展报告（2017）
著(编)者：孙承华 伍斌 魏庆华 张鸿俊
2017年8月出版 / 估价：89.00元
PSN B-2016-560-1/1

彩票蓝皮书
中国彩票发展报告（2017）
著(编)者：益彩基金　　2017年4月出版 / 估价：98.00元
PSN B-2015-462-1/1

餐饮产业蓝皮书
中国餐饮产业发展报告（2017）
著(编)者：邢颖　　2017年6月出版 / 估价：98.00元
PSN B-2009-151-1/1

测绘地理信息蓝皮书
新常态下的测绘地理信息研究报告（2017）
著(编)者：库热西·买合苏提
2017年12月出版 / 估价：118.00元
PSN B-2009-145-1/1

茶业蓝皮书
中国茶产业发展报告（2017）
著(编)者：杨江帆 李闽榕　　2017年10月出版 / 估价：88.00元
PSN B-2010-164-1/1

产权市场蓝皮书
中国产权市场发展报告（2016～2017）
著(编)者：曹和平　　2017年5月出版 / 估价：89.00元
PSN B-2009-147-1/1

产业安全蓝皮书
中国出版传媒产业安全报告（2016~2017）
著(编)者：北京印刷学院文化产业安全研究院
2017年3月出版 / 估价：89.00元
PSN B-2014-384-13/14

产业安全蓝皮书
中国文化产业安全报告（2017）
著(编)者：北京印刷学院文化产业安全研究院
2017年12月出版 / 估价：89.00元
PSN B-2014-378-12/14

产业安全蓝皮书
中国新媒体产业安全报告（2017）
著(编)者：北京印刷学院文化产业安全研究院
2017年12月出版 / 估价：89.00元
PSN B-2015-500-14/14

城投蓝皮书
中国城投行业发展报告（2017）
著(编)者：王晨艳　丁伯康　　2017年11月出版 / 估价：300.00元
PSN B-2016-514-1/1

电子政务蓝皮书
中国电子政务发展报告（2016~2017）
著(编)者：李季 杜平　　2017年7月出版 / 估价：89.00元
PSN B-2003-022-1/1

杜仲产业绿皮书
中国杜仲橡胶资源与产业发展报告（2016～2017）
著(编)者：杜红岩 胡文臻 俞锐
2017年1月出版 / 估价：85.00元
PSN G-2013-350-1/1

房地产蓝皮书
中国房地产发展报告 No.14（2017）
著(编)者：李春华 王业强　　2017年5月出版 / 估价：89.00元
PSN B-2004-028-1/1

服务外包蓝皮书
中国服务外包产业发展报告（2017）
著(编)者：王晓红 刘德军
2017年6月出版 / 估价：89.00元
PSN B-2013-331-2/2

服务外包蓝皮书
中国服务外包竞争力报告（2017）
著(编)者：王力 刘春生 黄育华
2017年11月出版 / 估价：85.00元
PSN B-2011-216-1/2

工业和信息化蓝皮书
世界网络安全发展报告（2016~2017）
著(编)者：洪京一　　2017年4月出版 / 估价：89.00元
PSN B-2015-452-5/5

工业和信息化蓝皮书
世界信息化发展报告（2016~2017）
著(编)者：洪京一　　2017年4月出版 / 估价：89.00元
PSN B-2015-451-4/5

工业和信息化蓝皮书
世界信息技术产业发展报告（2016~2017）
著(编)者：洪京一　2017年4月出版 / 估价：89.00元
PSN B-2015-449-2/5

工业和信息化蓝皮书
移动互联网产业发展报告（2016~2017）
著(编)者：洪京一　2017年4月出版 / 估价：89.00元
PSN B-2015-448-1/5

工业和信息化蓝皮书
战略性新兴产业发展报告（2016~2017）
著(编)者：洪京一　2017年4月出版 / 估价：89.00元
PSN B-2015-450-3/5

工业设计蓝皮书
中国工业设计发展报告（2017）
著(编)者：王晓红 于炜 张立群
2017年9月出版 / 估价：138.00元
PSN B-2014-420-1/1

黄金市场蓝皮书
中国商业银行黄金业务发展报告（2016~2017）
著(编)者：平安银行　2017年3月出版 / 估价：98.00元
PSN B-2016-525-1/1

互联网金融蓝皮书
中国互联网金融发展报告（2017）
著(编)者：李东荣　2017年9月出版 / 估价：128.00元
PSN B-2014-374-1/1

互联网医疗蓝皮书
中国互联网医疗发展报告（2017）
著(编)者：宫晓东　2017年9月出版 / 估价：89.00元
PSN B-2016-568-1/1

会展蓝皮书
中外会展业动态评估年度报告（2017）
著(编)者：张敏　2017年1月出版 / 估价：88.00元
PSN B-2013-327-1/1

金融监管蓝皮书
中国金融监管报告（2017）
著(编)者：胡滨　2017年6月出版 / 估价：89.00元
PSN B-2012-281-1/1

金融蓝皮书
中国金融中心发展报告（2017）
著(编)者：王力 黄育华　2017年11月出版 / 估价：85.00元
PSN B-2011-186-6/6

建筑装饰蓝皮书
中国建筑装饰行业发展报告（2017）
著(编)者：刘晓一 葛顺道　2017年7月出版 / 估价：198.00元
PSN B-2016-554-1/1

客车蓝皮书
中国客车产业发展报告（2016~2017）
著(编)者：姚蔚　2017年10月出版 / 估价：85.00元
PSN B-2013-361-1/1

旅游安全蓝皮书
中国旅游安全报告（2017）
著(编)者：郑向敏 谢朝武　2017年5月出版 / 估价：128.00元
PSN B-2012-280-1/1

旅游绿皮书
2016～2017年中国旅游发展分析与预测
著(编)者：张广瑞 刘德谦　2017年4月出版 / 估价：89.00元
PSN G-2002-018-1/1

煤炭蓝皮书
中国煤炭工业发展报告（2017）
著(编)者：岳福斌　2017年12月出版 / 估价：85.00元
PSN B-2008-123-1/1

民营企业社会责任蓝皮书
中国民营企业社会责任报告（2017）
著(编)者：中华全国工商业联合会
2017年12月出版 / 估价：89.00元
PSN B-2015-511-1/1

民营医院蓝皮书
中国民营医院发展报告（2017）
著(编)者：庄一强　2017年10月出版 / 估价：85.00元
PSN B-2012-299-1/1

闽商蓝皮书
闽商发展报告（2017）
著(编)者：李闽榕 王日根 林琛
2017年12月出版 / 估价：89.00元
PSN B-2012-298-1/1

能源蓝皮书
中国能源发展报告（2017）
著(编)者：崔民选 王军生 陈义和
2017年10月出版 / 估价：98.00元
PSN B-2006-049-1/1

农产品流通蓝皮书
中国农产品流通产业发展报告（2017）
著(编)者：贾敬敦 张东科 张玉玺 张鹏毅 周伟
2017年1月出版 / 估价：89.00元
PSN B-2012-288-1/1

企业公益蓝皮书
中国企业公益研究报告（2017）
著(编)者：钟宏武 汪杰 顾一 黄晓娟 等
2017年12月出版 / 估价：89.00元
PSN B-2015-501-1/1

企业国际化蓝皮书
中国企业国际化报告（2017）
著(编)者：王辉耀　2017年11月出版 / 估价：98.00元
PSN B-2014-427-1/1

企业蓝皮书
中国企业绿色发展报告 No.2（2017）
著(编)者：李红玉 朱光辉　2017年8月出版 / 估价：89.00元
PSN B-2015-481-2/2

企业社会责任蓝皮书
中国企业社会责任研究报告（2017）
著(编)者：黄群慧 钟宏武 张蒽 翟利峰
2017年11月出版 / 估价：89.00元
PSN B-2009-149-1/1

汽车安全蓝皮书
中国汽车安全发展报告（2017）
著(编)者：中国汽车技术研究中心
2017年7月出版 / 估价：89.00元
PSN B-2014-385-1/1

汽车电子商务蓝皮书
中国汽车电子商务发展报告（2017）
著(编)者：中华全国工商业联合会汽车经销商商会
北京易观智库网络科技有限公司
2017年10月出版 / 估价：128.00元
PSN B-2015-485-1/1

汽车工业蓝皮书
中国汽车工业发展年度报告（2017）
著(编)者：中国汽车工业协会 中国汽车技术研究中心
丰田汽车（中国）投资有限公司
2017年4月出版 / 估价：128.00元
PSN B-2015-463-1/2

汽车工业蓝皮书
中国汽车零部件产业发展报告（2017）
著(编)者：中国汽车工业协会 中国汽车工程研究院
2017年10月出版 / 估价：98.00元
PSN B-2016-515-2/2

汽车蓝皮书
中国汽车产业发展报告（2017）
著(编)者：国务院发展研究中心产业经济研究部
中国汽车工程学会 大众汽车集团（中国）
2017年8月出版 / 估价：98.00元
PSN B-2008-124-1/1

人力资源蓝皮书
中国人力资源发展报告（2017）
著(编)者：余兴安 2017年11月出版 / 估价：89.00元
PSN B-2012-287-1/1

融资租赁蓝皮书
中国融资租赁业发展报告（2016～2017）
著(编)者：李光荣 王力 2017年8月出版 / 估价：89.00元
PSN B-2015-443-1/1

商会蓝皮书
中国商会发展报告No.5（2017）
著(编)者：王钦敏 2017年7月出版 / 估价：89.00元
PSN B-2008-125-1/1

输血服务蓝皮书
中国输血行业发展报告（2017）
著(编)者：朱永明 耿鸿武 2016年8月出版 / 估价：89.00元
PSN B-2016-583-1/1

上市公司蓝皮书
中国上市公司社会责任信息披露报告（2017）
著(编)者：张旺 张杨 2017年11月出版 / 估价：89.00元
PSN B-2011-234-1/2

社会责任管理蓝皮书
中国上市公司社会责任能力成熟度报告（2017）No.2
著(编)者：肖红军 王晓光 李伟阳
2017年12月出版 / 估价：98.00元
PSN B-2015-507-2/2

社会责任管理蓝皮书
中国企业公众透明度报告(2017)No.3
著(编)者：黄速建 熊梦 王晓光 肖红军
2017年1月出版 / 估价：98.00元
PSN B-2015-440-1/2

食品药品蓝皮书
食品药品安全与监管政策研究报告（2016～2017）
著(编)者：唐民皓 2017年6月出版 / 估价：89.00元
PSN B-2009-129-1/1

世界能源蓝皮书
世界能源发展报告（2017）
著(编)者：黄晓勇 2017年6月出版 / 估价：99.00元
PSN B-2013-349-1/1

水利风景区蓝皮书
中国水利风景区发展报告（2017）
著(编)者：谢婵才 兰思仁 2017年5月出版 / 估价：89.00元
PSN B-2015-480-1/1

私募市场蓝皮书
中国私募股权市场发展报告（2017）
著(编)者：曹和平 2017年12月出版 / 估价：89.00元
PSN B-2010-162-1/1

碳市场蓝皮书
中国碳市场报告（2017）
著(编)者：定金彪 2017年11月出版 / 估价：89.00元
PSN B-2014-430-1/1

体育蓝皮书
中国体育产业发展报告（2017）
著(编)者：阮伟 钟秉枢 2017年12月出版 / 估价：89.00元
PSN B-2010 179-1/4

网络空间安全蓝皮书
中国网络空间安全发展报告（2017）
著(编)者：惠志斌 唐涛 2017年4月出版 / 估价：89.00元
PSN B-2015-466-1/1

西部金融蓝皮书
中国西部金融发展报告（2017）
著(编)者：李忠民 2017年8月出版 / 估价：85.00元
PSN B-2010-160-1/1

协会商会蓝皮书
中国行业协会商会发展报告（2017）
著(编)者：景朝阳 李勇 2017年4月出版 / 估价：99.00元
PSN B-2015-461-1/1

新能源汽车蓝皮书
中国新能源汽车产业发展报告（2017）
著(编)者：中国汽车技术研究中心
日产（中国）投资有限公司 东风汽车有限公司
2017年7月出版 / 估价：98.00元
PSN B-2013-347-1/1

新三板蓝皮书
中国新三板市场发展报告（2017）
著(编)者：王力 2017年6月出版 / 估价：89.00元
PSN B-2016-534-1/1

信托市场蓝皮书
中国信托业市场报告（2016～2017）
著(编)者：用益信托工作室
2017年1月出版 / 估价：198.00元
PSN B-2014-371-1/1

信息化蓝皮书
中国信息化形势分析与预测（2016~2017）
著(编)者：周宏仁　2017年8月出版 / 估价：98.00元
PSN B-2010-168-1/1

信用蓝皮书
中国信用发展报告（2017）
著(编)者：章政 田侃　2017年4月出版 / 估价：99.00元
PSN B-2013-328-1/1

休闲绿皮书
2017年中国休闲发展报告
著(编)者：宋瑞　2017年10月出版 / 估价：89.00元
PSN G-2010-158-1/1

休闲体育蓝皮书
中国休闲体育发展报告（2016～2017）
著(编)者：李相如　钟炳枢　2017年10月出版 / 估价：89.00元
PSN G-2016-516-1/1

养老金融蓝皮书
中国养老金融发展报告（2017）
著(编)者：董克用　姚余栋
2017年6月出版 / 估价：89.00元
PSN B-2016-584-1/1

药品流通蓝皮书
中国药品流通行业发展报告（2017）
著(编)者：佘鲁林 温再兴　2017年8月出版 / 估价：158.00元
PSN B-2014-429-1/1

医院蓝皮书
中国医院竞争力报告（2017）
著(编)者：庄一强　曾益新　2017年3月出版 / 估价：128.00元
PSN B-2016-529-1/1

医药蓝皮书
中国中医药产业园战略发展报告（2017）
著(编)者：裴长洪 房书亭 吴滌心
2017年8月出版 / 估价：89.00元
PSN B-2012-305-1/1

邮轮绿皮书
中国邮轮产业发展报告（2017）
著(编)者：汪泓　2017年10月出版 / 估价：89.00元
PSN G-2014-419-1/1

智能养老蓝皮书
中国智能养老产业发展报告（2017）
著(编)者：朱勇　2017年10月出版 / 估价：89.00元
PSN B-2015-488-1/1

债券市场蓝皮书
中国债券市场发展报告（2016～2017）
著(编)者：杨农　2017年10月出版 / 估价：89.00元
PSN B-2016-573-1/1

中国节能汽车蓝皮书
中国节能汽车发展报告（2016~2017）
著(编)者：中国汽车工程研究院股份有限公司
2017年9月出版 / 估价：98.00元
PSN B-2016-566-1/1

中国上市公司蓝皮书
中国上市公司发展报告（2017）
著(编)者：张平 王宏淼
2017年10月出版 / 估价：98.00元
PSN B-2014-414-1/1

中国陶瓷产业蓝皮书
中国陶瓷产业发展报告（2017）
著(编)者：左和平 黄速建　2017年10月出版 / 估价：98.00元
PSN B-2016-574-1/1

中国总部经济蓝皮书
中国总部经济发展报告（2016～2017）
著(编)者：赵弘　2017年9月出版 / 估价：89.00元
PSN B-2005-036-1/1

中医文化蓝皮书
中国中医药文化传播发展报告（2017）
著(编)者：毛嘉陵　2017年7月出版 / 估价：89.00元
PSN B-2015-468-1/1

装备制造业蓝皮书
中国装备制造业发展报告（2017）
著(编)者：徐东华　2017年12月出版 / 估价：148.00元
PSN B-2015-505-1/1

资本市场蓝皮书
中国场外交易市场发展报告（2016～2017）
著(编)者：高峦　2017年3月出版 / 估价：89.00元
PSN B-2009-153-1/1

资产管理蓝皮书
中国资产管理行业发展报告（2017）
著(编)者：智信资产管理研究院
2017年6月出版 / 估价：89.00元
PSN B-2014-407-2/2

文化传媒类

传媒竞争力蓝皮书
中国传媒国际竞争力研究报告（2017）
著(编)者：李本乾 刘强
2017年11月出版 / 估价：148.00元
PSN B-2013-356-1/1

传媒蓝皮书
中国传媒产业发展报告（2017）
著(编)者：崔保国　2017年5月出版 / 估价：98.00元
PSN B-2005-035-1/1

传媒投资蓝皮书
中国传媒投资发展报告（2017）
著(编)者：张向东 谭云明
2017年6月出版 / 估价：128.00元
PSN B-2015-474-1/1

动漫蓝皮书
中国动漫产业发展报告（2017）
著(编)者：卢斌 郑玉明 牛兴侦
2017年9月出版 / 估价：89.00元
PSN B-2011-198-1/1

非物质文化遗产蓝皮书
中国非物质文化遗产发展报告（2017）
著(编)者：陈平　2017年5月出版 / 估价：98.00元
PSN B-2015-469-1/1

广电蓝皮书
中国广播电影电视发展报告（2017）
著(编)者：国家新闻出版广电总局发展研究中心
2017年7月出版 / 估价：98.00元
PSN B-2006-072-1/1

广告主蓝皮书
中国广告主营销传播趋势报告 No.9
著(编)者：黄升民 杜国清 邵华冬 等
2017年10月出版 / 估价：148.00元
PSN B-2005-041-1/1

国际传播蓝皮书
中国国际传播发展报告（2017）
著(编)者：胡正荣 李继东 姬德强
2017年11月出版 / 估价：89.00元
PSN B-2014-408-1/1

纪录片蓝皮书
中国纪录片发展报告（2017）
著(编)者：何苏六　2017年9月出版 / 估价：89.00元
PSN B-2011-222-1/1

科学传播蓝皮书
中国科学传播报告（2017）
著(编)者：詹正茂　2017年7月出版 / 估价：89.00元
PSN B-2008-120-1/1

两岸创意经济蓝皮书
两岸创意经济研究报告（2017）
著(编)者：罗昌智 林咏能
2017年10月出版 / 估价：98.00元
PSN B-2014-437-1/1

两岸文化蓝皮书
两岸文化产业合作发展报告（2017）
著(编)者：胡惠林 李保宗　2017年7月出版 / 估价：89.00元
PSN B-2012-285-1/1

媒介与女性蓝皮书
中国媒介与女性发展报告(2016~2017)
著(编)者：刘利群　2017年9月出版 / 估价：118.00元
PSN B-2013-345-1/1

媒体融合蓝皮书
中国媒体融合发展报告（2017）
著(编)者：梅宁华 宋建武　2017年7月出版 / 估价：89.00元
PSN B-2015-479-1/1

全球传媒蓝皮书
全球传媒发展报告（2017）
著(编)者：胡正荣 李继东 唐晓芬
2017年11月出版 / 估价：89.00元
PSN B-2012-237-1/1

少数民族非遗蓝皮书
中国少数民族非物质文化遗产发展报告（2017）
著(编)者：肖远平（彝） 柴立（满）
2017年8月出版 / 估价：98.00元
PSN B-2015-467-1/1

视听新媒体蓝皮书
中国视听新媒体发展报告（2017）
著(编)者：国家新闻出版广电总局发展研究中心
2017年7月出版 / 估价：98.00元
PSN B-2011-184-1/1

文化创新蓝皮书
中国文化创新报告（2017）No.7
著(编)者：于平 傅才武　2017年7月出版 / 估价：98.00元
PSN B-2009-143-1/1

文化建设蓝皮书
中国文化发展报告（2016~2017）
著(编)者：江畅 孙伟平 戴茂堂
2017年6月出版 / 估价：116.00元
PSN B-2014-392-1/1

文化科技蓝皮书
文化科技创新发展报告（2017）
著(编)者：于平 李凤亮　2017年11月出版 / 估价：89.00元
PSN B-2013-342-1/1

文化蓝皮书
中国公共文化服务发展报告（2017）
著(编)者：刘新成 张永新 张旭
2017年12月出版 / 估价：98.00元
PSN B-2007-093-2/10

文化蓝皮书
中国公共文化投入增长测评报告（2017）
著(编)者：王亚南　2017年4月出版 / 估价：89.00元
PSN B-2014-435-10/10

文化蓝皮书
中国少数民族文化发展报告（2016~2017）
著(编)者：武翠英 张晓明 任乌晶
2017年9月出版 / 估价：89.00元
PSN B-2013-369-9/10

文化蓝皮书
中国文化产业发展报告（2016~2017）
著(编)者：张晓明 王家新 章建刚
2017年2月出版 / 估价：89.00元
PSN B-2002-019-1/10

文化蓝皮书
中国文化产业供需协调检测报告（2017）
著(编)者：王亚南 2017年2月出版 / 估价：89.00元
PSN B-2013-323-8/10

文化蓝皮书
中国文化消费需求景气评价报告（2017）
著(编)者：王亚南 2017年4月出版 / 估价：89.00元
PSN B-2011-236-4/10

文化品牌蓝皮书
中国文化品牌发展报告（2017）
著(编)者：欧阳友权 2017年5月出版 / 估价：98.00元
PSN B-2012-277-1/1

文化遗产蓝皮书
中国文化遗产事业发展报告（2017）
著(编)者：苏杨 张颖岚 王宇飞
2017年8月出版 / 估价：98.00元
PSN B-2008-119-1/1

文学蓝皮书
中国文情报告（2016~2017）
著(编)者：白烨 2017年5月出版 / 估价：49.00元
PSN B-2011-221-1/1

新媒体蓝皮书
中国新媒体发展报告No.8（2017）
著(编)者：唐绪军 2017年6月出版 / 估价：89.00元
PSN B-2010-169-1/1

新媒体社会责任蓝皮书
中国新媒体社会责任研究报告（2017）
著(编)者：钟瑛 2017年11月出版 / 估价：89.00元
PSN B-2014-423-1/1

移动互联网蓝皮书
中国移动互联网发展报告（2017）
著(编)者：官建文 2017年6月出版 / 估价：89.00元
PSN B-2012-282-1/1

舆情蓝皮书
中国社会舆情与危机管理报告（2017）
著(编)者：谢耘耕 2017年9月出版 / 估价：128.00元
PSN B-2011-235-1/1

影视风控蓝皮书
中国影视舆情与风控报告（2017）
著(编)者：司若 2017年4月出版 / 估价：138.00元
PSN B-2016-530-1/1

地方发展类

安徽经济蓝皮书
合芜蚌国家自主创新综合示范区研究报告（2016~2017）
著(编)者：王开玉 2017年11月出版 / 估价：89.00元
PSN B-2014-383-1/1

安徽蓝皮书
安徽社会发展报告（2017）
著(编)者：程桦 2017年4月出版 / 估价：89.00元
PSN B-2013-325-1/1

安徽社会建设蓝皮书
安徽社会建设分析报告（2016~2017）
著(编)者：黄家海 王开玉 蔡宪
2016年4月出版 / 估价：89.00元
PSN B-2013-322-1/1

澳门蓝皮书
澳门经济社会发展报告（2016~2017）
著(编)者：吴志良 郝雨凡 2017年6月出版 / 估价：98.00元
PSN B-2009-138-1/1

北京蓝皮书
北京公共服务发展报告（2016~2017）
著(编)者：施昌奎 2017年2月出版 / 估价：89.00元
PSN B-2008-103-7/8

北京蓝皮书
北京经济发展报告（2016~2017）
著(编)者：杨松 2017年6月出版 / 估价：89.00元
PSN B-2006-054-2/8

北京蓝皮书
北京社会发展报告（2016~2017）
著(编)者：李伟东 2017年6月出版 / 估价：89.00元
PSN B-2006-055-3/8

北京蓝皮书
北京社会治理发展报告（2016~2017）
著(编)者：殷星辰 2017年5月出版 / 估价：89.00元
PSN B-2014-391-8/8

北京蓝皮书
北京文化发展报告（2016~2017）
著(编)者：李建盛 2017年4月出版 / 估价：89.00元
PSN B-2007-082-4/8

北京律师绿皮书
北京律师发展报告No.3（2017）
著(编)者：王隽 2017年7月出版 / 估价：88.00元
PSN G-2012-301-1/1

北京旅游蓝皮书
北京旅游发展报告（2017）
著(编)者：北京旅游学会　2017年1月出版 / 估价：88.00元
PSN B-2011-217-1/1

北京人才蓝皮书
北京人才发展报告（2017）
著(编)者：于淼　2017年12月出版 / 估价：128.00元
PSN B-2011-201-1/1

北京社会心态蓝皮书
北京社会心态分析报告（2016～2017）
著(编)者：北京社会心理研究所
2017年8月出版 / 估价：89.00元
PSN B-2014-422-1/1

北京社会组织管理蓝皮书
北京社会组织发展与管理（2016～2017）
著(编)者：黄江松　2017年4月出版 / 估价：88.00元
PSN B-2015-446-1/1

北京体育蓝皮书
北京体育产业发展报告（2016～2017）
著(编)者：钟秉枢 陈杰 杨铁黎
2017年9月出版 / 估价：89.00元
PSN B-2015-475-1/1

北京养老产业蓝皮书
北京养老产业发展报告（2017）
著(编)者：周明明 冯喜良　2017年8月出版 / 估价：89.00元
PSN B-2015-465-1/1

滨海金融蓝皮书
滨海新区金融发展报告（2017）
著(编)者：王爱俭 张锐钢　2017年12月出版 / 估价：89.00元
PSN B-2014-424-1/1

城乡一体化蓝皮书
中国城乡一体化发展报告•北京卷（2016～2017）
著(编)者：张宝秀 黄序　2017年5月出版 / 估价：89.00元
PSN B-2012-258-2/2

创意城市蓝皮书
北京文化创意产业发展报告（2017）
著(编)者：张京成 王国华　2017年10月出版 / 估价：89.00元
PSN B-2012-263-1/7

创意城市蓝皮书
青岛文化创意产业发展报告（2017）
著(编)者：马达 张丹妮　2017年8月出版 / 估价：89.00元
PSN B-2011-235-1/1

创意城市蓝皮书
天津文化创意产业发展报告（2016～2017）
著(编)者：谢思全　2017年6月出版 / 估价：89.00元
PSN B-2016-537-7/7

创意城市蓝皮书
无锡文化创意产业发展报告（2017）
著(编)者：谭军 张鸣年　2017年10月出版 / 估价：89.00元
PSN B-2013-346-3/7

创意城市蓝皮书
武汉文化创意产业发展报告（2017）
著(编)者：黄永林 陈汉桥　2017年9月出版 / 估价：99.00元
PSN B-2013-354-4/7

创意上海蓝皮书
上海文化创意产业发展报告（2016～2017）
著(编)者：王慧敏 王兴全　2017年8月出版 / 估价：89.00元
PSN B-2016-562-1/1

福建妇女发展蓝皮书
福建省妇女发展报告（2017）
著(编)者：刘群英　2017年11月出版 / 估价：88.00元
PSN B-2011-220-1/1

福建自贸区蓝皮书
中国（福建）自由贸易实验区发展报告（2016～2017）
著(编)者：黄茂兴　2017年4月出版 / 估价：108.00元
PSN B-2017-532-1/1

甘肃蓝皮书
甘肃经济发展分析与预测（2017）
著(编)者：朱智文 罗哲　2017年1月出版 / 估价：89.00元
PSN B-2013-312-1/6

甘肃蓝皮书
甘肃社会发展分析与预测（2017）
著(编)者：安文华 包晓霞 谢增虎
2017年1月出版 / 估价：89.00元
PSN B-2013-313-2/6

甘肃蓝皮书
甘肃文化发展分析与预测（2017）
著(编)者：安文华 周小华　2017年1月出版 / 估价：89.00元
PSN B-2013-314-3/6

甘肃蓝皮书
甘肃县域和农村发展报告（2017）
著(编)者：刘进军 柳民 王建兵
2017年1月出版 / 估价：89.00元
PSN B-2013-316-5/6

甘肃蓝皮书
甘肃舆情分析与预测（2017）
著(编)者：陈双梅 郝树声　2017年1月出版 / 估价：89.00元
PSN B-2013-315-4/6

甘肃蓝皮书
甘肃商贸流通发展报告（2017）
著(编)者：杨志武 王福生 王晓芳
2017年1月出版 / 估价：89.00元
PSN B-2016-523-6/6

广东蓝皮书
广东全面深化改革发展报告（2017）
著(编)者：周林生 涂成林　2017年12月出版 / 估价：89.00元
PSN B-2015-504-3/3

广东蓝皮书
广东社会工作发展报告（2017）
著(编)者：罗观翠　2017年6月出版 / 估价：89.00元
PSN B-2014-402-2/3

广东蓝皮书
广东省电子商务发展报告（2017）
著(编)者：程晓 邓顺国　2017年7月出版 / 估价：89.00元
PSN B-2013-360-1/3

广东社会建设蓝皮书
广东省社会建设发展报告（2017）
著(编)者：广东省社会工作委员会
2017年12月出版 / 估价：99.00元
PSN B-2014-436-1/1

广东外经贸蓝皮书
广东对外经济贸易发展研究报告（2016~2017）
著(编)者：陈万灵　2017年8月出版 / 估价：98.00元
PSN B-2012-286-1/1

广西北部湾经济区蓝皮书
广西北部湾经济区开放开发报告（2017）
著(编)者：广西北部湾经济区规划建设管理委员会办公室
广西社会科学院广西北部湾发展研究院
2017年2月出版 / 估价：89.00元
PSN B-2010-181-1/1

巩义蓝皮书
巩义经济社会发展报告（2017）
著(编)者：丁同民 朱军　2017年4月出版 / 估价：58.00元
PSN B-2016-533-1/1

广州蓝皮书
2017年中国广州经济形势分析与预测
著(编)者：庾建设 陈浩钿 谢博能
2017年7月出版 / 估价：85.00元
PSN B-2011-185-9/14

广州蓝皮书
2017年中国广州社会形势分析与预测
著(编)者：张强 陈怡霓 杨秦　2017年6月出版 / 估价：85.00元
PSN B-2008-110-5/14

广州蓝皮书
广州城市国际化发展报告（2017）
著(编)者：朱名宏　2017年8月出版 / 估价：79.00元
PSN B-2012-246-11/14

广州蓝皮书
广州创新型城市发展报告（2017）
著(编)者：尹涛　2017年7月出版 / 估价：79.00元
PSN B-2012-247-12/14

广州蓝皮书
广州经济发展报告（2017）
著(编)者：朱名宏　2017年7月出版 / 估价：79.00元
PSN B-2005-040-1/14

广州蓝皮书
广州农村发展报告（2017）
著(编)者：朱名宏　2017年8月出版 / 估价：79.00元
PSN B-2010-167-8/14

广州蓝皮书
广州汽车产业发展报告（2017）
著(编)者：杨再高 冯兴亚　2017年7月出版 / 估价：79.00元
PSN B-2006-066-3/14

广州蓝皮书
广州青年发展报告（2016～2017）
著(编)者：徐柳 张强　2017年9月出版 / 估价：79.00元
PSN B-2013-352-13/14

广州蓝皮书
广州商贸业发展报告（2017）
著(编)者：李江涛 肖振宇 荀振英
2017年7月出版 / 估价：79.00元
PSN B-2012-245-10/14

广州蓝皮书
广州社会保障发展报告（2017）
著(编)者：蔡国萱　2017年8月出版 / 估价：79.00元
PSN B-2014-425-14/14

广州蓝皮书
广州文化创意产业发展报告（2017）
著(编)者：徐咏虹　2017年7月出版 / 估价：79.00元
PSN B-2008-111-6/14

广州蓝皮书
中国广州城市建设与管理发展报告（2017）
著(编)者：董皞 陈小钢 李江涛
2017年7月出版 / 估价：85.00元
PSN B-2007-087-4/14

广州蓝皮书
中国广州科技创新发展报告（2017）
著(编)者：邹采荣 马正勇 陈爽
2017年7月出版 / 估价：79.00元
PSN B-2006-065-2/14

广州蓝皮书
中国广州文化发展报告（2017）
著(编)者：徐俊忠 陆志强 顾涧清
2017年7月出版 / 估价：79.00元
PSN B-2009-134-7/14

贵阳蓝皮书
贵阳城市创新发展报告No.2（白云篇）
著(编)者：连玉明　2017年10月出版 / 估价：89.00元
PSN B-2015-491-3/10

贵阳蓝皮书
贵阳城市创新发展报告No.2（观山湖篇）
著(编)者：连玉明　2017年10月出版 / 估价：89.00元
PSN B-2011-235-1/1

贵阳蓝皮书
贵阳城市创新发展报告No.2（花溪篇）
著(编)者：连玉明　2017年10月出版 / 估价：89.00元
PSN B-2015-490-2/10

贵阳蓝皮书
贵阳城市创新发展报告No.2（开阳篇）
著(编)者：连玉明　2017年10月出版 / 估价：89.00元
PSN B-2015-492-4/10

贵阳蓝皮书
贵阳城市创新发展报告No.2（南明篇）
著(编)者：连玉明　2017年10月出版 / 估价：89.00元
PSN B-2015-496-8/10

贵阳蓝皮书
贵阳城市创新发展报告No.2（清镇篇）
著(编)者：连玉明　2017年10月出版 / 估价：89.00元
PSN B-2015-489-1/10

贵阳蓝皮书
贵阳城市创新发展报告No.2（乌当篇）
著(编)者：连玉明　2017年10月出版 / 估价：89.00元
PSN B-2015-495-7/10

贵阳蓝皮书
贵阳城市创新发展报告No.2（息烽篇）
著(编)者：连玉明　2017年10月出版 / 估价：89.00元
PSN B-2015-493-5/10

贵阳蓝皮书
贵阳城市创新发展报告No.2（修文篇）
著(编)者：连玉明　2017年10月出版 / 估价：89.00元
PSN B-2015-494-6/10

贵阳蓝皮书
贵阳城市创新发展报告No.2（云岩篇）
著(编)者：连玉明　2017年10月出版 / 估价：89.00元
PSN B-2015-498-10/10

贵州房地产蓝皮书
贵州房地产发展报告No.4（2017）
著(编)者：武廷方　2017年7月出版 / 估价：89.00元
PSN B-2014-426-1/1

贵州蓝皮书
贵州册亨经济社会发展报告 (2017)
著(编)者：黄德林　2017年3月出版 / 估价：89.00元
PSN B-2016-526-8/9

贵州蓝皮书
贵安新区发展报告（2016~2017）
著(编)者：马长青 吴大华　2017年6月出版 / 估价：89.00元
PSN B-2015-459-4/9

贵州蓝皮书
贵州法治发展报告（2017）
著(编)者：吴大华　2017年5月出版 / 估价：89.00元
PSN B-2012-254-2/9

贵州蓝皮书
贵州国有企业社会责任发展报告（2016～2017）
著(编)者：郭丽 周航 万强
2017年12月出版 / 估价：89.00元
PSN B-2015-512-6/9

贵州蓝皮书
贵州民航业发展报告（2017）
著(编)者：申振东 吴大华　2017年10月出版 / 估价：89.00元
PSN B-2015-471-5/9

贵州蓝皮书
贵州民营经济发展报告（2017）
著(编)者：杨静 吴大华　2017年3月出版 / 估价：89.00元
PSN B-2016-531-9/9

贵州蓝皮书
贵州人才发展报告（2017）
著(编)者：于杰 吴大华　2017年9月出版 / 估价：89.00元
PSN B-2014-382-3/9

贵州蓝皮书
贵州社会发展报告（2017）
著(编)者：王兴骥　2017年6月出版 / 估价：89.00元
PSN B-2010-166-1/9

贵州蓝皮书
贵州国家级开放创新平台发展报告（2017）
著(编)者：申晓庆　吴大华　李泓
2017年6月出版 / 估价：89.00元
PSN B-2016-518-1/9

海淀蓝皮书
海淀区文化和科技融合发展报告（2017）
著(编)者：陈名杰 孟景伟　2017年5月出版 / 估价：85.00元
PSN B-2013-329-1/1

杭州都市圈蓝皮书
杭州都市圈发展报告（2017）
著(编)者：沈翔 戚建国　2017年5月出版 / 估价：128.00元
PSN B-2012-302-1/1

杭州蓝皮书
杭州妇女发展报告（2017）
著(编)者：魏颖　2017年6月出版 / 估价：89.00元
PSN B-2014-403-1/1

河北经济蓝皮书
河北省经济发展报告（2017）
著(编)者：马树强 金浩 张贵
2017年4月出版 / 估价：89.00元
PSN B-2014-380-1/1

河北蓝皮书
河北经济社会发展报告（2017）
著(编)者：郭金平　2017年1月出版 / 估价：89.00元
PSN B-2014-372-1/1

河北食品药品安全蓝皮书
河北食品药品安全研究报告（2017）
著(编)者：丁锦霞　2017年6月出版 / 估价：89.00元
PSN B-2015-473-1/1

河南经济蓝皮书
2017年河南经济形势分析与预测
著(编)者：胡五岳　2017年2月出版 / 估价：89.00元
PSN B-2007-086-1/1

河南蓝皮书
2017年河南社会形势分析与预测
著(编)者：刘道兴 牛苏林　2017年4月出版 / 估价89.00元
PSN B-2005-043-1/8

河南蓝皮书
河南城市发展报告（2017）
著(编)者：张占仓 王建国　2017年5月出版 / 估价：89.00元
PSN B-2009-131-3/8

河南蓝皮书
河南法治发展报告（2017）
著(编)者：丁同民 张林海　2017年5月出版 / 估价：89.00元
PSN B-2014-376-6/8

河南蓝皮书
河南工业发展报告（2017）
著(编)者：张占仓 丁同民　2017年5月出版 / 估价：89.00元
PSN B-2013-317-5/8

河南蓝皮书
河南金融发展报告（2017）
著(编)者：河南省社会科学院
2017年6月出版 / 估价：89.00元
PSN B-2014-390-7/8

河南蓝皮书
河南经济发展报告（2017）
著(编)者：张占仓　2017年3月出版 / 估价：89.00元
PSN B-2010-157-4/8

河南蓝皮书
河南农业农村发展报告（2017）
著(编)者：吴海峰　2017年4月出版 / 估价：89.00元
PSN B-2015-445-8/8

河南蓝皮书
河南文化发展报告（2017）
著(编)者：卫绍生　2017年3月出版 / 估价：88.00元
PSN B-2008-106-2/8

河南商务蓝皮书
河南商务发展报告（2017）
著(编)者：焦锦淼 穆荣国　2017年6月出版 / 估价：88.00元
PSN B-2014-399-1/1

黑龙江蓝皮书
黑龙江经济发展报告（2017）
著(编)者：朱宇　2017年1月出版 / 估价：89.00元
PSN B-2011-190-2/2

黑龙江蓝皮书
黑龙江社会发展报告（2017）
著(编)者：谢宝禄　2017年1月出版 / 估价：89.00元
PSN B-2011-189-1/2

湖北文化蓝皮书
湖北文化发展报告（2017）
著(编)者：吴成国　2017年10月出版 / 估价：95.00元
PSN B-2016-567-1/1

湖南城市蓝皮书
区域城市群整合
著(编)者：童中贤 韩未名
2017年12月出版 / 估价：89.00元
PSN B-2006-064-1/1

湖南蓝皮书
2017年湖南产业发展报告
著(编)者：梁志峰　2017年5月出版 / 估价：128.00元
PSN B-2011-207-2/8

湖南蓝皮书
2017年湖南电子政务发展报告
著(编)者：梁志峰　2017年5月出版 / 估价：128.00元
PSN B-2014-394-6/8

湖南蓝皮书
2017年湖南经济展望
著(编)者：梁志峰　2017年5月出版 / 估价：128.00元
PSN B-2011-206-1/8

湖南蓝皮书
2017年湖南两型社会与生态文明发展报告
著(编)者：梁志峰　2017年5月出版 / 估价：128.00元
PSN B-2011-208-3/8

湖南蓝皮书
2017年湖南社会发展报告
著(编)者：梁志峰　2017年5月出版 / 估价：128.00元
PSN B-2014-393-5/8

湖南蓝皮书
2017年湖南县域经济社会发展报告
著(编)者：梁志峰　2017年5月出版 / 估价：128.00元
PSN B-2014-395-7/8

湖南蓝皮书
湖南城乡一体化发展报告（2017）
著(编)者：陈文胜 王文强 陆福兴 邝奕轩
2017年6月出版 / 估价：89.00元
PSN B-2015-477-8/8

湖南县域绿皮书
湖南县域发展报告 No.3
著(编)者：袁准 周小毛　2017年9月出版 / 估价：89.00元
PSN G-2012-274-1/1

沪港蓝皮书
沪港发展报告（2017）
著(编)者：尤安山　2017年9月出版 / 估价：89.00元
PSN B-2013-362-1/1

吉林蓝皮书
2017年吉林经济社会形势分析与预测
著(编)者：马克　2015年12月出版 / 估价：89.00元
PSN B-2013-319-1/1

吉林省城市竞争力蓝皮书
吉林省城市竞争力报告（2017）
著(编)者：崔岳春 张磊　2017年3月出版 / 估价：89.00元
PSN B-2015-508-1/1

济源蓝皮书
济源经济社会发展报告（2017）
著(编)者：喻新安　2017年4月出版 / 估价：89.00元
PSN B-2014-387-1/1

健康城市蓝皮书
北京健康城市建设研究报告（2017）
著(编)者：王鸿春　2017年8月出版 / 估价：89.00元
PSN B-2015-460-1/2

江苏法治蓝皮书
江苏法治发展报告 No.6（2017）
著(编)者：蔡道通 龚廷泰　2017年8月出版 / 估价：98.00元
PSN B-2012-290-1/1

江西蓝皮书
江西经济社会发展报告（2017）
著(编)者：张勇 姜玮 梁勇　2017年10月出版 / 估价：89.00元
PSN B-2015-484-1/2

江西蓝皮书
江西设区市发展报告（2017）
著(编)者：姜玮 梁勇　2017年10月出版 / 估价：79.00元
PSN B-2016-517-2/2

江西文化蓝皮书
江西文化产业发展报告（2017）
著(编)者：张圣才 汪春翔
2017年10月出版 / 估价：128.00元
PSN B-2015-499-1/1

街道蓝皮书
北京街道发展报告No.2（白纸坊篇）
著(编)者：连玉明 2017年8月出版 / 估价：98.00元
PSN B-2016-544-7/15

街道蓝皮书
北京街道发展报告No.2（椿树篇）
著(编)者：连玉明 2017年8月出版 / 估价：98.00元
PSN B-2016-548-11/15

街道蓝皮书
北京街道发展报告No.2（大栅栏篇）
著(编)者：连玉明 2017年8月出版 / 估价：98.00元
PSN B-2016-552-15/15

街道蓝皮书
北京街道发展报告No.2（德胜篇）
著(编)者：连玉明 2017年8月出版 / 估价：98.00元
PSN B-2016-551-14/15

街道蓝皮书
北京街道发展报告No.2（广安门内篇）
著(编)者：连玉明 2017年8月出版 / 估价：98.00元
PSN B-2016-540-3/15

街道蓝皮书
北京街道发展报告No.2（广安门外篇）
著(编)者：连玉明 2017年8月出版 / 估价：98.00元
PSN B-2016-547-10/15

街道蓝皮书
北京街道发展报告No.2（金融街篇）
著(编)者：连玉明 2017年8月出版 / 估价：98.00元
PSN B-2016-538-1/15

街道蓝皮书
北京街道发展报告No.2（牛街篇）
著(编)者：连玉明 2017年8月出版 / 估价：98.00元
PSN B-2016-545-8/15

街道蓝皮书
北京街道发展报告No.2（什刹海篇）
著(编)者：连玉明 2017年8月出版 / 估价：98.00元
PSN B-2016-546-9/15

街道蓝皮书
北京街道发展报告No.2（陶然亭篇）
著(编)者：连玉明 2017年8月出版 / 估价：98.00元
PSN B-2016-542-5/15

街道蓝皮书
北京街道发展报告No.2（天桥篇）
著(编)者：连玉明 2017年8月出版 / 估价：98.00元
PSN B-2016-549-12/15

街道蓝皮书
北京街道发展报告No.2（西长安街篇）
著(编)者：连玉明 2017年8月出版 / 估价：98.00元
PSN B-2016-543-6/15

街道蓝皮书
北京街道发展报告No.2（新街口篇）
著(编)者：连玉明 2017年8月出版 / 估价：98.00元
PSN B-2016-541-4/15

街道蓝皮书
北京街道发展报告No.2（月坛篇）
著(编)者：连玉明 2017年8月出版 / 估价：98.00元
PSN B-2016-539-2/15

街道蓝皮书
北京街道发展报告No.2（展览路篇）
著(编)者：连玉明 2017年8月出版 / 估价：98.00元
PSN B-2016-550-13/15

经济特区蓝皮书
中国经济特区发展报告（2017）
著(编)者：陶一桃 2017年12月出版 / 估价：98.00元
PSN B-2009-139-1/1

辽宁蓝皮书
2017年辽宁经济社会形势分析与预测
著(编)者：曹晓峰 梁启东
2017年1月出版 / 估价：79.00元
PSN B-2006-053-1/1

洛阳蓝皮书
洛阳文化发展报告（2017）
著(编)者：刘福兴 陈启明 2017年7月出版 / 估价：89.00元
PSN B-2015-476-1/1

南京蓝皮书
南京文化发展报告（2017）
著(编)者：徐宁 2017年10月出版 / 估价：89.00元
PSN B-2014-439-1/1

南宁蓝皮书
南宁经济发展报告（2017）
著(编)者：胡建华 2017年9月出版 / 估价：79.00元
PSN B-2016-570-2/3

南宁蓝皮书
南宁社会发展报告（2017）
著(编)者：胡建华 2017年9月出版 / 估价：79.00元
PSN B-2016-571-3/3

内蒙古蓝皮书
内蒙古反腐倡廉建设报告 No.2
著(编)者：张志华 无极 2017年12月出版 / 估价：79.00元
PSN B-2013-365-1/1

浦东新区蓝皮书
上海浦东经济发展报告（2017）
著(编)者：沈开艳 周奇 2017年1月出版 / 估价：89.00元
PSN B-2011-225-1/1

青海蓝皮书
2017年青海经济社会形势分析与预测
著(编)者：陈玮 2015年12月出版 / 估价：79.00元
PSN B-2012-275-1/1

人口与健康蓝皮书
深圳人口与健康发展报告（2017）
著(编)者：陆杰华 罗乐宣 苏杨
2017年11月出版 / 估价：89.00元
PSN B-2011-228-1/1

山东蓝皮书
山东经济形势分析与预测（2017）
著(编)者：李广杰 2017年7月出版 / 估价：89.00元
PSN B-2014-404-1/4

山东蓝皮书
山东社会形势分析与预测（2017）
著(编)者：张华 唐洲雁 2017年6月出版 / 估价：89.00元
PSN B-2014-405-2/4

山东蓝皮书
山东文化发展报告（2017）
著(编)者：涂可国 2017年11月出版 / 估价：98.00元
PSN B-2014-406-3/4

山西蓝皮书
山西资源型经济转型发展报告（2017）
著(编)者：李志强 2017年7月出版 / 估价：89.00元
PSN B-2011-197-1/1

陕西蓝皮书
陕西经济发展报告（2017）
著(编)者：任宗哲 白宽犁 裴成荣
2015年12月出版 / 估价：89.00元
PSN B-2009-135-1/5

陕西蓝皮书
陕西社会发展报告（2017）
著(编)者：任宗哲 白宽犁 牛昉
2015年12月出版 / 估价：89.00元
PSN B-2009-136-2/5

陕西蓝皮书
陕西文化发展报告（2017）
著(编)者：任宗哲 白宽犁 王长寿
2015年12月出版 / 估价：89.00元
PSN B-2009-137-3/5

上海蓝皮书
上海传媒发展报告（2017）
著(编)者：强荧 焦雨虹 2017年1月出版 / 估价：89.00元
PSN B-2012-295-5/7

上海蓝皮书
上海法治发展报告（2017）
著(编)者：叶青 2017年6月出版 / 估价：89.00元
PSN B-2012-296-6/7

上海蓝皮书
上海经济发展报告（2017）
著(编)者：沈开艳 2017年1月出版 / 估价：89.00元
PSN B-2006-057-1/7

上海蓝皮书
上海社会发展报告（2017）
著(编)者：杨雄 周海旺 2017年1月出版 / 估价：89.00元
PSN B-2006-058-2/7

上海蓝皮书
上海文化发展报告（2017）
著(编)者：荣跃明 2017年1月出版 / 估价：89.00元
PSN B-2006-059-3/7

上海蓝皮书
上海文学发展报告（2017）
著(编)者：陈圣来 2017年6月出版 / 估价：89.00元
PSN B-2012-297-7/7

上海蓝皮书
上海资源环境发展报告（2017）
著(编)者：周冯琦 汤庆合 任文伟
2017年1月出版 / 估价：89.00元
PSN B-2006-060-4/7

社会建设蓝皮书
2017年北京社会建设分析报告
著(编)者：宋贵伦 冯虹 2017年10月出版 / 估价：89.00元
PSN B-2010-173-1/1

深圳蓝皮书
深圳法治发展报告（2017）
著(编)者：张骁儒 2017年6月出版 / 估价：89.00元
PSN B-2015-470-6/7

深圳蓝皮书
深圳经济发展报告（2017）
著(编)者：张骁儒 2017年7月出版 / 估价：89.00元
PSN B-2008-112-3/7

深圳蓝皮书
深圳劳动关系发展报告（2017）
著(编)者：汤庭芬 2017年6月出版 / 估价：89.00元
PSN B-2007-097-2/7

深圳蓝皮书
深圳社会建设与发展报告（2017）
著(编)者：张骁儒 陈东平 2017年7月出版 / 估价：89.00元
PSN B-2008-113-4/7

深圳蓝皮书
深圳文化发展报告(2017)
著(编)者：张骁儒 2017年7月出版 / 估价：89.00元
PSN B-2016-555-7/7

四川法治蓝皮书
丝绸之路经济带发展报告（2016～2017）
著(编)者：任宗哲 白宽犁 谷孟宾
2017年12月出版 / 估价：85.00元
PSN B-2014-410-1/1

四川法治蓝皮书
四川依法治省年度报告 No.3（2017）
著(编)者：李林 杨天宗 田禾
2017年3月出版 / 估价：108.00元
PSN B-2015-447-1/1

四川蓝皮书
2017年四川经济形势分析与预测
著(编)者：杨钢 2017年1月出版 / 估价：98.00元
PSN B-2007-098-2/7

四川蓝皮书
四川城镇化发展报告（2017）
著(编)者：侯水平 陈炜 2017年4月出版 / 估价：85.00元
PSN B-2015-456-7/7

四川蓝皮书
四川法治发展报告（2017）
著(编)者：郑泰安 2017年1月出版 / 估价：89.00元
PSN B-2015-441-5/7

四川蓝皮书
四川企业社会责任研究报告（2016～2017）
著(编)者：侯水平 盛毅 翟刚
2017年4月出版 / 估价：89.00元
PSN B-2014-386-4/7

四川蓝皮书
四川社会发展报告（2017）
著(编)者：李羚 2017年5月出版 / 估价：89.00元
PSN B-2008-127-3/7

四川蓝皮书
四川生态建设报告（2017）
著(编)者：李晟之 2017年4月出版 / 估价：85.00元
PSN B-2015-455-6/7

四川蓝皮书
四川文化产业发展报告（2017）
著(编)者：向宝云 张立伟
2017年4月出版 / 估价：89.00元
PSN B-2006-074-1/7

体育蓝皮书
上海体育产业发展报告（2016～2017）
著(编)者：张林 黄海燕
2017年10月出版 / 估价：89.00元
PSN B-2015-454-4/4

体育蓝皮书
长三角地区体育产业发展报告（2016～2017）
著(编)者：张林 2017年4月出版 / 估价：89.00元
PSN B-2015-453-3/4

天津金融蓝皮书
天津金融发展报告（2017）
著(编)者：王爱俭 孔德昌
2017年12月出版 / 估价：98.00元
PSN B-2014-418-1/1

图们江区域合作蓝皮书
图们江区域合作发展报告（2017）
著(编)者：李铁 2017年6月出版 / 估价：98.00元
PSN B-2015-464-1/1

温州蓝皮书
2017年温州经济社会形势分析与预测
著(编)者：潘忠强 王春光 金浩
2017年4月出版 / 估价：89.00元
PSN B-2008-105-1/1

西咸新区蓝皮书
西咸新区发展报告（2016~2017）
著(编)者：李扬 王军 2017年6月出版 / 估价：89.00元
PSN B-2016-535-1/1

扬州蓝皮书
扬州经济社会发展报告（2017）
著(编)者：丁纯 2017年12月出版 / 估价：98.00元
PSN B-2011-191-1/1

长株潭城市群蓝皮书
长株潭城市群发展报告（2017）
著(编)者：张萍 2017年12月出版 / 估价：89.00元
PSN B-2008-109-1/1

中医文化蓝皮书
北京中医文化传播发展报告（2017）
著(编)者：毛嘉陵 2017年5月出版 / 估价：79.00元
PSN B-2015-468-1/2

珠三角流通蓝皮书
珠三角商圈发展研究报告（2017）
著(编)者：王先庆 林至颖
2017年7月出版 / 估价：98.00元
PSN B-2012-292-1/1

遵义蓝皮书
遵义发展报告（2017）
著(编)者：曾征 龚永育 雍思强
2017年12月出版 / 估价：89.00元
PSN B-2014-433-1/1

国际问题类

“一带一路”跨境通道蓝皮书
“一带一路”跨境通道建设研究报告（2017）
著(编)者：郭业洲 2017年8月出版 / 估价：89.00元
PSN B-2016-558-1/1

“一带一路”蓝皮书
“一带一路”建设发展报告（2017）
著(编)者：孔丹 李永全 2017年7月出版 / 估价：89.00元
PSN B-2016-553-1/1

阿拉伯黄皮书
阿拉伯发展报告（2016～2017）
著(编)者：罗林 2017年11月出版 / 估价：89.00元
PSN Y-2014-381-1/1

北部湾蓝皮书
泛北部湾合作发展报告（2017）
著(编)者：吕余生 2017年12月出版 / 估价：85.00元
PSN B-2008-114-1/1

大湄公河次区域蓝皮书
大湄公河次区域合作发展报告（2017）
著(编)者：刘稚 2017年8月出版 / 估价：89.00元
PSN B-2011-196-1/1

大洋洲蓝皮书
大洋洲发展报告（2017）
著(编)者：喻常森 2017年10月出版 / 估价：89.00元
PSN B-2013-341-1/1

德国蓝皮书
德国发展报告（2017）
著(编)者：郑春荣　2017年6月出版 / 估价：89.00元
PSN B-2012-278-1/1

东盟黄皮书
东盟发展报告（2017）
著(编)者：杨晓强 庄国土
2017年3月出版 / 估价：89.00元
PSN Y-2012-303-1/1

东南亚蓝皮书
东南亚地区发展报告（2016～2017）
著(编)者：厦门大学东南亚研究中心　王勤
2017年12月出版 / 估价：89.00元
PSN B-2012-240-1/1

俄罗斯黄皮书
俄罗斯发展报告（2017）
著(编)者：李永全　2017年7月出版 / 估价：89.00元
PSN Y-2006-061-1/1

非洲黄皮书
非洲发展报告 No.19（2016～2017）
著(编)者：张宏明　2017年8月出版 / 估价：89.00元
PSN Y-2012-239-1/1

公共外交蓝皮书
中国公共外交发展报告（2017）
著(编)者：赵启正 雷蔚真
2017年4月出版 / 估价：89.00元
PSN B-2015-457-1/1

国际安全蓝皮书
中国国际安全研究报告(2017)
著(编)者：刘慧　2017年7月出版 / 估价：98.00元
PSN B-2016-522-1/1

国际形势黄皮书
全球政治与安全报告（2017）
著(编)者：李慎明　张宇燕
2016年12月出版 / 估价：89.00元
PSN Y-2001-016-1/1

韩国蓝皮书
韩国发展报告（2017）
著(编)者：牛林杰 刘宝全
2017年11月出版 / 估价：89.00元
PSN B-2010-155-1/1

加拿大蓝皮书
加拿大发展报告（2017）
著(编)者：仲伟合　2017年9月出版 / 估价：89.00元
PSN B-2014-389-1/1

拉美黄皮书
拉丁美洲和加勒比发展报告（2016～2017）
著(编)者：吴白乙　2017年6月出版 / 估价：89.00元
PSN Y-1999-007-1/1

美国蓝皮书
美国研究报告（2017）
著(编)者：郑秉文 黄平　2017年6月出版 / 估价：89.00元
PSN B-2011-210-1/1

缅甸蓝皮书
缅甸国情报告（2017）
著(编)者：李晨阳　2017年12月出版 / 估价：86.00元
PSN B-2013-343-1/1

欧洲蓝皮书
欧洲发展报告（2016～2017）
著(编)者：黄平 周弘 江时学
2017年6月出版 / 估价：89.00元
PSN B-1999-009-1/1

葡语国家蓝皮书
葡语国家发展报告（2017）
著(编)者：王成安 张敏　2017年12月出版 / 估价：89.00元
PSN B-2015-503-1/2

葡语国家蓝皮书
中国与葡语国家关系发展报告·巴西（2017）
著(编)者：张曙光　2017年8月出版 / 估价：89.00元
PSN B-2016-564-2/2

日本经济蓝皮书
日本经济与中日经贸关系研究报告（2017）
著(编)者：张季风　2017年5月出版 / 估价：89.00元
PSN B-2008-102-1/1

日本蓝皮书
日本研究报告（2017）
著(编)者：杨柏江　2017年5月出版 / 估价：89.00元
PSN B-2002-020-1/1

上海合作组织黄皮书
上海合作组织发展报告（2017）
著(编)者：李进峰 吴宏伟 李少捷
2017年6月出版 / 估价：89.00元
PSN Y-2009-130-1/1

世界创新竞争力黄皮书
世界创新竞争力发展报告（2017）
著(编)者：李闽榕 李建平 赵新力
2017年1月出版 / 估价：148.00元
PSN Y-2013-318-1/1

泰国蓝皮书
泰国研究报告（2017）
著(编)者：庄国土 张禹东
2017年8月出版 / 估价：118.00元
PSN B-2016-557-1/1

土耳其蓝皮书
土耳其发展报告（2017）
著(编)者：郭长刚 刘义　2017年9月出版 / 估价：89.00元
PSN B-2014-412-1/1

亚太蓝皮书
亚太地区发展报告（2017）
著(编)者：李向阳　2017年3月出版 / 估价：89.00元
PSN B-2001-015-1/1

印度蓝皮书
印度国情报告（2017）
著(编)者：吕昭义　2017年12月出版 / 估价：89.00元
PSN B-2012-241-1/1

印度洋地区蓝皮书
印度洋地区发展报告（2017）
著(编)者：汪戎　　2017年6月出版 / 估价：89.00元
PSN B-2013-334-1/1

英国蓝皮书
英国发展报告（2016～2017）
著(编)者：王展鹏　　2017年11月出版 / 估价：89.00元
PSN B-2015-486-1/1

越南蓝皮书
越南国情报告（2017）
著(编)者：广西社会科学院 罗梅 李碧华
2017年12月出版 / 估价：89.00元
PSN B-2006-056-1/1

以色列蓝皮书
以色列发展报告（2017）
著(编)者：张倩红　　2017年8月出版 / 估价：89.00元
PSN B-2015-483-1/1

伊朗蓝皮书
伊朗发展报告（2017）
著(编)者：冀开远　　2017年10月出版 / 估价：89.00元
PSN B-2016-575-1/1

中东黄皮书
中东发展报告 No.19（2016～2017）
著(编)者：杨光　　2017年10月出版 / 估价：89.00元
PSN Y-1998-004-1/1

中亚黄皮书
中亚国家发展报告（2017）
著(编)者：孙力 吴宏伟　　2017年7月出版 / 估价：98.00元
PSN Y-2012-238-1/1

皮书序列号是社会科学文献出版社专门为识别皮书、管理皮书而设计的编号。皮书序列号是出版皮书的许可证号，是区别皮书与其他图书的重要标志。

它由一个前缀和四部分构成。这四部分之间用连字符“-”连接。前缀和这四部分之间空半个汉字（见示例）。

《国际人才蓝皮书：中国留学发展报告》序列号示例

从示例中可以看出，《国际人才蓝皮书：中国留学发展报告》的首次出版年份是2012年，是社科文献出版社出版的第244个皮书品种，是“国际人才蓝皮书”系列的第2个品种（共4个品种）。

皮书起源

“皮书”起源于十七、十八世纪的英国，主要指官方或社会组织正式发表的重要文件或报告，多以“白皮书”命名。在中国，“皮书”这一概念被社会广泛接受，并被成功运作、发展成为一种全新的出版形态，则源于中国社会科学院社会科学文献出版社。

皮书定义

皮书是对中国与世界发展状况和热点问题进行年度监测，以专业的角度、专家的视野和实证研究方法，针对某一领域或区域现状与发展态势展开分析和预测，具备原创性、实证性、专业性、连续性、前沿性、时效性等特点的公开出版物，由一系列权威研究报告组成。

皮书作者

皮书系列的作者以中国社会科学院、著名高校、地方社会科学院的研究人员为主，多为国内一流研究机构的权威专家学者，他们的看法和观点代表了学界对中国与世界的现实和未来最高水平的解读与分析。

皮书荣誉

皮书系列已成为社会科学文献出版社的著名图书品牌和中国社会科学院的知名学术品牌。2016 年，皮书系列正式列入“十三五”国家重点出版规划项目；2012~2016 年，重点皮书列入中国社会科学院承担的国家哲学社会科学创新工程项目；2017 年，55 种院外皮书使用“中国社会科学院创新工程学术出版项目”标识。

中国皮书网

www.pishu.cn

发布皮书研创资讯，传播皮书精彩内容
引领皮书出版潮流，打造皮书服务平台

栏目设置

关于皮书：何谓皮书、皮书分类、皮书大事记、皮书荣誉、
皮书出版第一人、皮书编辑部

最新资讯：通知公告、新闻动态、媒体聚焦、网站专题、视频直播、下载专区

皮书研创：皮书规范、皮书选题、皮书出版、皮书研究、研创团队

皮书评奖评价：指标体系、皮书评价、皮书评奖

互动专区：皮书说、皮书智库、皮书微博、数据库微博

所获荣誉

2008年、2011年，中国皮书网均在全国新闻出版业网站荣誉评选中获得“最具商业价值网站”称号；

2012年，获得“出版业网站百强”称号。

网库合一

2014年，中国皮书网与皮书数据库端口合一，实现资源共享。更多详情请登录www.pishu.cn。

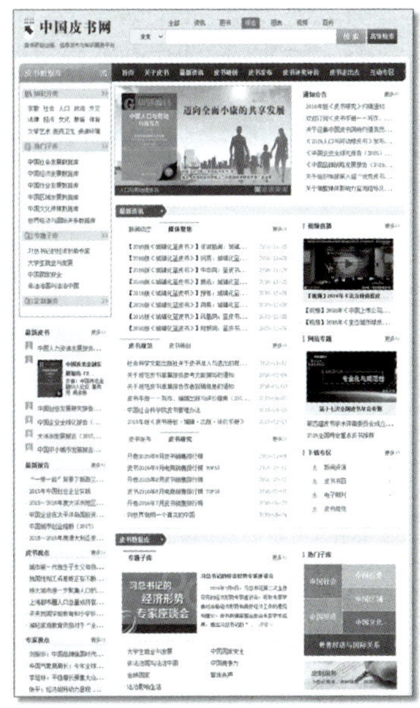

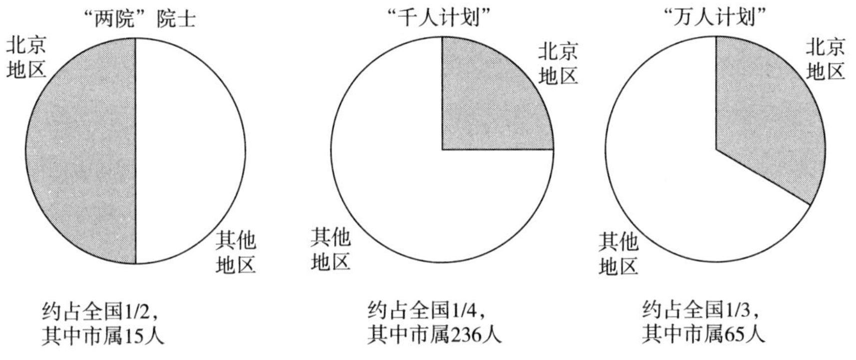

图5 北京地区高层次人才资源分布

（三）人才结构更趋合理

第三产业聚集人才能力不断增强。2016年，北京地区生产总值（GDP）达到2.57万亿元，同比增长6.8%。其中，第三产业占比为80.1%。从业人员规模为977.5万人，占全部从业人员的比例为80.1%，与2008年相比，提高了7.7个百分点，详见图6。目前北京地区第三产业从业人员结构与经济结构匹配度较高，人才聚集效应明显，集聚人才能力进一步增强。

（四）人才效能显著提高

经济效能持续提升。从人才经济产出看，2016年北京地区人均GDP、劳动生产率、人才对经济增长贡献率分别为11.8万元/人、21.0万元/人和52.6%，分别比2008年提高了84.4%、85.8%和17.6个百分点①，详细情况见图7。以文化创意产业、信息产业、高技术产业、现代制造业、现代服务业、信息服务业等为代表的新兴产业持续增长。截至2016年底，文

① 资料来源：人均GDP、劳动生产率数据来自《北京统计年鉴（2017）》；2008年人才对经济增长贡献率数据来自制定《首都中长期人才发展规划纲要（2010~2020年）》时的测算数据；2016年数据来自《北京地区人才资源统计报告（2016）》。

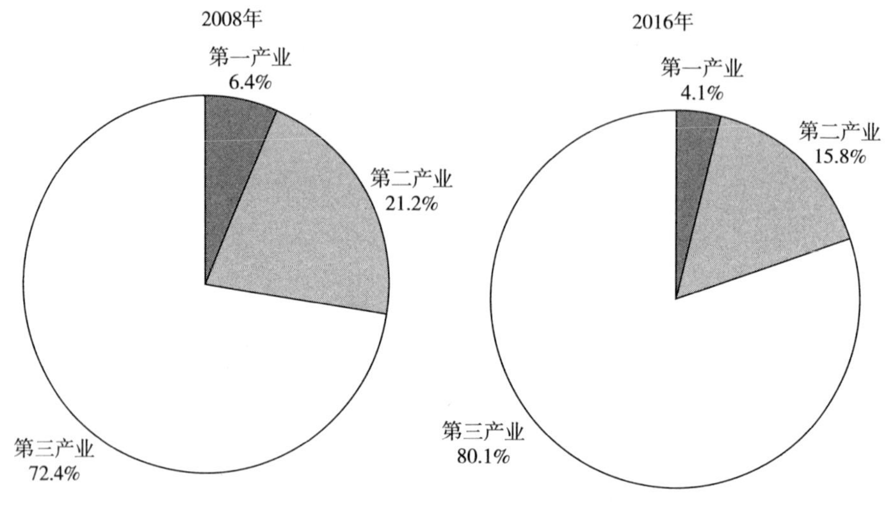

图6　北京地区从业人员产业结构情况

资料来源：《北京统计年鉴（2017）》。

化创意产业实现增加值3581.1亿元，占GDP比重达到14.0%，比2015年提高了0.3个百分点；信息产业实现增加值3794.8亿元，占GDP比重达到14.8%，比2015年下降了0.2个百分点；高技术产业实现增加值5833.7亿元，占GDP比重达到22.7%，比2015年提高了0.7个百分点；现代制造业实现增加值2007.2亿元，占GDP比重达到7.8%，比2015年提高了0.4个百分点；现代服务业实现增加值15365.3亿元，占GDP比重达到59.9%，比2015年提高了1.4个百分点；信息服务业实现增加值3222.9亿元，占GDP比重达到12.6%，比2015年提高了0.5个百分点，详见图8。

科技成果数量大幅增加。2016年底，北京地区专利申请量及授权量分别为18.9万件和10.1万件。其中，最能代表科技创新水平的发明专利申请量和授权量分别为10.5万件和4.1万件，分别是2008年的3.8倍和6.8倍。详见表2。

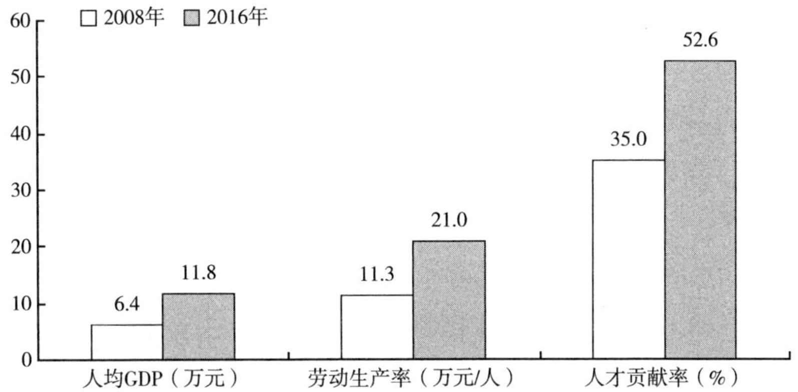

图7　北京地区人才效能比较

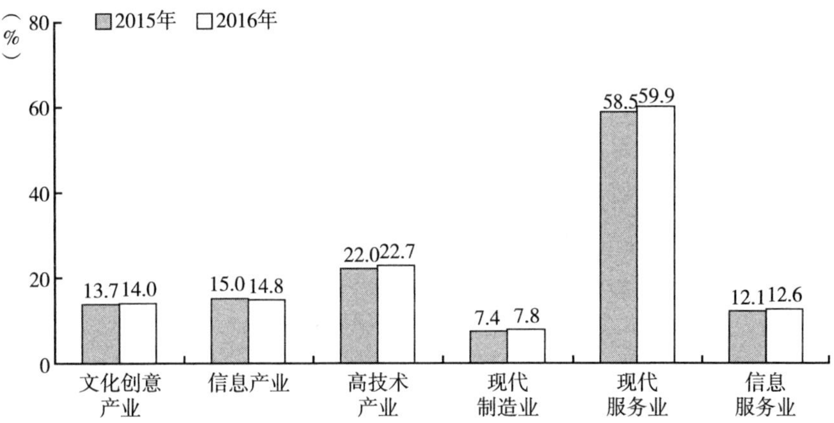

图8　2015年～2016年北京地区新兴产业增加值占GDP比重对比情况

表2　北京地区科技成果变化情况

单位：万件

科技成果	2008年	2016年
专利申请量	4.4	18.9
其中:发明专利	2.8	10.5
专利授权量	1.8	10.1
其中:发明专利	0.6	4.1

资料来源：《北京统计年鉴（2009）》《北京市2016年国民经济和社会发展统计公报》。

（五）人才发展指标符合预期

与《首都中长期人才发展规划纲要（2010～2020年）》战略目标相比，2016年人才资源总量和主要劳动年龄人口受过高等教育比例均已超过2020年目标水平。与2020年相比，2016年人力资本投资占地区生产总值比例和每万劳动力中研发人员接近目标水平的8成，人才贡献率达到目标水平的8成多，高技能人才占技能劳动者比例接近目标水平，主要劳动年龄人口受过高等教育比例已超出目标水平。预计到2020年，六大人才发展指标均可实现预期目标，详细情况见表3。

表3　首都人才发展主要指标完成情况

指　标	2008年	2016年	规划目标	
			2015年	2020年
人才资源总量(万人)	337	692.2	510	650
每万劳动力中研发人员(人年/万人)	204	201.6	240	260
高技能人才占技能劳动者比例(%)	21.8	29.6	26	30
主要劳动年龄人口受过高等教育比例(%)	27	45.2	35	42
人力资本投资占地区生产总值比例(%)	19	22.8	24	29
人才贡献率(%)	35	52.6	50	60

资料来源：2008年数据来自《首都中长期人才发展规划纲要（2010～2020年）》，2016年数据来自《北京地区人才资源统计报告（2016）》。

二　首都人才工作新进展

近年来，北京市认真贯彻落实党中央人才工作新要求，以人才工程为抓手统筹推进人才队伍建设，以改革人才发展体制机制为突破，积极营造各类人才干事创业环境，加快打造世界高端人才聚集之都，为北京建设具有全球影响力的科技创新中心提供人才支持和智力保障。

（一）深入实施重大人才工程，造就全球一流人才

围绕北京建设具有全球影响力的科技创新中心对人才战略性需求，依托重大人才工程和重点人才项目，整合利用全球创新要素和人才资源，打造高端人才队伍。

1. 广泛汇聚全球高端人才

实施“全球顶尖科学家及其创新团队引进计划”和“北京高校高精尖创新中心建设计划”，面向海外发布了首批全球顶尖科学家及其创新团队引进计划和遴选任务，引进了诺贝尔奖获得者斐里德·穆拉德、詹姆斯·马歇尔、康斯坦丁·诺沃肖洛夫等顶尖科学家。为提高政府公共行政管理水平、国际化素养和科学决策能力，面向海外高级专业人才及高级管理人才设立政府特聘岗位，招聘市级政府工作部门或区政府的重大项目负责人，提供与国际接轨的薪酬标准，先后引进曾晓东、周学松、魏迪等一批国际顶尖人才担任高级职务。目前，正在实施第三批政府特聘岗位高端人才引进计划，探索在海淀、通州、延庆等服务首都重大任务、有实际需求的地区设立政府特聘岗位。在先期实施北京市“海聚工程”基础上，出台《“海聚工程”战略科学家项目实施细则》，进一步完善“海聚工程”评审工作。党的十八大以来，入选国家“千人计划”专家的有 140 人，入选北京市“海聚工程”的海外高层次人才 548 名。设立“海聚工程”科技事业、战略性新兴产业发展服务专窗，建设海聚人才创新创业基地，强化对“海聚工程”入选人员的后续支持。

2. 创新引才引智形式

开展“海外高端人才创新创业季活动”，整合市级层面海外人才交流资源，提升层次、丰富内涵、扩大影响。比如，会同欧美同学会、国家“千人计划”专家联谊会开展了“海外院士考察首都国际人才社区”活动，约 60 名美、英、德等国的科学院或工程院院士参观考察国际人才社区建设，为深入合作奠定基础。联合市发改委、市科协、中关村发展集团等单位举办了第七届“海外赤子北京行”，邀请到来自 20 个国家和地区 100 余名生物医

药、电子信息等领域的海外人才参加主题论坛、政策宣讲、创业大赛、项目对接等活动。推进“全球高端人才地图”绘制，促进海外精准引才。

3. 打造立体式人才交流载体

近年来，市人才工作领导小组组建访问团，先后赴美国、芬兰等国开展海外人才交流合作，通过举办“北京市硅谷高端人才峰会”，向海外人才及机构集中展示北京的资源叠加优势和良好创新环境，密切了同海外人才的广泛联系，构筑起北京“海外人才圈”。同时，赴港澳开展境外人才合作交流活动，与香港城市大学签署战略合作协议，进一步加强了京港人才合作。驻香港联络处赴日本东京开展海外人才合作交流活动，与在日中国科学技术者联盟签订合作协议，通过举办京津冀创新创业及人才政策说明会等系列活动，加强与中日各界专业机构的联络，进一步推动了中日人才交流与科技领域合作。

4. 大力培育本土人才

全力做好院士增选工作，党的十八大以来，先后 3 次组织高层次人才申报中国科学院、中国工程院院士，其中 8 名高层次人才成功当选“两院”院士。深入推进北京“高创计划”，逐步建立全市人才梯队培养体系，优化“高创计划”实施工作机制。通过印发《〈北京市高层次创新创业人才支持计划〉实施办法》，进一步完善项目申报、评审、综合评议等遴选工作流程，明确各遴选平台职责任务。同时，扩大人才培养支持范围，根据《〈北京市高层次创新创业人才支持计划〉实施办法》，会同市卫生计生委将“卫生领军人才”支持项目纳入“高创计划”。党的十八大以来，“高创计划”共评出杰出人才 42 名、各类领军人才 253 名、青年拔尖人才 147 名。持续开展优秀人才培养资助，支持优秀青年人才成长，已完成项目申报工作，2017 年各类项目申报总数共 4828 个，比 2016 年增长了 33%。

（二）改革人才发展体制机制，充分释放人才活力

1. 强化人才发展体制机制改革顶层设计

为深入贯彻落实中央意见，以市委文件形式印发《关于深化首都人才

发展体制机制改革的实施意见》，围绕全面推进人才管理体制改革、加快建立京津冀人才一体化发展体制机制、积极构建具有国际竞争力的人才开发机制等八个方面提出了一揽子改革举措，全面深化人才发展体制机制改革。按照中央有关加强新形势下引进外国人才工作意见要求，市委组织部、市外专局会同相关部门，联合制定了《关于加强新形势下我市引进外国人才若干措施》，围绕创新外国人才引进方式、完善外国人才使用机制、强化外国人才服务保障、优化外国人才生活环境、加强组织保障等方面，进一步明确外国人才引进服务具体办法。

2. 加大向用人主体放权、为人才松绑力度

一是加快推进职称改革工作，制定《关于深化北京市职称制度改革的实施意见》，取消统一的职称外语和计算机应用能力考试，在全市推广职称评审“直通车”制度，开展数字传播、工业设计等新兴领域职称评价试点，进一步完善职称评价体系。二是推进人才管理体制改革。出台《关于支持和鼓励高校、科研机构等事业单位专业技术人员创新创业的实施意见》，针对人才兼职、在职办企、在岗创业、到企业挂职、参与项目合作、离岗创业“六种模式”，集中出台组合式支持政策，启动人才“共享”新机制，实现“出得去、回得来、用得活、管得好”。三是促进人才开放式培训，鼓励和支持教学科研单位开展国际学术交流，推进国际教育科研资源和首都教育机构开展联合办学、科学研究和人才培养，在教学科研单位人才引进和经费使用等方面采取了新的办法，比如人才薪酬、劳务经费等不受事业单位工资总额限制。四是针对反映强烈的科研人员因公出国受限问题，印发了《关于对科研事业单位部分科研人员因公出国（境）实行分类管理的通知》《关于加强和改进教学科研人员因公临时出国管理工作的实施意见》，进一步放宽科研人员因公出国管理政策。在名额方面，对开展学术交流合作的科研人员，出国不列入国家工作人员因公临时出国批次限量管理范围，不计批次、单独统计；在范围方面，实施对象扩大到学校和科研院所所有教学与科研人员；在经费方面，不纳入“三公经费”管理范畴。

3. 在重点区域突破人才引进机制

着眼于更广泛地开发使用国际化人才，中关村管委会认真落实公安部支持北京创新发展20项出入境政策，针对外籍高层次人才、创新创业外籍华人、外籍青年留学生等六类群体，建立了配套的外籍人才管理服务机制、便捷的停居留办理流程（永居证的办理时间由180天缩短到50天）；充分发挥"先行先试"政策优势，进一步加大人才政策创新力度，重点围绕国际人才引进使用、培养开发等方面，制定具有国际竞争力的引才聚才政策。在市人才工作领导小组统筹部署下，朝阳区、顺义区设立了外国人服务大厅，建立配套的管理服务机制，截至目前，已有640人"外国人永久居留身份证"办理申请获受理，1690人获得签证居留许可，为外籍人才出入境及获得相关服务提供便利。

（三）大力营造人才发展环境，提升首都创新创业地方品质

1. 打造国际人才社区

为优化首都人才发展环境、提高北京吸引集聚国际人才能力，市人才工作领导小组在朝阳望京、中关村大街、未来科学城和新首钢地区试点建设首批国际人才社区，打造有海外氛围、有多元文化、有创新事业、有服务保障、有宜居生活的特色载体，为国际人才创新创业搭建良好的承载平台、提供职住一体的生活配套，确保人才引得进、留得住、用得好。目前，首都国际人才社区建设已列入《北京城市总体规划（2016年～2035年）》，市级层面印发了《关于推进首都国际人才社区建设的指导意见》，区级层面已同步出台实施方案，并具体开展建设运营、服务管理等工作。

2. 营造人才法制环境

为营造与社会主义市场经济体制相适应、人人皆可成才、人人尽展其才的政策法律体系和社会环境，北京市于2004年便提出建立具有北京特点、符合经济社会发展需要的人才管理政策法规体系。近年来，围绕《北京市人才发展促进条例》的制定，市委组织部于2011年会同市人力社保局、市政府法制办联合开展了人才立法摸底调查，2014年委托中国人事科学研究

院针对北京市人才立法进行了前期研究，先后召开 6 次专题调研会、5 次专家论证会对人才立法开展广泛研讨，形成了系列专题报告，并草拟了专家建议稿。随后，将加大调研工作力度，进一步论证《北京市人才发展促进条例（草案）》，并及时启动人才立法程序，待条件成熟后适时出台《北京市人才发展促进条例》。

3. 开展优秀人才表彰奖励

完善《北京市高级人才奖励工作实施办法》，组织开展“首都杰出人才奖”“北京市有突出贡献的人才”“北京市优秀青年人才”等评选表彰工作。党的十八大以来，表彰“首都杰出人才”4 名、“北京市有突出贡献的科学、技术、管理人才”109 名、“北京市有突出贡献的高技能人才”60 名、“北京市有突出贡献的农村实用人才”20 名和“北京市优秀青年人才”124 名。在表彰奖励工作中，注重非中共党员、非公领域人才占一定比重，增强专家人才的荣誉感和向心力。

4. 加强人才宣传工作力度

依托《北京人才参考》《人才》杂志、北京电视台《人才》栏目、“首都人才”微信公众号等平台，构成了平面媒体、电视、网络、手机等多位一体的人才及人才工作宣传体系，综合运用多媒体和宣传力量，围绕人才工作成果、典型经验和优秀人才加强宣传报道，多次在《中国组织人事报》《北京日报》上发表宣传稿件，并被多家媒体转发，集中展示了首都人才工作取得的丰硕成果。

（四）服务国家战略，加快推进京津冀人才一体化发展

1. 加强区域人才一体化发展顶层设计

为推动京津冀人才一体化发展，更好地服务支撑区域协同发展，京津冀三地组织部门联合编制了《京津冀人才一体化发展规划（2017 ~ 2030 年）》。该规划涉及战略意义、总体思路、重大任务、重点工程以及组织保障五部分。该规划围绕京津冀区域打造“世界高端人才聚集区”总目标，重点针对京津冀在人才结构与功能定位、国际化水平与发展目标、体制机制

与提升竞争力、公共服务与一体化发展四个方面存在的“不适应”问题，提出构建区域人才发展新格局、抢占世界高端人才发展制高点、创新区域人才发展体制机制、构筑区域协同创新人才共同体、打造区域人才政策新优势五项重大任务。并对重大任务中具有基础性的工作进行工程设计，提出全球高端人才延揽计划、京津冀人才创新创业支持工程、“圆梦京津冀”菁英计划等13项重点工程，明确了推进京津冀人才一体化发展的具体抓手。

2. 建立智力资源共享机制

建立京津冀开放共享的专家数据库，促进三地区域对接合作，建立三地园区协同创新共同体，健全三地干部人才挂职机制等。启动全球高端人才延揽计划，面向全球发布京津冀2017年度高层次人才和急需紧缺人才引进目录，统筹引进国外专家人才。相继组织开展了“京津冀高层次人才国情研修班”“京津冀高层次专家联合休假”等活动。市科委支持“首都科技条件平台”和“北京技术市场”在天津、河北建立合作站或服务平台，促进北京科技资源向津冀两地辐射转化。房山区与河北省相关地区成立了“北京京保石协同创新技术研究院”，集聚相关高校、科研机构、企业、技术人才和产业政策，建设人才发展配置平台。通过一系列举措，充分实现三地人才智力资源互惠共享。

3. 拓展人才一体化广度和深度

针对京津冀三地因行政地域划分，造成的人才政策衔接不通畅、公共政策服务平台缺乏、制度性障碍突出等问题，北京市主动围绕区域人才发展体制机制改革和政策创新，加大统筹协调力度，推进相关职能部门在重点领域和关键环节实现突破，取得了良好效果。教育方面，京冀两地分别在数字学校教育资源共享、中小学教师校长培训、职业教育协同发展、教育督导协作机制四个方面签订协议，全方位深化教育合作。在职称评审、中介服务、社会保障、学术环境和发展机遇等方面实现标准和政策有序衔接，为人才跨地区、跨行业、跨体制流动提供了充足的便利条件。科技部门签订了《国际科技合作框架协议》《协同创新发展战略研究和基础研究合作框架协议》，在人才资源、科研项目、成果转化等方面深化合作。外国专家部门签订了

《外籍人才流动资质互认手续合作协议》，加快了三地外籍人才流动政策互通的进程。

（五）坚持党管人才原则，不断完善人才工作格局

1. 完善党管人才工作格局

调整充实市人才工作领导小组领导和成员单位，新增市公安局、市住建委、中关村发展集团等 8 个单位为成员单位，进一步增强人才工作合力。2017 年召开两次市人才工作领导小组会议，传达学习中央和市委有关会议精神，部署年度重点工作，听取相关工作进展情况汇报。市人才工作领导小组办公室制定印发了具体工作实施方案，组织开展了年中和年底人才工作目标责任制检查调研，加强对重点地区和重点任务的工作指导和督促落实。将人才工作纳入党建工作责任制情况述职，探索在职能部门绩效考核中增加人才工作内容，进一步健全党管人才工作格局。

2. 团结凝聚专家人才

贯彻落实中央《关于进一步加强党委联系服务专家的意见》，市委常委每人联系服务 2 名左右高层次专家，党委联系服务专家工作机制进一步完善。畅通专家建言献策渠道，组织专家围绕首都经济社会发展中的热点难点问题进行专题调研或主题建言，并通过《决策参考》《北京调研》等向市领导报告。以首都院士之家服务中心、保健基地、工作站为支撑，完善工作平台，组织开展院士行活动，研究出台院士工作站管理办法，有效发挥院士专家在人才培养、引领发展等方面的作用。持续推进专家人才国情教育，开展首都专家拉萨行、青海行等活动，深化首都专家人才对中西部地区的智力帮扶。开展首都院士专家新春联谊、休假疗养、走访慰问等活动，把党和政府对专家人才的关心关爱传递到更广泛的人才中。

三　首都人才发展新任务

党的十九大报告中，习近平总书记指出，人才是实现民族振兴、赢得

国际竞争主动的战略资源。要坚持党管人才原则，聚天下英才而用之，加快建设人才强国。《北京城市总体规划（2016 年 ~2035 年）》中提出要加快建设具有全球影响力的全国科技创新中心，努力打造世界高端人才聚集之都。我们将深入学习贯彻落实党的十九大精神，按照市委要求，聚焦人才工作国际化阶段重点和人才发展体制机制改革方向，努力打造世界高端人才聚集之都。

（一）打好体制机制改革攻坚战

人才开发，重在使用，关键在于营造适宜各类人才发展的体制机制环境。围绕体制机制改革督查发现的问题和重点难点，以“钉钉子”精神攻坚克难，打通人才发展的“最后一公里”。建立人才发展体制机制改革的容错和纠错机制，鼓励和支持基层单位改革创新，加大人才政策与审计、巡视等工作的协调力度，激发用人主体和人才的活力。统筹全市各类人才工程和项目，加大对高端人才团队、青年人才、文化人才的支持力度，更好地支持首都“四个中心”建设。利用政策试点总结经验，形成对不同职业群体、不同用人主体的分类管理服务办法，特别是在社会保障、医疗保险、子女教育等方面考虑国际国内的转换和衔接，营造“近者悦、远者来”的人才发展环境。

（二）加强人才政治引领和政治吸纳

以学习宣传贯彻党的十九大精神为契机，发挥北京专家联谊会平台作用，通过开展人才沙龙、专家论坛、国情研修等活动，强化对各类人才的思想政治引领。加强人才工作与干部、组织工作的联动，推荐优秀人才进入干部培养视野，鼓励他们积极建言献策、到政府部门挂职，开展央地科技、文化单位人才交流，支持人才在更大领域和范围内锻炼本领、增长才干。高度重视人才引进发展环境建设，通过用事业吸引人、环境温暖人、待遇留住人、感情团结人、政策激励人，实现人才工作从政策优向环境优、机制优、服务优的拓展，努力营造尊重人才、见贤思齐的社会环境，鼓励创新、宽容失败的工作环境，待遇适当、无后顾之忧的生活环境，公开平等、竞争择优的制度环境。

（三）切实保障人才发挥作用

北京具备一定的人才基础，但与世界发达地区相比，仍然缺乏具有国际影响力和学术话语权的顶尖人才。整体设计外籍人才引进、使用、服务的全过程，探索建立健全外籍人才管理服务机制，加强政府监管，发挥用人主体、中介机构作用，探索制定外籍人才分类管理服务标准。加快国际人才社区建设，建设一批全链条的创新创业支持平台、区域性的人才联动发展平台，健全多元化海外联络体系，并推动成立国际人才合作组织。做实海外院士专家北京工作站，实行“以科学家为本”的管理体制和与国际接轨的运行机制，充分激发人才的积极性、主动性和创造性。完善全球跨境平台布局，加强海外人才联络机构及各类跨境创新创业载体建设，提高整合利用全球创新资源的能力。

（四）强化统筹协调、部门协作、上下联动

健全完善市人才工作领导小组工作机制，配齐配强市人才办及各级人才工作部门的工作力量，加大全市人才工作资金统筹和财政投入力度，加强组织部门牵头抓总和统筹协调力度，通过统筹谋划、体制突破、营造环境、扩大开放，加强人才工作，为人才汇聚、发展提供国际一流的发展空间和成长平台，使首都在国际竞争中赢得主动权，让首都各类人才的创造活力竞相进发、聪明才智充分涌流。

（五）推进人才发展法治建设

法治环境是最好的人才环境，“环境好，则人才聚、事业兴；环境不好，则人才散、事业衰”。人才发展环境的优劣是人才竞争的关键要素，而法律制度是各项制度的根本，加强人才法治环境建设是形成人才制度优

势的根本保证。综观美、德、日等发达国家历史，它们成熟的法律制度为本土人才成长提供了肥沃“土壤”，也为它们在全球选才聚才锻造了核心竞争力。北京作为国际化大都市，对人才的国际化要求日益迫切，要大力推进人才法治建设，为在全球范围开发配置人才资源提供权威有效的法治保障。

行 业 篇

Report on Industry

B.2 北京高端创新人才引进典型案例与对策研究

北京市科委人才交流中心课题组*

摘 要： 随着新一轮科技革命的兴起，高端创新人才对科技创新、产业发展的重要性日渐突出。为了吸引高端创新人才，各地政府积极出台符合本地发展需要的政策措施抢夺高端创新人才。本文在分析北京现有人才计划的高端人才界定标准基础上，对高端创新人才进行界定，并对北京高端创新人才的发展情况进行了总体分析；对高端创新人才数量较多的生物医药、

* 课题组组长：朱晓宇，北京市科委技术委员会人事教育处处长，工学学士，高级政工师。课题组成员：常颖，北京市科委人才交流中心副主任，交通运输规划与管理硕士，助理研究员；张蕊，北京市科委人才交流中心研究咨询部部长，企业管理硕士，助理研究员；宁鹏达，北京市科委人才交流中心干部，产业经济学硕士，助理研究员；李小白，北京市科委人才交流中心干部，经济学硕士，助理研究员。

新材料两个领域的代表性机构进行调研，总结其引进高端创新人才的经验及需求；最后基于反馈的问题与需求，从完善人才评价和激励机制、优化布局人才计划及发展平台、拓展引才渠道、加强服务平台和配套措施建设、优化生活保障措施、加强人才政策宣传等方面入手，对北京引进高端创新人才提出了相关建议。

关键词： 高端创新人才 引进经验 对策建议

一 北京高端创新人才发展概况

（一）高端创新人才界定

北京市对高端人才的界定主要体现在全市各类人才引进计划及其人才认定标准中。出台较早、发展相对完善的北京人才引进计划的“海聚工程”及中关村管委会的“高聚工程”，对于不同类型的高端人才分别进行了界定，界定标准详见表1。

可见，现有的相关计划对于高端人才的界定标准主要集中在知识水平、专业技能、创造的社会效益等方面。而2016年出台的《关于深化首都人才发展体制机制改革的实施意见》（以下简称《意见》）则通过对四类人才优先落户的政策倾斜，进一步丰富了高端人才的内涵，将创新创业能力纳入人才引进的重要指标中。综上所述，本文中的高端创新人才，主要是在高端人才基础上进行的一个概念细化，将创新人才与高端人才进行概念的叠加而得出。本文认为：高端创新人才是指具有突出的创新意识和创新能力，拥有社会公认的重大成果和社会贡献以及崇高的社会声誉，对国家和地方经济、政治、科技、社会和文化发展产生重要影响的人才。

表1 北京市"海聚工程"和中关村"高聚工程"对高端人才的界定标准

高端人才类型	相关界定侧重的方面	共性
创新领军人才	主要从年龄、科技成果、研究领域、职称等几个方面开展,但是其中最看重的是人才的科技成果,科技成果是人才创新力最直接的反映	1. 拥有专业技能及较高知识水平 2. 具有一定社会成就或地位 3. 对社会发展做出贡献,创造社会效益
创业领军人才	主要围绕其创业的成果展开,对创业年限和自有资金的要求主要是为了确保企业能够相对长久地发展,而对企业资产、营业收入、知识产权、市场预期、创业团队等方面的评价,则是对创业人的成果进行检验	
领军企业家	基本都是董事长、总裁、总经理、高管,所在企业的主要特征为营业收入高、世界500强地区总部、大型混合所有制或国企,或为能够提供坚实的贷款服务的金融机构	
创新创业服务领军人才	核心在于提供了多少创新创业服务,对这些服务的评价主要着眼于质量(如"行业顶尖水平")和数量(如"1亿元技术交易额")两个方面	
海外高层次人才	看重人才的学识和学历水平,对人才的学历限定为博士;岗位重要性、技术水平要求高;年龄限制在55岁以下	

(二)总体情况

北京是全国创新资源最集中的城市,创新资源总量约占全国的1/3。其中,拥有中央和地方各类科研院所400余所、高等院校90余所,国家重点实验室约占全国的1/3。科技创新企业高度聚集,约占全国的1/4,其中有一大批科技上市公司、跨国公司地区总部、世界500强企业及外资研发机构。聚集了大批创新载体,国家级科技创新基地约占全国的1/3,各类大型科研仪器设备占全国的1/4以上,国家级产业技术创新联盟占全国的40%以上。同时,承担的国家重大科技专项、重大项目占全国的40%。这些重要的创新资源是北京集聚高端创新人才的重要依托和保障。

近年来,北京充分利用自身优势,通过建设人才特区、实施高层次人才计划、升级产业结构、制定良好的人才政策、完善人才配套服务等措施加大对高端创新人才的吸引力度，进一步推动高端创新人才集聚，并在人才数量、人才质量、引才渠道及引才环境优化上取得了一定成绩。

1. 高端创新人才总量优势明显

截至2015年底，北京地区人力资源总量为650.4万人，拥有科技活动人员约74.75万人，其中R&D人员占比47%，约有35万人。R&D人员折合当时全量约为每年24.6万人。同期，上海地区拥有科技活动人员约44.81万人，其中R&D人员占比54%，约有24.27万人。R&D人员折合当时全量约为每年17.18万人，详见表2。

表2 2015年北京和上海科技人员总量情况比较

地区	科技活动人员(人)	R&D人员(人)	R&D人员折合当时全量(人年)
北京	747461	350721	245728
上海	448100	242700	171800

资料来源：《北京统计年鉴（2016）》和《上海统计年鉴（2016）》。

北京顶尖人才集聚趋势明显。目前，全国两院院士中，中国科学院院士的51.8%在北京，共计385人；中国工程院院士的39.7%在北京，共计211人，北京两院院士数量约占全国的一半，国家“千人计划”入选人数为全国的1/4，“万人计划”入选人数为全国的42%，相关情况详见表3、表4。

表3 科技北京百名领军人才培养工程入选者取得成就

获得荣誉	数量
入选中国工程院院士	2人
入选中国科学院院士	1人
入选第一批“万人计划”	13人
入选“北京学者计划”	7人
获得“国家科学技术进步奖”	11项，其中一等奖3项、二等奖6项、三等奖2项
获得“国家技术发明奖”	2项
获得“北京市科学技术奖”	42项，其中一等奖9项、二等奖18项、三等奖15项

表 4 高端创新人才工程、项目、计划汇总

层次	名称	发布单位	实施情况
国家级	海外高层次人才引进计划（千人计划）	中央人才工作协调小组	截至2017年，共有13批入选者，共计入选7033人，其中北京地区1658人（含北京市属236人），约占全国的1/4
	国家高层次人才特殊支持计划（万人计划）	中组部、人社部等11个部委	截至目前，共有2批入选者，共计入选1630人，其中北京地区682人（含北京市属65人），约占全国的42%
北京市级	北京海外人才聚集工程	北京市人才工作领导小组	截至目前，共认定916名海外高层次人才
	首都科技领军人才培养工程	北京市科委	截至目前，共7批210名领军人才及其团队获得支持
	北京学者	北京市人力社保局	每两年选拔一次，2013年、2015年和2017年共选拔3批42名北京学者
	高创计划	北京市人才工作领导小组	每年选拔一次，2014年、2015年和2016年共选拔3批42名杰出人才、253名领军人才和147名青年拔尖人才
	北京市百千万人才工程	北京市人力社保局	截至目前，共选拔13批547人
	中关村高端领军人才聚集工程	中关村	截至目前，共选拔9批292人

2. 高端创新人才产业人才集聚趋势明显

北京高端创新人才从业分布呈现出向高科技新兴产业集聚的态势，主要集中在软件电子信息技术、生物医药、新材料、新能源和航天技术等领域。通过分析北京市“科技新星”和“海聚工程”历年入选人员，发现80%左右的科技人才分布于生物医药、电子信息、新能源等战略新兴领域。

截至2017年，北京市“科技新星”历年入选人数为2214人，医疗卫生、生物医药、农业、电子信息、能源与材料领域入选人员总计占比近81%，分别为27%、15%、13%、13%、13%，详见图1。北京市“海聚工程”历年入选人数为916人，生物医药、电子信息、新材料、能源与环境、光机电一体化领域入选人员总计占比81.2%，详见图2。

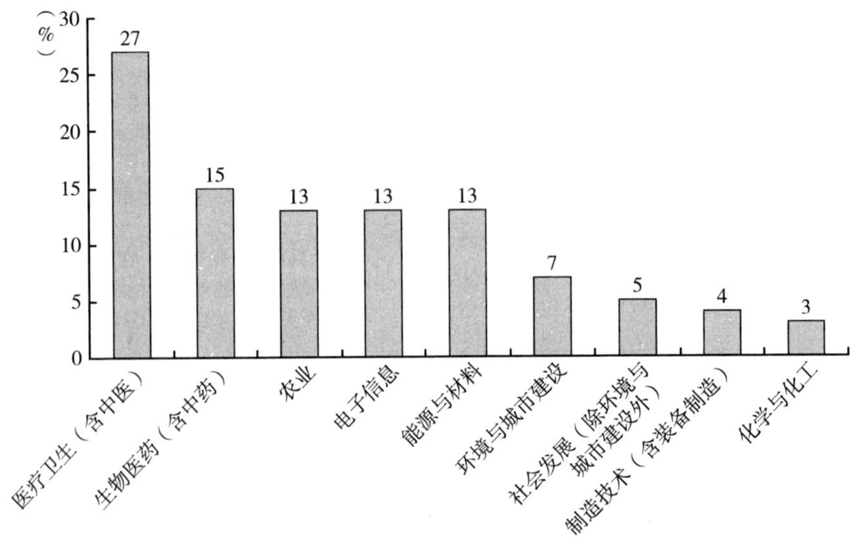

图 1　北京市“科技新星”入选人员分布领域

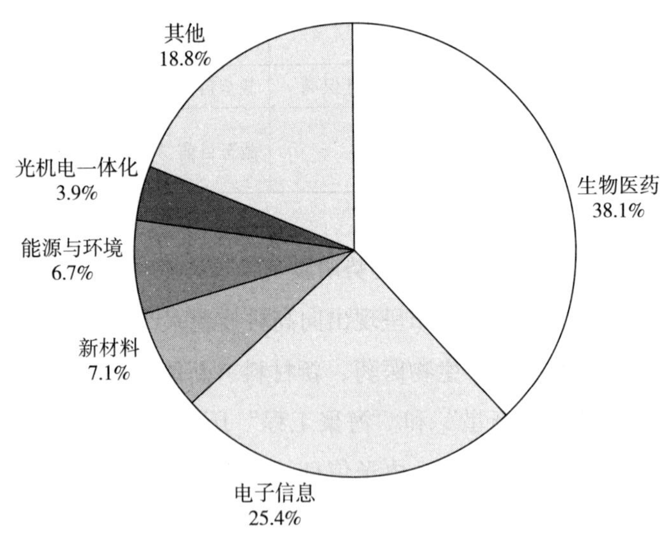

图 2　北京市“海聚工程”入选人员分布领域

3. 高端创新人才主要分布在科研机构和高校

在发达国家，科学家和工程师主要在企业工作。《科学与工程指标 2016》报告显示，美国大多数科学家与工程师在企业工作，占 70.1%；在教育部门和政府部门工作的比例分别为18.9%和11%。相关数据显示，北京高端创新人才主要分布于科研机构和高校。以北京市“科技新星”计划入选人员为例，入选的2275人中，只有411人来自企业，占比18%，详见图3。

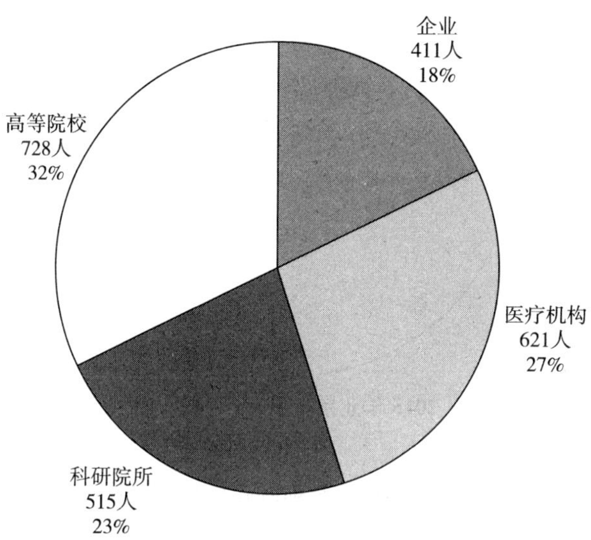

图3　北京市“科技新星”计划历年入选人员单位分布

与此同时，对高端创新人才的投入，也主要集中于高校及科研院所。北京市R&D经费支出以科研机构的R&D经费支出额度最大，占比51%，而企业R&D经费支出约496亿元，占所有经费支出的36%。而同年上海市R&D经费支出中，以企业的R&D经费支出额度最大，为总支出的61%，详见图4。

4. 高端创新人才对区域创新能力和科研水平的带动力度还有待提高

尽管北京市高端创新人才数量已居全国首位，但从2010～2014年首都创新人才三级指标情况来看，每万名从业人员中引进的高端人才数不足1人，高端创新人才密度不够，其对区域创新能力和科研水平的带动力度还有待提高，详见表5。

高端创新人才对区域创新的带动力度不够主要体现在国际专利产出少、国际论文质量不高等方面。2016年，北京市发明专利受理量为10.46万件，授权量4.06万件，但PCT国际专利申请量仅为6651件，详见表6。

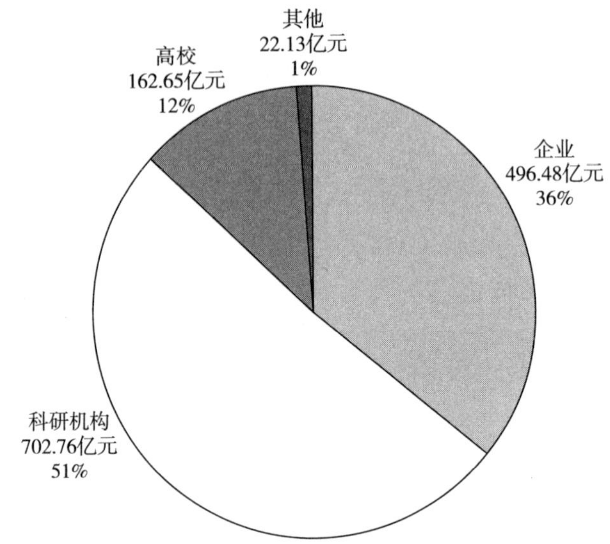

图4　2015 年北京市 R&D 经费支出情况

表 5　2010～2014 年首都创新人才三级指标情况

年份	万名人口中本科及以上学历人数(人)	万名从业人口中从事 R&D 人员数(人)	企业 R&D 人员数占从业人员比重(%)	高校、科研机构 R&D 人员数占从业人员比重(%)	每万名从业人员中引进的高端人才数(人)
2010	2020	190. 86	3. 92	50. 70	0. 19
2011	1837	206. 78	4. 53	53. 74	0. 38
2012	1932	216. 35	4. 77	56. 71	0. 48
2013	2139	215. 43	5. 34	41. 16	0. 60
2014	2379	213. 59	5. 13	41. 11	0. 69

表 6　北京市专利授权量及 PCT 国际专利申请量

单位：件

年度	专利授权量	PCT 国际专利申请量	年度	专利授权量	PCT 国际专利申请量
2013	20695	2981	2015	35308	4490
2014	23237	3606	2016	40602	6651

资料来源：国家知识产权局。

据 Clarivate Analytics 发布的 2017 年全球高被引科学家名单，虽然中国高被引科学家的数量排名全球第三，仅次于美国和英国，但是相比排名第一的美国差距还是非常大的，详见图 5；排名前十的高被引科学家所属高校中有 6 所美国高校或研究院，中国只有中科院入围前十，详见图 6。

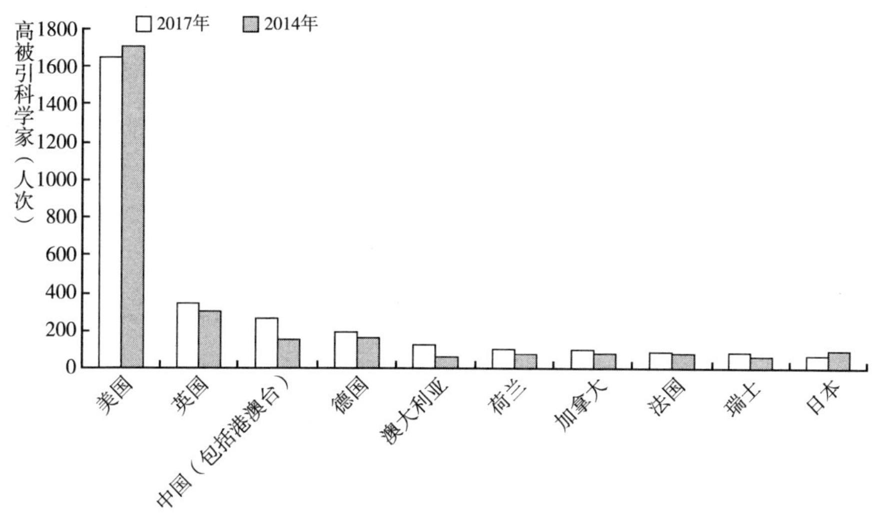

图 5 高被引科学家国家分布

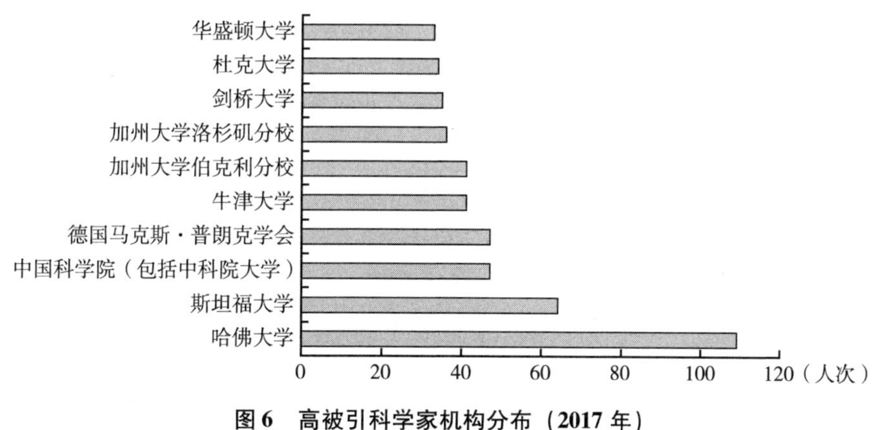

图 6 高被引科学家机构分布（2017 年）

二 生物医药、新材料等领域重点机构引进高端创新人才主要经验借鉴

电子信息、生物医药、新材料、智能制造等领域为北京主要的科技创新

领域，其中，由于领域本身对人才层次的要求不同，生物医药、新材料等领域高端创新人才尤为集聚。

新材料领域：近年来产业规模不断扩大。2015 年我国新材料产业规模约为 1.9 万亿元。新材料支撑重大应用示范工程的作用日益显现，为高速铁路、大飞机、载人航天、探月工程、超高压电力输送、深海油气开发等重大工程的顺利实施做出了贡献。北京拥有清华、北大、中科院等多家新材料研究开发科研机构，拥有 120 个国家重点实验室，是全国新材料产业的创新中心，石化新材料、高端金属材料、磁性材料、生物医用材料等多个领域发展优势明显，在稀土永磁、人工晶体、超导材料、纳米材料等领域达到了国内领先或者国际先进水平，形成了一批具有自主知识产权的技术成果。

生物医药领域：近年来我国从战略部署、政策措施、具体计划等方面，制定了一系列比较系统的产业政策，密集程度之高前所未有。2015 年 5 月，国务院发布《中国制造 2025》，把生物医药及高性能医疗器械作为重点突破领域之一，首次将生物医药产业提升到支柱性产业的高度。2016 年 2 月，国务院发布《中医药发展战略规划纲要（2016～2030 年）》，全方位推进我国中医药产业发展。2016 年 3 月，国务院办公厅发布《关于促进医药产业健康发展的指导意见》，从技术创新、规范管理、产业结构、诚信体系等方面提出了系列支持措施。2016 年 3 月发布的《中华人民共和国国民经济和社会发展第十三个五年规划纲要》，提出实施健康中国行动计划，把生物医药作为战略前沿重点突破领域。2016 年 6 月，国务院办公厅发布《关于促进和规范健康医疗大数据应用发展的指导意见》，推动“互联网 + 健康医疗”服务。

一方面，国内外经济与科技发展的新需求，对新材料、生物医药人才建设提出了更高的要求；另一方面，未来新材料、生物医药领域的发展趋势，也为人才队伍建设指明了培养方向。因此，为了摸清重点领域高端创新人才引进的情况，本文对新材料、生物医药两个重点领域的代表性高校、科研院所、企业进行了调研，了解其引进高端创新人才的现状、特点、问题、需求、经验及建议，为人才工作的开展提供参考。

（一）北京生命科学研究所

北京生命科学研究所是国内较早的无行政级别、无事业编制、全所实行合同制的事业单位，由科技部、发改委、财政部、教育部、卫生部、农业部、中国科学院、国家自然科学基金会、中国医学科学院和北京市政府共同组成理事会。2005 年 12 月，研究所正式揭牌成立。截至目前，北京生命科学研究所累计吸引 50 多位海外优秀留学人员全职回国工作。其中有 7 人入选国家“千人计划”和“青年千人计划”，10 人入选国家“杰出青年”，3 人入选“北京学者”，29 人入选北京市“海聚工程”，4 人入选国家“百千万人才工程”，3 人入选市级“百千万人才工程”。2012 年，在美国霍华德－休斯医学研究所全球青年科学家基金评选中，有 7 位中国科学家入选，其中 4 位来自北京生命科学研究所。在北京生命科学研究所一期评估的科学家当中，有 5 位被提名参加 2015 年中科院院士增选，其中 43 岁的邵峰博士作为生命科学和医学部最年轻候选人当选。王晓东、邵峰分别于 2014 年、2015 年入选了欧洲分子生物学组织（EMBO）外籍成员。北京生命科学研究所引进高端创新人才主要有两个方面的经验。

1. 聚焦青年人才引进培养

该所认为，引进海外青年高端人才来中国发展能带来巨大的创新、社会、经济价值。一是中国有大量青年高端人才还在海外发展，其中不乏想回国施展抱负之人，有合适的计划便会回国发展；二是 25～45 岁的青年高端人才处于科研成果高产期，若能定向培养数年，定能为中国做出一番成绩；三是中国人从国外回来，短时间内便会适应中国的生存环境。

2. 建立公平公开的选拔机制

制定出公平、科学的评审、退出机制。评估委员会由 5 位国际知名专家组成，让具有全球影响力的专家引领全球引才工作。人才管理者和人才评估者分开，评审专家不能参与评估自己评选出来的人才。考核时，由评估委员会的顶尖科学家联名发送邮件，请 10 位国际顶尖领域的科学家来评判，以保障考核的公平性和合理性。

研究所对研究员的工作考核分为3个层次。首先是所长的评判；其次是研究所把每个研究员的工作资料寄给研究所学术指导委员会，进行逐年比较，主要评估其发展趋势；最后是每5年把研究员的总体工作状况寄给国外同行，请他们审定，评判研究员的工作是否能在其领域产生指导性的影响。这些都是在一个国际惯例的机制下进行的书面评价。

（二）博奥生物集团有限公司

博奥生物集团有限公司是以清华大学为依托，于2000年9月30日成立的产学研一体化的创新试点单位，注册资本3.765亿元，总资产16.96亿元，拥有6.5万平方米的研发、生产、运营和服务设施。截至2016年12月末，博奥生物集团有1人入选国家“千人计划”，1人入选国家“万人计划”，3人入选北京市“海聚工程”，3人获得北京市“科技新星”称号，1人获得第十二批北京市“有突出贡献”科学奖，1人获得第十八届茅以升北京青年科技奖，1人获得北京市优秀青年工程师标兵称号，1人获得北京市优秀人才资助，1人被评为北京市优秀青年人才。博奥生物集团留住高端创新人才的主要经验有两个方面。

1. 制定合适的人才培养机制

企业人才培养分为商务管理通道和专业技术通道。均需要通过定岗培养期（1~6个月）、职业提升期（6~24个月）、中层管理期（2~5年）及高层管理期（5年以上）这几个发展阶段。目前，公司专业技术人才中已有多人入选国家“千人计划”、国家“百千万人才工程”、国家创新人才推进计划、全国优秀科技工作者、北京市“海聚工程”、北京市“科技新星”、北京市优秀青年等，以及获得首都杰出人才奖、求是杰出青年转化奖。

企业为不同成长阶段的人才提供精准化培训，对于中高管理层提供“战略管理”“激励与授权”“企业文化建设”等培训课程；对于初级管理者提供“初任经理人”“项目管理”等培训课程；对于新员工提供公司相关规章制度等方面的课程；同时为员工提供“高效沟通”“情绪和压力管理”等自我管理培训课程。

2. 以市场为导向的考核机制

建立以市场为导向的考核机制，以创新性为考核前提，采用KPI考核体系，分季度和年度考核，季度考核与个人绩效息息相关，年度考核与公司绩效挂钩，细化各级考核指标，从研发到产品到进入市场创造经济价值有个周期，将考核任务细分为阶段任务。

（三）北京科技大学

北京科技大学于1952年由天津大学、清华大学等6所国内著名大学的矿冶系科组建而成，现已发展成为以工为主，工、理、管、文、经、法等多学科协调发展的教育部直属全国重点大学。1997年5月，学校首批进入国家"211工程"建设高校行列。2006年，学校成为首批"985工程"优势学科创新平台建设项目试点高校。北京科技大学引进高端创新人才主要有四个方面的经验。

1. 提高人才引进效率

在引才过程中加强党委对人才工作的领导、统筹和协调，健全人才工作机构、议事规则和决策程序，定期召开人才工作领导小组会议，研究解决高层次人才事宜。

在高层次人才推荐评审中，各职能部门协调沟通，充分发挥学术委员会作用，确保人才推荐质量。在人才凝练科研方向、配套条件、科研经费、办公用房、研究生招生、住房等方面，加强合作沟通，直接面向人才开展服务，提高效率和效果。

学校成立融合创新研究院作为"人才特区"，以国际化高水平人才引进培养和国际前沿科研方向培育为工作重点，在科学研究和自身发展上享有充分的自主权，独立自主开展各项工作。

2. 加强人才匹配和考察

引才过程中充分考虑人才研究方向与学校学科规划的契合度，加强校、院两级审核，对引进人才教育背景、工作经历、任职资格、学术业绩、学术道德、政治方向等进行严格审核。

严格按照国家有关规定办理人才引进手续，认真履行合约，及时兑现承诺。对于引进人才，尤其是国家重大人才计划引进的高层次人才，加强其聘期考核与合同管理，明确学校与受聘人的权利义务关系。

3. 创新人才评价方法

对高端创新人才的评价主要集中在学科方向、学术生涯、团队工作、近5年的科研成果及专业影响力这几个方面，将人才对学科建设的引导、带动的学术气氛、培养人才的角度作为第一位考虑，将刚性的团队发表论文、申请的项目量作为次要的考核指标。高端创新人才引进由人才领导小组和学术委员会共同评定。

4. 注重青年人才培养

提供科研保障经费。根据学科规划引进和培养更多的35~40岁的年轻人，给予生活补助和基本科研启动经费，以3年为一个发展周期。如果获得优青资助，学校提供相关配套服务。

优化考核评聘体系。对在相应学科取得国内外同行专家所公认的突出业绩并有较大发展潜力，其学术水平在校内相应学科同一职级中具有明显学术优势的中青年学者，可直接聘为特聘教授或特聘副教授。

促进学术交流合作。通过青年教师联谊会，定期组织“名师谈教”“社会考察实践”“教学科研论坛”“学术沙龙”“青年论坛”等系列活动，加强不同学科青年教师之间的思想交流、学术交流和协作，活跃青年教师业余生活，寻求青年教师科研交叉点，推进青年教师科研合作。

（四）北京有色研究总院

北京有色研究总院创建于1952年，1999年转制为中央直属大型科技企业，是我国有色金属行业规模最大的综合性研究开发和高新技术产业培育机构。拥有14个国家级中心、实验室和研发制造基地，形成了微电子与光电子材料、稀土冶金与材料、有色金属粉末、有色金属特种加工材、有色金属分析测试五大产业板块，并通过与资本市场的有机结合，组建了6家二级控股公司。2015年底，有研总院资产总额达到85亿元，净资产达到66.5亿元。集团拥有从业人员3700余人。其中，具有高级工程师及以上职称的530人，两院院士4人，国家突出贡献专家7人，享受政府特殊津贴专家118人，“百千万人才工程”国家级人选和国家“千人计划”专家10人，国家“万人计划”入选4人，中央联系专家10人，“科技北京百名领军人才”2人。北京有色研究总院引进高端创新人才侧重三个方面。

1. 完善评价方法

以能力和业绩为导向，以岗位职责为基础，以绩效目标为核心，完善评价指标、评价标准和测评方法。推进基于项目团队的绩效考核，利用平衡计分卡，为各项目团队设置关键绩效指标。根据四类项目团队的特征，有针对性地设置不同的关键绩效指标，将技术成熟度、科技创新成果、申请专利数量等纳入考核。探索实施基础研究人才以同行学术评价为主，应用研究和技术开发人才突出市场评价。对于绩效表现较差、无法在项目团队中发挥作用的员工，予以转岗或解约。

2. 完善人才激励机制

设立高端人才基金，用于支持国家“千人计划”、国家“万人计划”等高端人才开展科研工作；设立创新基金，对具有发展前景的研究领域提供资金支持，重在培育科技领军人才和创新团队；设立青年基金，为年轻科技人员提供项目平台，让年轻员工独立承担课题研究，提高其独立解决工程技术问题的能力。近5年来，通过各类基金支持了2名国家“千人计划”专家，每人500万元；支持了30余个创新团队，资助额度最高超过千万；支持了近百名青年科技骨干。在国家有关政策支持下，在两家符合分红权试点条件的控股公司开展岗位分红权激励试点。

3. 注重人才培养

加大教育培训投入，健全培训体系，优化培训实施流程，强化对领导人才、高级经营管理人才的培训力度。每年选拔一批科技骨干人员在职攻读研究生，持续提升其专业能力。将员工职业发展与组织发展需求相结合，对职位进行科学分类，体现专业特点，畅通员工发展路径，允许员工只当技术专家，不必当管理者。重视科研创新意识培养，扩展国际化视野。与国内外知名高校和研究机构建立战略合作关系，联合培养科技人才。

（五）中科院北京纳米能源与系统研究所

中科院北京纳米能源与系统研究所是为落实对中组部关于高端人才引进计划和开展创新研究，于 2012 年由中国科学院和北京市联合组建的新研究单元。研究所根据学科布局和主要研究方向，设立材料物性、微纳能源、压电电子学和耦合传感等 6 个研究部。截至 2016 年底，全所共有职工 94 人，已引进并签订聘用合同的研究员 14 名，青年研究员 3 名。其中，国家“千人计划”顶尖人才 1 人，国家“外专千人计划”1 人，国家“青年千人计划”5 人，中国科学院“百人计划”4 人，北京市“海聚工程”11 人。2015 年，王中林院士获汤森路透 2015 年度引文桂冠奖，该奖项被视为诺贝尔奖的风向标。

中科院北京纳米能源与系统研究所引进高端创新人才有两方面的经验：一是注重拓展引才渠道，传统招聘和海外现场招聘双管齐下。二是形成完善的选拔考核机制。在高端创新人才的遴选方面，秉持“一棵树”的发展理念，人才引进工作目标明确，一切服务于科研事业。在人才考核方面，注重按能力和贡献去评价人才，同时建立了淘汰机制。三年合同到期，进行续签答辩，答辩委员会由王中林院士、管理层及相关 PI 组成，考核论文发表数量、专利申请量、项目申请量等，如三年内未达到相关指标，答辩不通过，将不再续签。

（六）重点领域典型案例的经验借鉴

从以上典型案例分析中不难发现，不同领域不同类型的机构对高端创新人才引进有着若干相同的经验与需求，主要集中在以下四个方面。

一是根据领域特色和机构特色，注重建立公开公平有效的人才选拔机制，提升人才引进的效率。

二是充分尊重高端创新人才的差异性，注重探索科学合理的人才评价考核机制和激励机制，确保高端创新人才引进的效果，刺激高端创新人才创新发展的动力。

三是加强人才配套服务力度，尽力解决高端创新人才的后顾之忧，帮助其扫清其他障碍，提升高端创新人才创新效率，充分发挥其创新引领作用。

四是重视高端创新人才对人才队伍建设的引领作用，加强对青年人才的培养力度，为机构的可持续创新发展打造高效的人才梯队。

三　高端创新人才引进的对策建议

调研中，相关机构和人才提出了在高端创新人才引进及留住过程中的一些需求与问题，基于此，我们提出以下建议。

（一）建立科学合理的高端创新人才评价和激励机制

调研发现，评价机制滞后成为阻碍高端创新人才集聚并发挥作用的重要因素，这在体制内的用人主体上表现得尤为明显。尽管，近年来北京出台多项人才引进政策，对人才的认定较之过去有突破，不再局限于学历、职称、资历、身份，而逐渐将人才综合能力与专业水平纳入考量范畴。但这一改革尚处于政策摸索阶段，一则政策普及面还有待进一步拓宽，二则各项配套举措还有待进一步完善，因而人才评价标准及机制仍需要进一步创新。

一是创新职称、人才评价制度，加快相关政策落地实施。取消统一的职称外语和计算机应用能力考试；开展新兴领域职称评审试点，根据人才需求在部分职称系列开设正高级职称。加快推进基础研究、应用研究和科技成果转化等人才分类评价。鼓励各行业管理部门结合行业领域特点，参考国内外通行标准，细化创新型人才评价的具体标准。

二是构建按业绩获取报酬的人才激励体系。针对体制内用人主体的性质，鼓励其结合自身特点，采取灵活多样的分配形式，激活内部分配，实现实际收入与档案工资的分离。针对体制外用人主体的特点，引导其从其净资产增值中划出部分资金，以股份或期权形式奖励在技术创新中有突出贡献的引进人才。在引进急需的高层次人才时，工资待遇完全放开，上不设限。鼓励高层次引进人才以专利、发明、技术、管理等要素参与分配，将外国人才有自主知识产权的科技成果转让到企事业单位，利益分配可选择一次性卖断、分期支付、利益提成、作价入股等分配方式，真正使一流的外国人才获得世界一流的报酬，激发外国人的创新活力。

三是进一步推动创新资源向国际科技人才开放。推动科技人才政策的创新，例如允许外籍科技人才担任新型科研机构事业单位法人代表、驻外机构负责人；允许引进的外籍科学家领衔承担国家科技计划（项目）、参与国家标准制定、申报政府科学技术奖及院士评选、开展创新活动、参与社会团体等，通过开放创新资源进一步吸引国际科技人才；允许获得永久居留权的外籍科学家领衔承担国家/市级科技计划（项目）、自然基金项目，申报科学技术奖评选。

（二）优化布局各类高端创新人才计划及发展平台，拓展引才渠道

一是通过各类重大任务、计划、项目等集聚高端创新人才，如通过全球顶尖科学家及其创新团队引进计划、北京“科技新星”计划、科技北京百名领军人才培养工程等计划吸引顶尖、青年、领域、学术等方面高端创新人才；探索通过自然科学基金、重大专项等储备高端创新人才。

二是加大新型科研机构等创新平台的建设力度，依托创新平台吸引培养高端创新人才。出台《促进新型研发机构发展办法（试行）》，持续支持北京生命科学研究所创新发展，支持北京协同创新研究院、国家蛋白质科学中心（北京）、施一公院士新药研发实验平台等机构的发展，依托这些平台集聚领域顶尖人才。

三是拓展引才渠道，形成层级明确、覆盖广、定位精准的全球引才网络。第一，以北京现有 11 个海外人才联络站为据点，充分发挥其在发现人才和推荐人才方面的作用，通过现有高端创新人才加强与海外具有代表性的专业人士、社团、商会及同学会等的联系，促成海外高端创新人才与首都的有效链接。第二，通过业内有影响力的国际高端会议、在国外博士后群、业

内高端创新人才交流群等，充分发展以才引才的模式，利用高端创新人才的国际影响力吸引人才，加大对引才主体的奖励。第三，联合津冀构建区域全球引才网络平台，建立引进海外高端创新人才的信息平台和协同机制，共同发布京津冀高端创新人才需求目录。

（三）加强服务平台和配套措施建设

北京的人才政策覆盖面广，涵盖人才工作各项内容，但在政策力度上与其他地方相比相对不足。主要体现在人才资助幅度不高、家属随迁配套条件力度不够、高端创新人才创业激励不够、政策制定与落地间存在空隙等方面。同时，办事程序复杂、科研环境较为浮躁、服务意识难以满足需求等问题，也造成人才的浪费，影响了高端创新人才的积极性。

因此，需要进一步改革科研机制，进一步让高端创新人才从繁杂的事务中解脱出来。一是加强对引进人才相关主体进行配套服务、政策培训。虽然北京不断优化高端创新人才的生活发展政策，但是很多用人主体单位并不清楚如何高效办理相关手续，因此，有针对性地加大培训力度，将有助于提高办事效率，提升公共服务水平。二是充分考虑到国内外的体制机制、思维、文化、行为习惯等方面的差别，进一步优化高端创新人才相关办事程序，进一步推动制度化管理，推动制度透明化，提高办理程序效率。三是优化人才服务体验。大力引进相关服务平台载体，搭建人才、技术、资金、信息、企业需求对接“桥梁”，不断提升专业服务质量，为高端创新人才在内的各类人才提供个性化、一站式、专业化、全方位的服务。

（四）优化高端创新人才生活保障

从调研的情况来看，高端创新人才更青睐的是能提供良好的生活条件、办公环境和人事管理相对自由的平台，因此高端创新人才来京并留京发展的最常提及的障碍是生活环境的不理想。根据 2014 年中国国际人才交流与开发研究会和《国际人才交流》杂志联合举办的“魅力中国——外籍人才眼中最具吸引力的十大城市”评选活动中，北京与上海相比，在生活环境、政策环境、政务环境、工作环境等 14 项指标上都落后于上海。而根据《中国区域国际人才竞争力报告（2017）》研究发现，北京的国际人才竞争力与上海相比，差距最大的为国际人才生活环境方面，生活环境已经成为制约北京引进高端创新人才的重要因素，详见图 7。

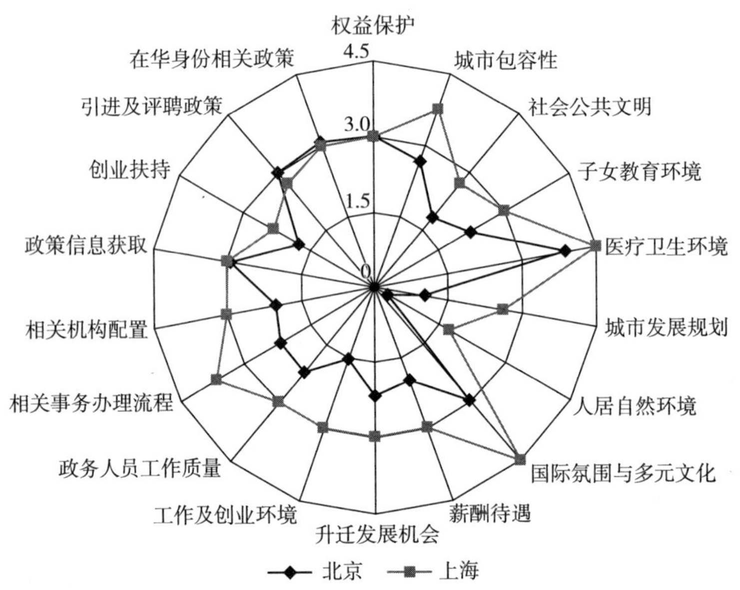

图 7　北京、上海 18 项指标得分对比

当然，北京的自然环境难以在朝夕之间有所改善，因此，需要优化其他方面的生活环境提升城市吸引力。尤其是从社保、子女入学、住房保障等方面深入实施《深化首都人才发展体制机制改革的意见》。一是优化高端创新人才医疗环境，在现有基础上增加高端创新人才就医绿色通道。二是加大国际化教育资源的供给，研究试点利用社会力量举办国际学校。对引进的海外高层次人才，为其子女入读国际学校提供便利。鼓励支持有条件的中小学为外籍人员子女随班就读创造更好条件。三是加强住房保障。多渠道、多途径、多方式加快推进公共租赁房、人才公寓建设；加强对北京市现有的高端人才公寓的统筹，为区域内无住房的高层次国际人才，优先提供公共租赁房及专业化物业服务。

（五）丰富人才政策的宣传渠道，优化宣传效果

北京虽在高端创新人才政策上突破力度加大，走在全国前列，但在政策宣传上的不足弱化了这一优势。高端创新人才对于相关政策的了解程度仅停留在少数政策覆盖面广的“大”政策上，对于政策细节及多数针对性强的细化政策则知之甚少。

为了释放政策红利，需要不断丰富人才政策宣传方式，优化人才政策宣传效果。一是加强网络平台对人才政策的集中宣传作用。例如，大力推进全球顶尖科学家及其创新团队引进计划、科技北京百名领军人才培养工程、北京“科技新星”计划等，在相关网络平台上联合开展人才政策的集中宣传，并提供申报接口。二是利用社交媒体平台加大政策宣传力度。灵活运用微信公众号、微博等现代社交媒体对人才政策进行精准推送，提高政策宣传的及时性；同时加强与高质量的自媒体合作，通过政策解读等方式，深化政策宣传的深度与广度，增强受众对人才政策的认知程度。三是综合运用新闻发布会、政策宣讲会、政策培训会等方式提高人才政策宣传的准确性与广泛性。通过专业化、多渠道、多方式宣传，加大宣传力度。

B.3 中关村人才管理改革试验区发展报告

中关村科技园区管理委员会、中国人事科学研究院课题组*

摘　要：本报告首先分析了2016年中关村人才管理改革试验区的人才资源现状，包括规模、结构和发展成效，然后梳理了人才政策制定、实施情况，以及相关措施的开展情况，最后总结提炼出中关村人才管理改革试验区建设的主要特点。2016年，中关村海外人才加速集聚，高端化优势明显；科技人才总量继续增长，层次有所提高；人才队伍结构优化，特色产业人才密集；创新成果卓著，创业活力充沛。中关村人才管理改革试验区建设总体呈现出创新引领、先行先试、辐射带动和积极探索四大主要特点。

关键词：人才管理改革试验区　人才开发　海外人才

人才资源是党和国家最宝贵的财富，是社会主义现代化建设的第一资源。2016年5月6日，中央召开学习贯彻《关于深化人才发展体制机制改革的意见》座谈会，习近平总书记会前做出重要指示："办好中国的事情，

---

* 课题组成员：赵清，中关村科技园区管理委员会副巡视员，管理学博士；柳学智，中国人事科学研究院副院长，心理学硕士，研究员；李志磊，中关村科技园区管理委员会人才资源处处长，经济学博士，高级经济师；张文琼，中关村科技园区管理委员会人才中心副主任，理学硕士；冯凌，中国人事科学研究院国外人力资源研究室，教育学博士，副研究员；张焕，中关村科技园区管理委员会人才中心干部，交通运输规划与管理硕士。

关键在党，关键在人，关键在人才。综合国力竞争说到底是人才竞争。要加大改革落实工作力度，加快构建具有全球竞争力的人才制度体系，聚天下英才而用之。”同年6月，北京市委印发的《关于深化首都人才发展体制机制改革的实施意见》为中关村下一步做好人才工作提出了明确要求，中关村按照统一工作部署，围绕新时期首都城市战略定位和建设具有全球影响力的科技创新中心战略目标，大力建设人才管理改革试验区，深化人才发展体制机制改革，为人才创新创业营造良好环境。

一　人才资源现状

（一）海外人才加速集聚，高端化优势明显

中关村海外高层次人才数量持续增长，是全国海外高层次人才最集中的地区。2016年，中关村新增国家“千人计划”入选者140名，累计1188人，占全国的19.53%，占北京市的79.95%。新增北京市“海聚工程”入选者77人，累计590人，占北京市的65.63%。新增“高聚工程”入选者53人，累计292人（团队），三类人才历年发展情况见图1。

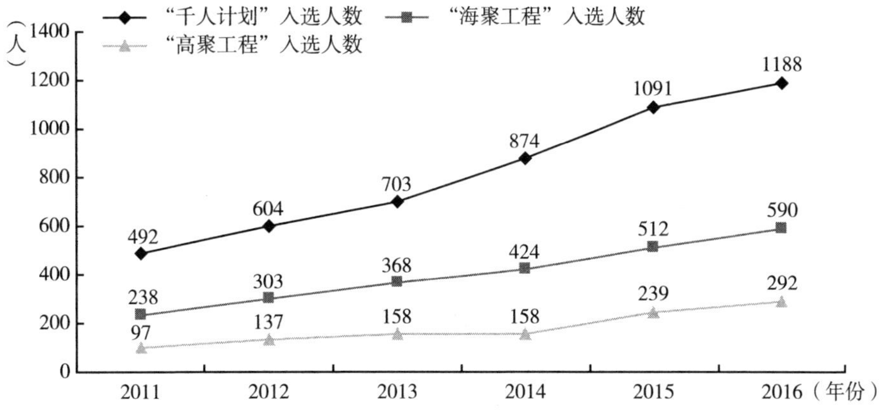

图1　2011～2016年中关村入选国家“千人计划”、北京市“海聚工程”、中关村“高聚工程”数据

在2016年中关村新增国家“千人计划”入选者中，青年项目109人，创新长期项目15人，创新短期项目8人，外专项目5人，创业类3人，详见图2。

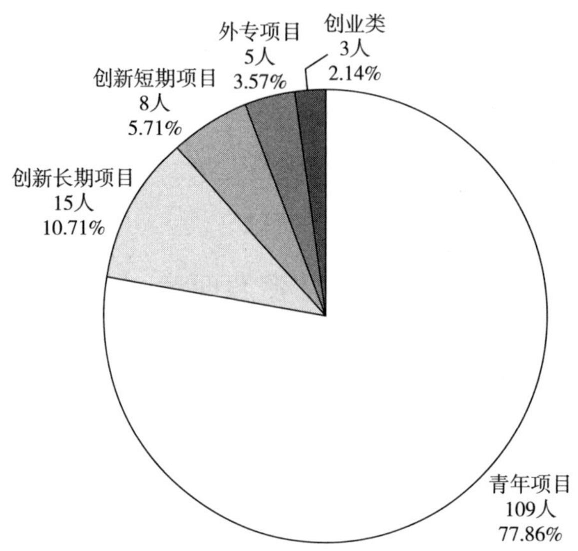

图2　中关村2016年国家“千人计划”分项入选者结构

在2016年中关村新增北京市“海聚工程”入选者中，全职工作类27人，短期项目4人，创业类25人，青年项目19人，外专项目2人，详见图3。

桑德集团董事长文一波、京东集团董事长刘强东、紫光集团董事长赵伟国、太极计算机总裁刘淮松、奇虎科技董事长周鸿祎以及大北农董事长邵根伙6人入选“高聚工程”领军企业家；嘀嘀无限CEO程维等9人入选“高聚工程”创新领军人才；零零无限CEO王孟秋等25人入选“高聚工程”创业领军人才；信中利投资董事长汪潮涌等6人入选“高聚工程”投资家；U家联合创始人苏药等7人入选“高聚工程”创新创业服务业领军人才。2016年新遴选中关村“高聚工程”分项入选者结构数据见图4。

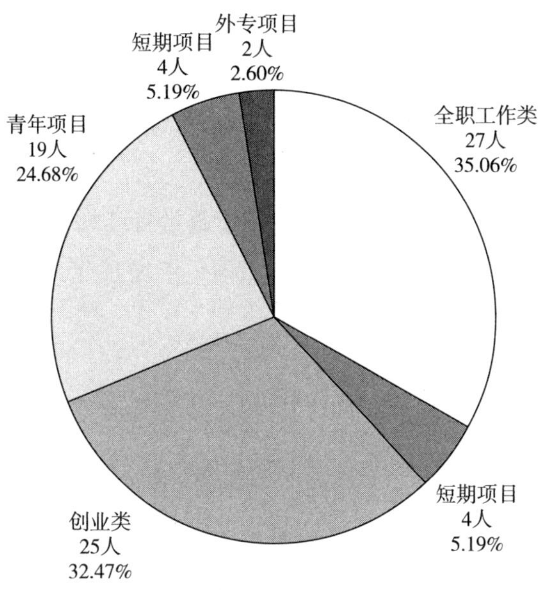

图3　中关村2016年北京市“海聚工程”分项入选者结构

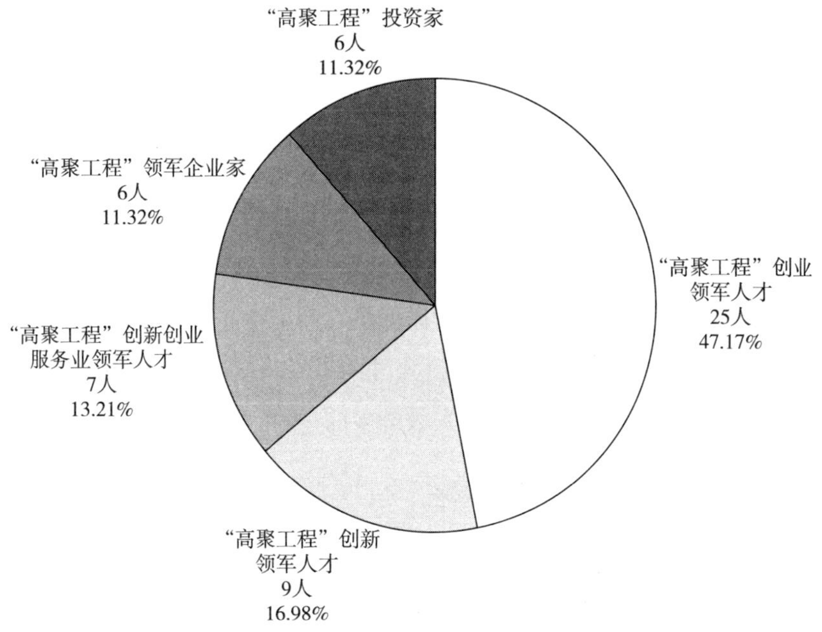

图4　2016年中关村“高聚工程”分项入选者结构

截至2016年底，中关村“高聚工程”已完成9批次高端人才遴选工作，共认定中关村高端领军人才292人（团队），覆盖新一代信息技术、生物产业、节能环保等战略性新兴产业领域，初步形成了中关村“高端引领、带动全局”的人才发展格局。

2010～2016年，中关村留学回国人员数量持续增长。截至2016年底，中关村留学回国人员超过3万人，比2015年增加了3046人，增长率为11.22%，详见图5。

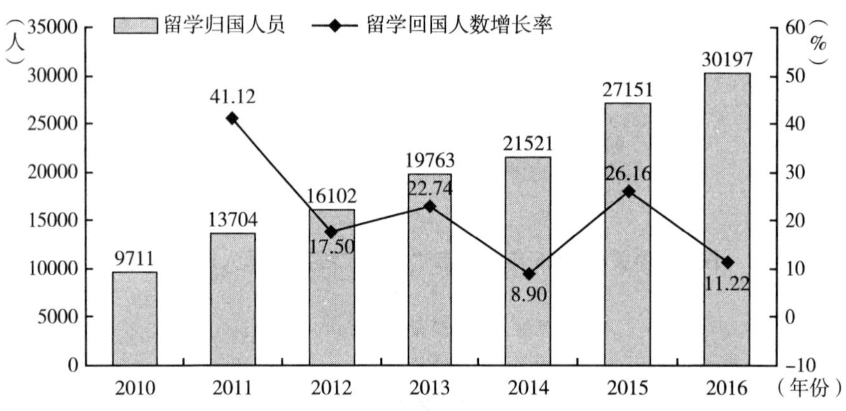

图5　2010～2016年中关村科技企业留学回国人员数量和增长率

2010～2016年，留学回国人员中博士及以上学历人数稳步上升。截至2016年底，中关村具有博士及以上学历的留学回国人员为2799人，比2015年增加了84人，增长率为3.10%，详见图6。

截至2016年底，港澳台和外籍人才有9779人，比2015年增加1246人，增长率为14.60%，是历年来人数最多的一年，详见图7。

（二）科技人才总量持续增长，层次有所提高

2010～2016年，中关村科技企业人才总量保持稳定增长态势。截至2016年底，中关村科技企业人才总量超过248万人，数量居全国高新区之首；相比2015年增加了约17万人，增长率为7.56%，详见图8。

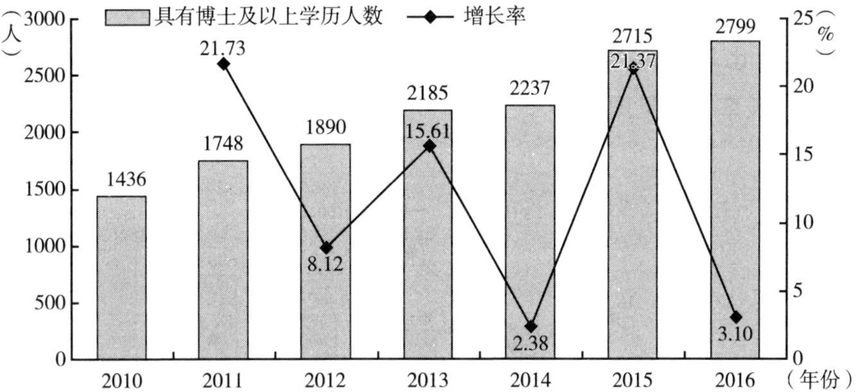

图6　2010～2016年留学回国人员中有博士以上学历人数和增长率

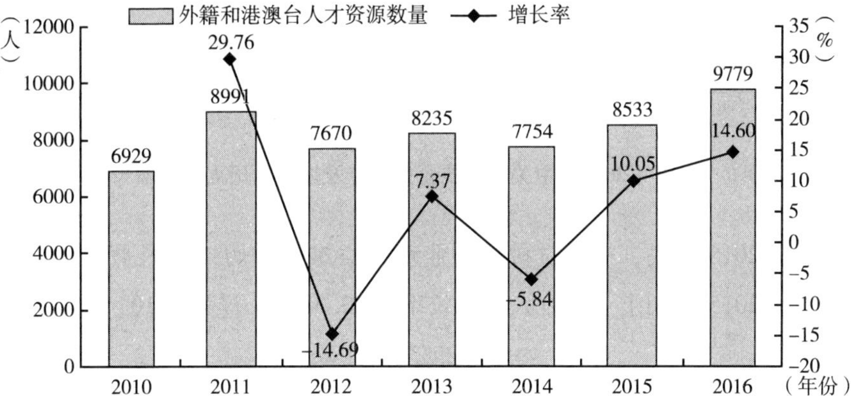

图7　2010～2016年中关村外籍和港澳台人才数量和增长率

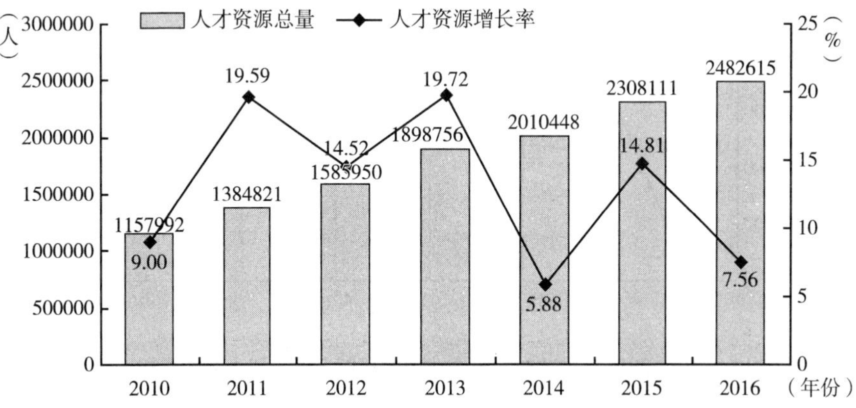

图8　2010～2016年中关村科技企业人才资源总量和增长率

截至2016年底，中关村科技企业里大专及以上学历的人才数量超过184万人，比2015年增加了近15万人，增长率为8.61%，高于科技企业人才资源增长率，详见图9。

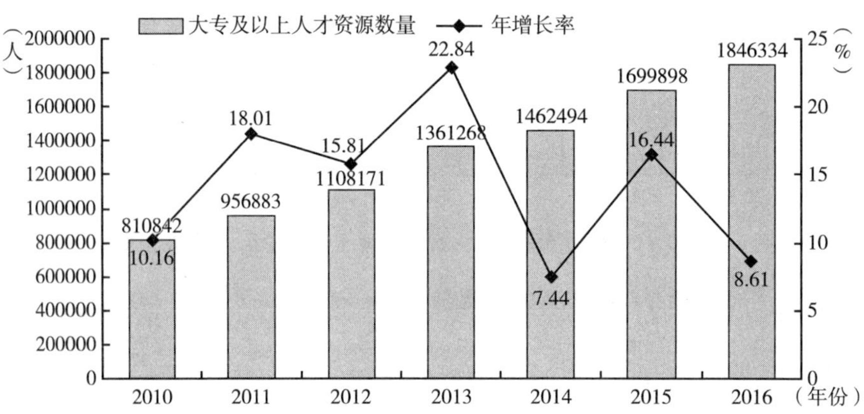

图9　2010～2016年中关村科技企业大专及以上学历人数及增长率

截至2016年底，中关村科技企业理工类本科学历以上人员约为95.91万人，比2015增加了十多万人，增长率为12.32%，详见图10。

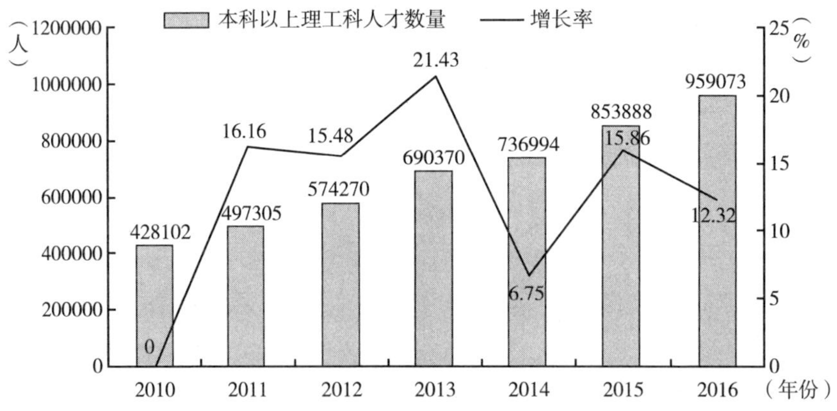

图10　2010～2016年中关村科技企业中本科以上理工科人才数量和增长率

截至2016年底，具有职称的中关村科技企业人数达到68.96万人，比2015年增加了3.96万人，增长率为6.11%，获得技术职称的人员总数占中关村科技企业人才资源总量的27.78%，详见图11。

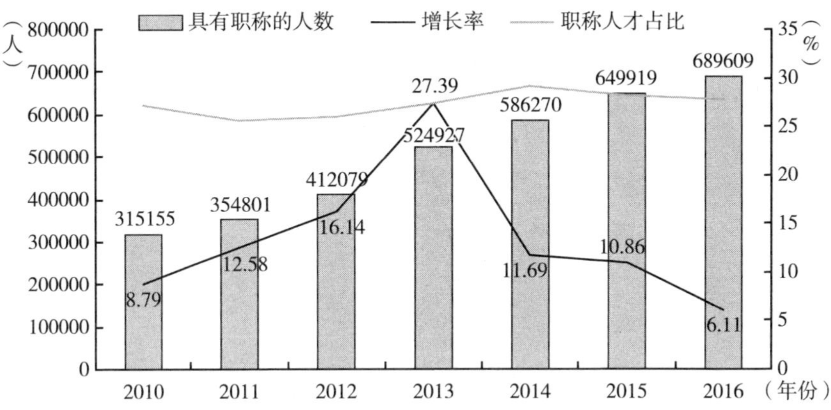

图11　2010～2016年中关村科技企业职称人数、职称人数占比及增长率

2010～2016年，中关村科技企业拥有高级职称的人数持续增长。截至2016年底，高级职称人数为153537人，比2015年增长了9.61%，高级职称人数占科技人才资源总量的比例逐年提高，2016年占比为6.18%，详见图12。

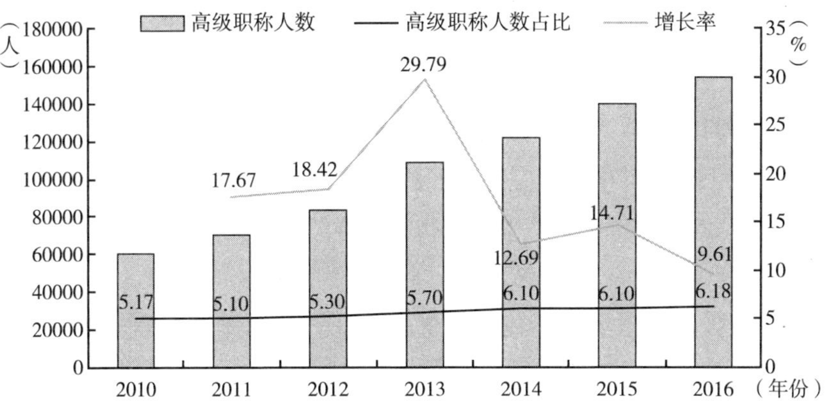

图12　2010～2016年中关村科技企业高级职称人数、占比和增长率

（三）人才队伍结构优化，特色产业人才密集

中关村科技企业人才资源学历结构较为合理。截至2016年底，博士及以上学历人员达到2.54万人，占总量的1.03%；硕士学历人员达到26.34万人，占总量的10.61%；大学本科学历人员数量达到103.09万人，占总量的41.53%，详见图13。

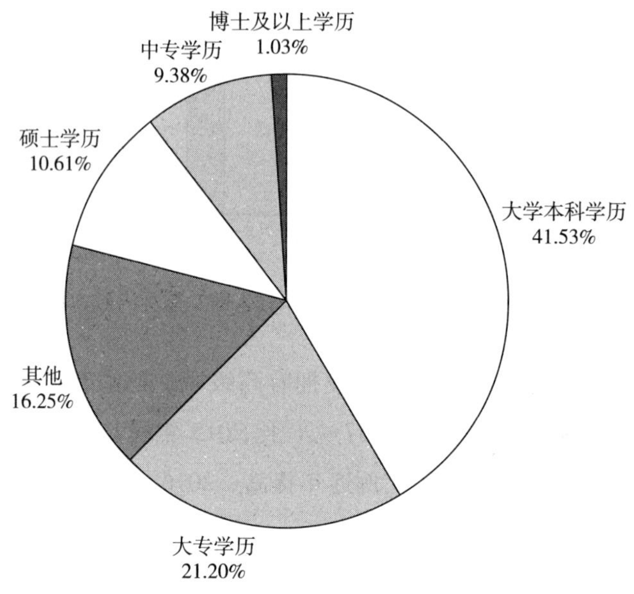

图13　2016年中关村科技企业从业人员学历结构

中关村科技企业人才资源的职称结构合理。具有高级、中级职称的人才数量均略有上升。其中，具有高级职称的人才达到15.35万人，比2015年增长了近1.35万人。高级、中级、初级职称的人才比例基本保持在2∶4∶4，详见图14。

中关村人才队伍继续呈现年轻化的特征，活力充沛。截至2016年底，有43.12%的从业人员年龄在29岁以下，30～39岁从业人员的比例为36.16%，40岁以下从业人员的比例将近八成，50岁及以上人数仅占6.72%，详见图15。2016年中关村创业者平均年龄为39岁，其中，30岁

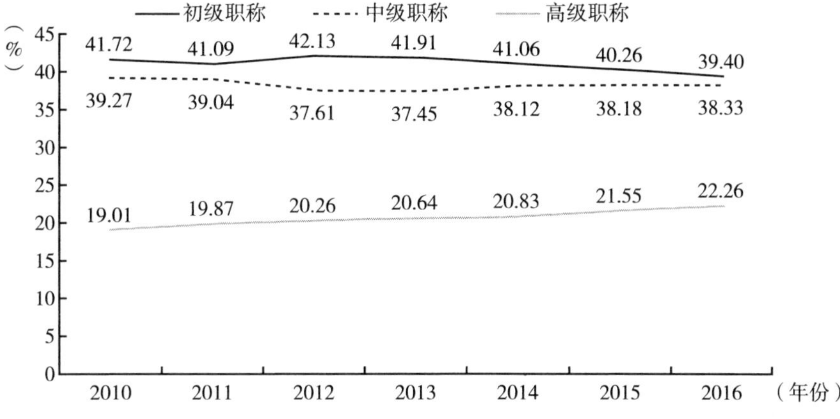

图 14　2010～2016 年中关村科技企业人才职称结构

及以下创业者 10049 人，占创业者总数的 22.36%。与此同时，对年轻创业者的关注度和认可度持续提升，2017 年《福布斯》发布的“亚洲十大领域 30 位 30 岁以下杰出青年”榜单中，共有 28 位创业者入选，占我国入选创业者的近五成。

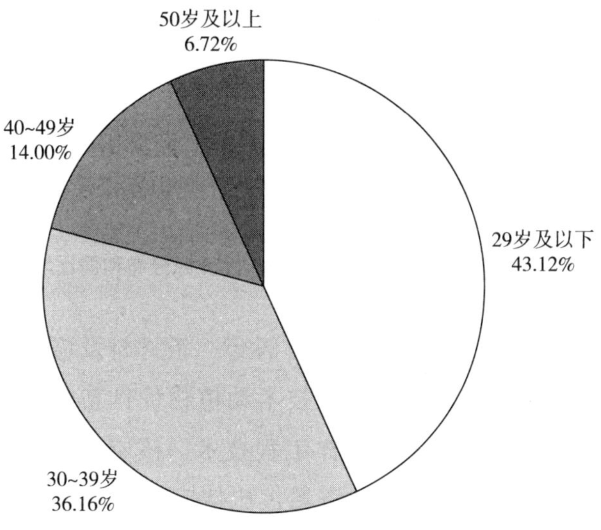

图 15　2016 年中关村科技企业从业人员年龄结构

2016年，按照农业，工业，建筑业，批发、零售业和住宿餐饮业，交通运输、仓储和邮政业，信息传输、软件和信息技术服务业，金融业，房地产开发经营，其他服务业，租赁和商务服务业，科学研究和技术服务业划分，各行业科技企业人才数量分布情况和同比增长率见图16。其中，信息传输、软件和信息技术服务领域的人才资源数量最多，超过70万人；工业紧随其后；然后是科学研究和技术服务业，超过42万人。交通运输、仓储和邮政业人才增长率最大，高达47.92%，其次是金融业，为24.90%。

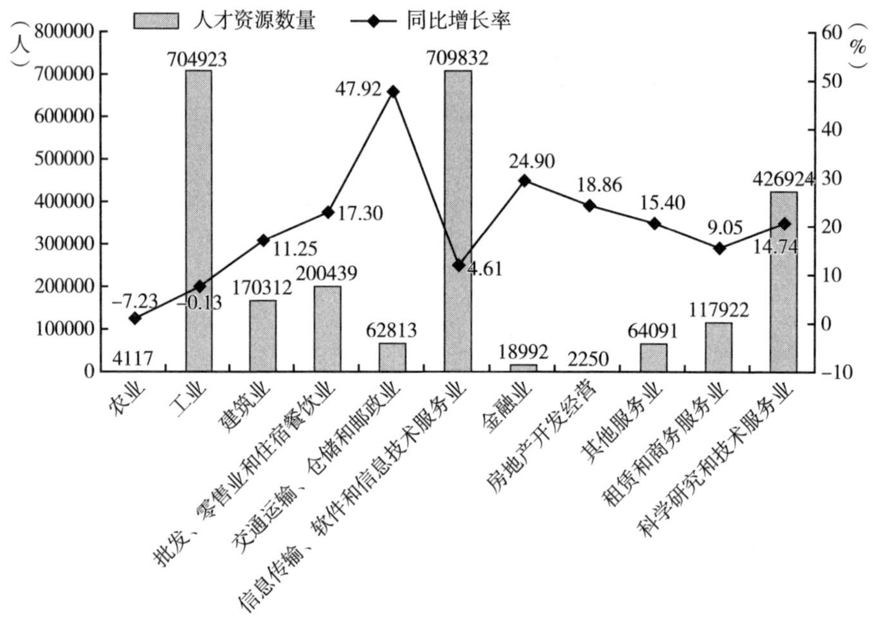

图16　2016年分行业中关村科技人才资源分布和同比增长率

按照电子与信息、生物工程和新医药、新材料及应用技术、先进制造技术、航空航天技术、现代农业技术动植物优良新品种、新能源与高效节能技术、环境保护技术、海洋工程技术、核应用技术领域划分，中关村各技术领域中科技企业人才资源占比情况见图17。其中，电子与信息领域人才占比接近一半，可见，科技人员占比情况非常符合中关村的产业特色。

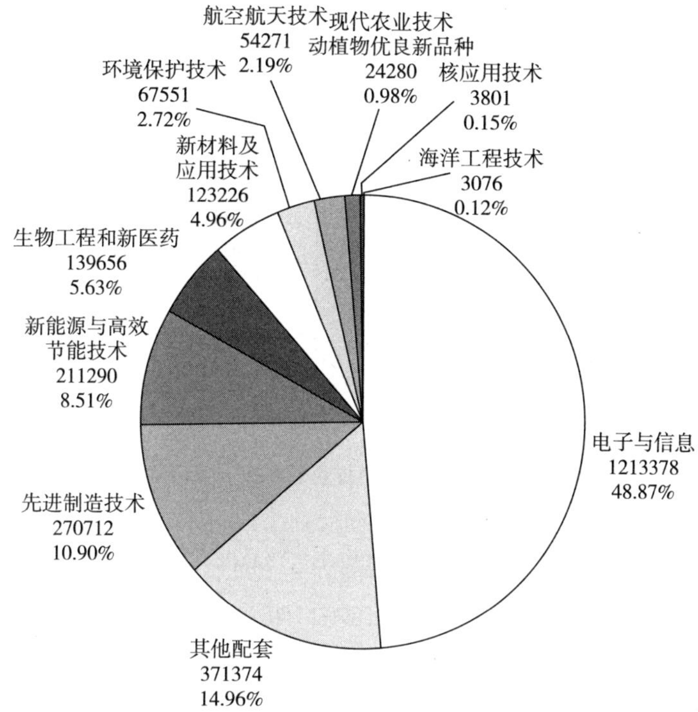

图 17　2016 年中关村各领域科技企业人才资源占比

（四）创新成果卓著，创业活力充沛

2010～2016 年，中关村科技活动人员数量持续增加。2016 年，中关村科技活动人员共计 65.70 万人，增长率为 8.66%，意味着每 3.8 位科技企业从业人员中就有 1 人从事科研创新活动，体现了中关村的创新活力，详见图 18。

衡量科技人才创新成效的关键指标是专利申请量、专利授权量、创制标准数和科技成果获奖数。2010～2016 年，中关村专利申请量和专利授权量持续增长。截至 2016 年底，中关村企业累计专利申请量和专利授权量分别为 74923 件和 37629 件，比 2015 年分别增长了 6054 件（8.79%）和 5340 件（16.54%），见图 19。其中发明专利申请数为 49525 件，比 2015 年增加了 3631 件（7.91%），国内发明专利申请数为 39175 件，比 2015 年增加了

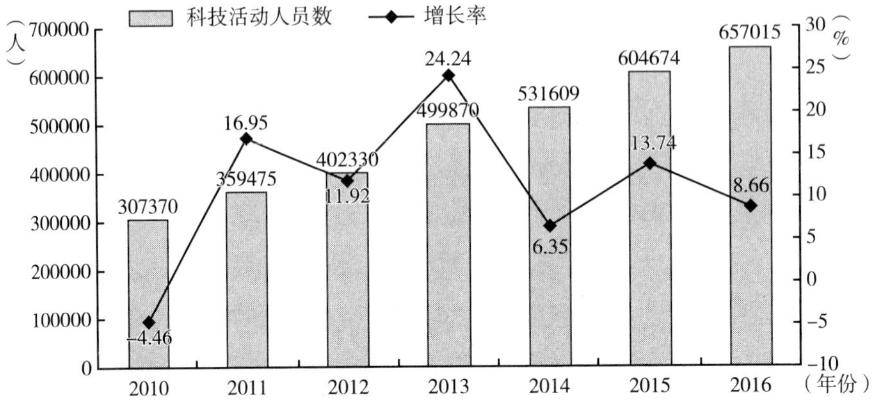

图 18　2010～2016 年中关村科技企业科技人员活动数及增长率

1906 件（5.11%），欧美日专利申请数为 5374 件，比 2015 年增加了 983 件（22.39%）。发明专利授权数为 18702 件，比 2015 年增加了 4801 件（34.54%），国内发明专利授权本期数为 15880 件，比 2015 年增加了 3870 件（32.22%），欧美日专利授权数为 1852 件，比 2015 年增加了 794 件（75.05%）。此外，2016 年专利所有权转让及许可数为 1463 件，比 2015 年增加了 134 件（10.08%）。专利权所有权转让及许可收入达到 9.11 千万元，比 2015 年增加了 36.18%，详见图 19。

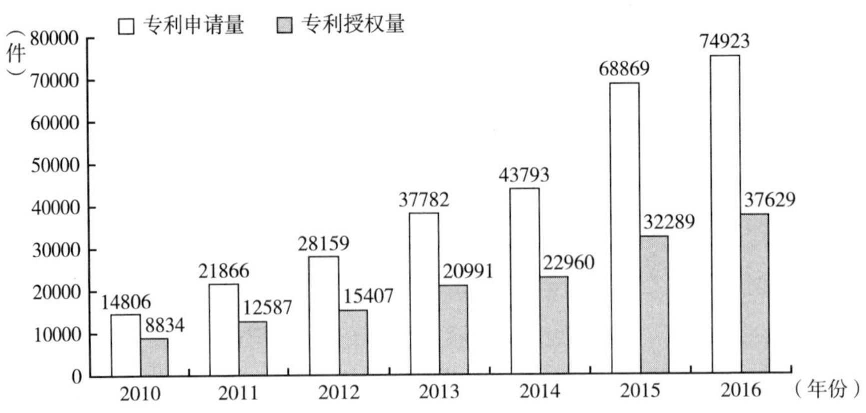

图 19　2010～2016 年中关村企业专利申请量和专利授权量

截至2016年底，中关村主导创制的标准数到达6173项，其中国际标准229项、国家标准3433项、行业标准2331项、地方标准180项。

截至2016年底，中关村人才获得的科技成果奖累计为3911项，其中国家级496项、省部级2302项、地市级1113项。2016年当年新增科技成果奖为334项，其中国家级138项、省部级83项、地市级113项。

中关村的创业活力凸显，企业数量、技术收入和高新技术产品销售收入持续增加。2010～2016年，中关村科技企业数量持续增长。截至2016年底，中关村科技企业数量为19869家，比2015年增加了3176家，增长率为19.03%，详见图20。

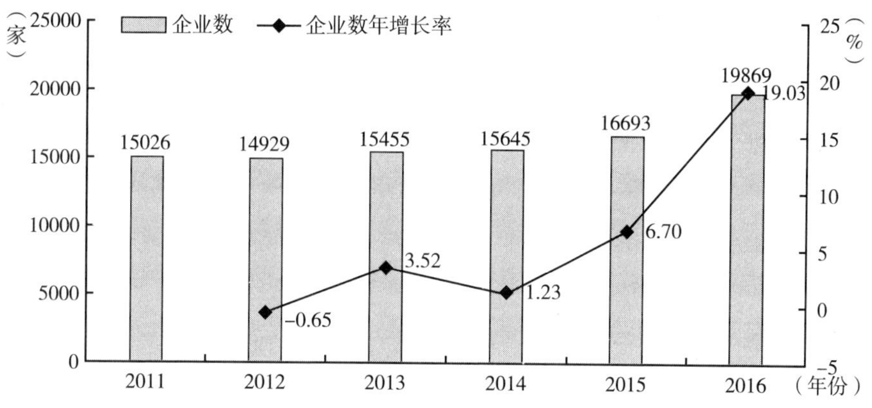

图20　2011～2016年中关村科技企业数及年增长率

2010～2016年，中关村企业总收入中的技术收入额连年增加。2016年，中关村企业技术收入为7580亿元，比2015年增加了957亿元，增长率为14.45%。2010～2016年，中关村企业高新技术产品销售收入也持续增加，2016年高新技术产品销售收入达到7264亿元，详见图21。

以中关村“高聚工程”为例，入选者在以下五个方面体现了创新创业活力：一是“高聚工程”人才带动作用明显。经中关村企业家顾问委员会推荐，桑德集团董事长文一波等6位企业家荣获2016中关村领军企业家称号，其所在企业作为行业龙头企业，在中关村发挥着引领带动作用。赵伟国

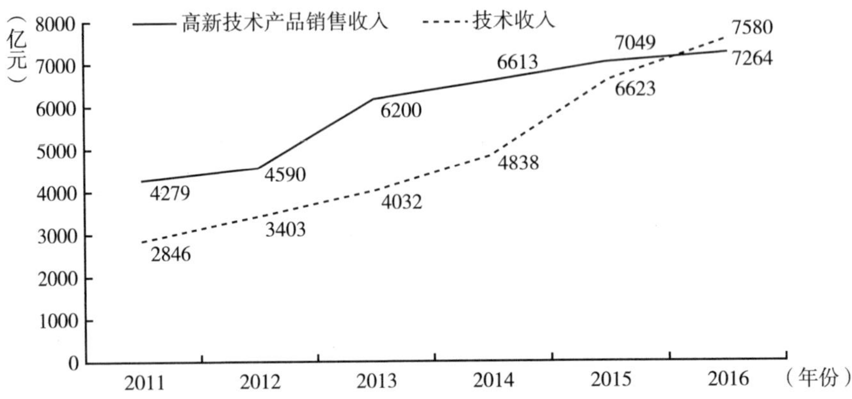

图21　2010~2016年中关村企业技术收入和高新技术产品销售收入

带领紫光集团，并购展讯和锐迪科，与英特尔达成股权合作，与美国西部数据成立联合公司，已成为中国芯片龙头企业，代表中国芯片产业开始参与国际市场竞争。刘强东带领的京东集团，已跻身全球前十大互联网企业，业务也从电子商务扩展至供应链金融、消费金融、众筹等金融领域以及云计算、大数据、智慧物流等技术领域。

中关村“高聚工程”人才创业市场认可度高。评选出的25名创业领军人才所在企业获得红杉、北极光、经纬等知名投资公司的青睐，获社会投资总额近90亿元，企业总估值超过540亿元。比如，王野领衔的纳恩博团队，先后获得小米科技、红杉资本、Intel等融资1.4亿美元，估值12亿美元，成功收购全球自平衡车的领导者Segway，成为全球最具影响力的智能短途交通行业领导品牌；蒋智领衔的诺禾致源团队，先后获得招银国际、国投创新、方和资本等机构融资7亿元人民币，估值达70亿元人民币，已搭建国内首个中国人群基因组数据库平台，成为全球最大的基因测序服务中心。

中关村“高聚工程”人才创新成果突出。程维领衔的嘀嘀团队，创新移动出行商业模式，突破移动出行领域人工智能算法并首创行业安全防护体系，在中国400余座城市为近3亿用户提供出行服务，已成为全球仅次于淘宝的第二大在线交易平台。王孟秋领衔的零零无限团队，主要成员来自斯坦福大学、卡内基梅隆大学、麻省理工学院等顶尖高校，自主研发的“计算机视觉与智能控制融合技术”处于国际领先水平，公司产品 Hover Camera Passport（小黑侠）是世界首款自主跟踪、安全便携的人工智能悬浮相机，特有的全封闭式旋翼结构、超轻超耐用碳纤维外壳，可以实现精准的自动跟随拍摄。

中关村“高聚工程”人才投资助推企业发展。评选出的 6 位投资家持有基金规模超过 200 亿元，近 3 年累计投资总额超过 35 亿元。比如，清控银杏创始合伙人薛军，已先后投资中文在线、盛景网联、海纳医信、海博思创等近百家中关村企业；中海投资董事长柳进军，已累计直投中关村企业 88 家，其中 10 余家挂牌上市，15 家累计获得再融资近 4.8 亿元，平均每家估值增长 2.6 倍。

中关村“高聚工程”人才市场服务模式领先。2016 年新入选的 7 名创新创业服务机构领军人才主要聚焦新一代信息技术、智能硬件等领域的企业孵化，整合资源服务初创企业能力显著。作为联合创始人的林都迪所在的 36 氪团队，已成为国内最大最专业的创业生态服务平台，现有媒体、创投、金融和氪空间四大业务板块。36 氪媒体累积 8000 万读者，累计曝光超过 1 万家初创企业。氪空间成功孵化 170 个创业项目，孵化项目融资成功率高达 97%。投融资平台汇集了 8 万多个创业项目，有 1 万多家挂牌融资，帮助初创企业 2016 年融资超过 5 亿元。

综上，中关村海内外高层次科技人才资源数量优势明显，人才高端化、国际化、年轻化特征凸显，人才创新创业成效卓著。

二　人才开发情况

（一）加速出台新一轮人才政策

1. 公安部支持北京创新发展出入境政策中关村10条政策

公安部于 2015 年 12 月出台了 20 条支持北京创新发展的政策措施，于

2016 年 3 月 1 日起实施，其中 10 条政策措施系根据中关村创新发展定位、特点和实际需求量身打造，并在中关村先行先试。这 10 条政策措施着力针对外籍高层次人才、创业团队外籍成员和企业选聘的外籍技术人才、外籍华人、外籍青年学生四类人才，提供永久居留、口岸签证、长期居留许可等出入境便利。主要内容包括：为符合认定标准的外籍高层次人才设立申请永久居留“直通车”；公安部在中关村设立外国人永久居留服务窗口，并缩短审批期限；对中关村市场化外籍人才申请永久居留实施积分评估制度；对中关村创业团队外籍成员和企业选聘的外籍技术人才提供办理口岸签证和长期居留许可的便利；对具有博士以上学历或在中关村长期创业的外籍华人提供申请永久居留的便捷通道；允许境外高校外国学生在中关村短期实习；允许在京高校外国留学生在中关村进行兼职创业等。这些出入境政策聚焦重点人群和关键环节，将有效解决制约外籍人才集聚的政策瓶颈，使国际创新人才成为中关村链接全球创新有机网络的纽带。

根据中关村 10 条出入境新政中第 6 条政策，即“中关村创业团队外籍成员和中关村企业选聘的外籍技术人才，根据中关村外籍人才积分评估标准进行评分，达到一定分值的，可以申请在华永久居留”，中关村管委会发布了《关于开展 2016 年度中关村外籍人才申请在华永久居留积分评估申报工作的通知》，明确了受理对象、评估标准和申报材料。

2. 出台《中关村国家自主创新示范区京津冀协同创新共同体建设行动计划（2016～2018年）》

为充分发挥中关村在京津冀协同创新共同体建设中的引领支撑和辐射带动作用，2016 年 8 月，中关村出台了《中关村国家自主创新示范区京津冀协同创新共同体建设行动计划（2016～2018 年）》。在人才开发方面，行动计划提出要“实施京津冀人才圈建设工程，推进高端人才集聚和跨区域创新创业”。具体包含两方面：一是共同集聚高端人才，即推动北京市“海聚工程”、中关村“高聚工程”与津冀高端人才吸引政策交叉覆盖，支持入选人才和团队在京津冀三地工作和创业。加强中关村海外联络处的作用，为京津冀三地吸引高端人才和对外投资提供服务。支持高校院所、园区、孵化器、海创园等与津冀机构合作，共建海外人才创业园或投资基金，吸引海外高端人才开展跨区域创业、联合承担重大项目，合力开展关键技术研发和产业化。二是共建人才服务体系，即共同建立京津冀高级专家数据库，搭建三地高层次人才资源交流共享平台。建立京津冀人才圈公共服务平台，支持三地公共就业和人才服务机构、青联、社会组织等举办人才招聘、沙龙、研讨会、论坛等活动，促进人才互动交流。

（二）扎实落实人才相关政策

1. 全面深化出入境管理改革，为外籍人才提供更大便利

中关村积极落实公安部支持中关村的10条政策，主要体现在以下三个方面。

一是简程序。新政由原来的六部门联合审批简化为两部门进行审批，大大简化了审批程序。此前申请绿卡是由用人单位提出申请－中关村管委会推荐－北京市人力社保局审核－人社部、国家外专局审批－向公安部推荐办理－公安部向北京市公安局下达办理通知的多部门联合审批机制，新政实施后简化为用人企业提出申请－中关村管委会审核并出具推荐证明函件－直接到公安部中关村外国人永久居留服务大厅提出办理需求的办理机制。

二是优服务。设置新政专门对外咨询电话，针对出入境政策问题由专人进行解答；通过动漫、微信、网站等新媒体形式多渠道发布政策办理须知和申请材料模板，方便外籍人才查阅办理；在中关村网站设置“出入境政策”专栏，从申请对象角度出发，针对日常咨询中常见的出入境政策问题进行解答。为明确各类外籍人才认定条件，制定了《中关村外籍高层次人才认定标准》《中关村创业团队外籍成员和中关村企业选聘的外籍技术人才认定标准》，并针对每项出入境政策逐条制定办理须知。同时，每季度对纳入新政适用范围的2万余家中关村高新技术企业清单进行更新，确保申请人能够及时办理。此外，还定期会商解决实施过程中的重点难点问题，及时汇总评估实施效果，跟进调整流程环节，确保各项措施落实到位。

三是提效率。专门设立公安部中关村外国人永久居留服务大厅，开通绿色通道，负责受理、审核涉及新政的永久居留、居留许可和签证等申请事项，发放相关证件，提供咨询服务，实现一站式办公。此举使用人单位可以在一个地方为不同层次人才一次性办理相关证件，如可以在服务大厅一次性为企业高层、中层和实习生等不同层次的外籍人才办理永久居留、居留许可和实习签证等多项业务，无须多头申请多地办理，极大地提高了用人单位的办事效率。同时，新政加快了审批进程，由原来的 180 个工作日大幅缩短至 50 个工作日内完成审批。

截至 2016 年底，即自中关村出入境新政实施 9 个月以来，中关村管委会已为中关村各类企业、高等院校、科研院所的 263 名外籍人才出具了推荐（证明）函。其中，有 218 名中关村外籍高层次人才办理了“绿卡直通车”推荐函，108 人已获得“绿卡”（2004 年至 2015 年底，北京市累计发放 1700 余张“绿卡”，平均每年不到 200 张）；为 20 名中关村外籍人才办理了“居留许可”推荐函，21 名境外高校外国学生办理了“短期私人事务签证（加注‘实习’）”证明函，1 名外国学生办理了“中关村兼职创业意向”证明函，1 名外籍华人办理了“中关村创新创业”证明函，2 名中关村外籍人才办理了“人才签证”证明函。

这些人才中超过一半（135 人，51.33%）是美国国籍，以华裔为主（209 位华裔，占比 79.48%）。从从业领域看，多数属于科学技术服务领域，共 155 人，占比 58.94%；其次是互联网和信息服务领域，共 61 人，占比 23.19%；再次是健康医疗领域，共 38 人，占比 14.45%；最后是文化教育服务领域，共 9 人，占比 3.42%。共有 80 人是人才工程入选者，其中 73 位入选北京市“海聚工程”，7 位入选中关村“高聚工程”。

中关村出入境新政实施成效明显。一是留住了国际高端人才参与中关村全球影响力科技创新中心建设。联想、百度、小米、北汽等中关村企业已通过新政为其聘雇的百余位外籍高端人才办理了在华永久居留，解决了困扰这些外籍人才在华工作和生活的后顾之忧。二是吸引了更多海外高层次人才到中关村创新创业。如北京泛生子生物科技有限公司首席运营官洪颖先生，曾在强生、巴德等跨国公司担任高管，通过政策宣讲获知中关村实行永久居留新政后，便签约泛生子公司。三是发现了全球范围内的优秀青年人才。新政首次允许境外高校在校生到中关村企业开展实习，极大地便利了中关村企业在全球范围延揽优秀青年学生，百度、联想、通铭教育等中关村企业通过此项政策招募了21位来自美国加州大学等世界知名高校在校学生来企业实习。

2. 大力开发国外高端智力要素，建设国际人才高地

《关于深化中关村人才管理改革的若干措施》提出要开发国外高端智力要素。在这方面，中关村一是积极从全球挖掘创新资源。支持中关村发展集团于2016年5月成立了中关村硅谷创新中心，为中关村企业走向硅谷、走向世界、参与创新创业全球化进程提供具有全球影响力的平台。在芬兰、以色列建立科技创新平台，进行国际投融资合作，促进尖端技术国际转移转化。截至2016年底，中关村已与硅谷等20多个国际科技创新区域或机构建立长期合作关系，不少成长型企业或者细分领域的隐形冠军企业也开始全球化布局，企业开拓国际市场步伐加快。

二是支持中关村创新型孵化器等创业服务机构积极布局海外，加速国际国内创新资源交汇融合。太库、天作、盛景网联、溢思得瑞、中加联合创业营等，积极开设海外分支机构或与国外机构合作，开展跨境孵化。他们将来自以色列、德国、韩国、美国、加拿大等全球各地的优秀创业项目引入中关村，尝试推动项目落地。支持师林孵化器与以色列 Trendlines Group 合作，帮助将其优质孵化项目在中国落地产业化，并筛选国内优质项目由合资孵化器孵化。36氪与芬兰的 Slush 和 Startup Sauna、硅谷的 UstartX 和 NewGen、英国的 SILK Ventures 建立合作关系，发掘欧洲优质项目。同时，积极引进国际优秀创新创业服务机构进入中关村，带动国际国内创新资源交汇融合。如美国知名加速器 Plug&Play 已经入驻中关村智造大街，海航集团向 Rocket Space 加速器投资3.36亿美元，在中关村成立合资加速器，韩国技术风险财团入驻中关村创业大街，美国500 Startups、Runway 等也在积极洽谈和推进在中关村的落地事宜，英国 Barclay 加速器、Seed Camp 也有相关合作意向。这些优质机构在落户中关村的同时，也积极地将国外项目、技术、市场、资本等资源引入中关村。

三是支持联盟开展品牌活动，进行产业研究，搭建服务平台，如支持中关村储能产业技术联盟建设“全球储能数据库平台”，北京长风信息技术产业联盟搭建“国际创新资源服务平台”，中关村智联软件服务业质量创新联盟举办“TiD 质量竞争力大会”等。支持北京现代有机产业技术创新战略联盟与意大利米兰大学和韩国科学院的下属单位未来化学有限公司共建国际现代农业技术转移平台；中关村蓝创通用航空产业联盟 2016 年 7 月与美国 Blue Sky Innovations，L. L. C 公司签署战略合作协议，将其作为联盟在北美的办事处，协助联盟会员企业在境外开展项目对接、技术引进研发及企业孵化，帮助联盟会员企业“走出去”。截至 2016 年底，中关村较为活跃的产业技术联盟有 160 余家。2014～2015 年，在服务产业方面，创制国际标准共计 19 项、国内标准共计 54 项，搭建共性技术服务平台 146 个、投融资平台 54 个；在服务企业方面，累计开展特色品牌活动共计 261 场、国际化相关活动共计 49 场；在服务民生方面，共承担国家重大项目 82 项，参与地方重大项目 111 项；在服务政府方面，累计开展 308 项课题研究，其中制定产业发展规划、路线图 12 个，发布产业研究报告 141 个。

四是用足用好各级各类人才项目，做好人才推荐工作。积极按照国家“千人计划”、北京市“海聚工程”的要求，定向通知符合条件的高端人才及其创新团队积极申报。对于未入选国家“千人计划”、北京市“海聚工程”的人才及其创新团队建立人员名单数据库，积极推荐申报市级相关人才项目。对于每年入选中关村“雏鹰人才”企业的高端人才，支持申报“高聚工程”，2016 年新遴选中关村“高聚工程”53 人。截至 2016 年底，中关村“高聚工程”已完成了 9 批次高端人才遴选工作，共认定中关村高端领军人才 292 人（团队），覆盖新一代信息技术、生物产业、节能环保等战略性新兴产业领域，初步形成了中关村“高端引领、带动全局”的人才发展格局。

3. 着力扶持青年英才，发现储备“高精尖”

中关村“雏鹰人才”计划自 2012 年启动以来，各项工作取得了积极进展。依据《中关村国家自主创新示范区优秀人才支持资金管理办法》，2016

年度实施情况如下。

在申报方面，中关村通过各分园网站、“雏鹰人才”基地定向宣传以及金融处、企业家顾委会秘书处在天使投资、创业投资微信群中宣传政策等方式，不断扩大政策知晓范围，已覆盖至北极光、中金甲子、盛景网联等近300家天使投资和创业投资机构。截至申报结束，共收到11个分园、2家“雏鹰人才”基地和2家投资机构推荐企业157家。经中关村企业家顾问委员会秘书处对申报团队调查，共有识益生物科技（北京）有限公司等111家团队符合“雏鹰人才”团队条件，其中海淀园81家、石景山园2家、朝阳园2家、东城园3家、西城园1家、通州园1家、昌平园2家、丰台园1家、密云园1家、石景山“雏鹰人才”基地（创业公社）15家、望京“雏鹰人才”基地1家、洪泰启航创业投资中心1家。

此次申报呈现出以下四个特点：一是最大范围调动了各推荐主体的积极性。共有11个分园、2家“雏鹰人才”基地以及洪泰资本、启迪创投等投资机构进行推荐，企业申报渠道广泛。二是U30人才质量高。比如，可以科技是由获得全国挑战杯科技作品竞赛一等奖的北航创业团队成立的，PRE－A获得蓝驰创投200万美金投资。三是投资类公司估值高。在99家获得支持的投资类企业中，近一半公司估值过亿，其中停简单获峰瑞投资领投5200万元，公司估值3亿元；因果树获天凤瑞琪投资2000万元，公司估值2亿元。四是项目的技术领先性强。比如，陌上花科技实现全球首例将人工智能视觉搜索引擎技术植于视频平台，实现大规模边看边买，获得阿里巴巴商品数据库独家接口授权；彩彻区明利用人工智能深度算法实现楼宇间分钟级天气预报，准确率达85%，与中国气象局、小米、滴滴、高德地图展开深度合作；迈吉客团队出身微软美国总部，进行混合现实（MR）的内容生产和交互技术平台研发，用户可以用手机进行超现实的虚拟形象控制和社交互动；识益生物的手指静脉身份认证技术，各项指标远超日立，已与公安部、11省市监狱部门、华为、中国电子科技集团等展开合作；翼开科技情绪识别引擎技术，可基于语音、心率、呼吸、表情等体征进行情绪识别，面向移动APP、智能家居、机器人等提供相关服务，广泛应用于音乐APP、飞

行员情绪监控、智慧酒店升级改造等领域。

中关村“雏鹰人才”计划实施成效显著，截至2016年底，共计9000多万元政府资金投入，撬动社会资本超过50亿元，对区域经济发展支撑作用明显。体现在三个方面：一是带动海内外高端人才创业效果明显。250余家“雏鹰人才”企业带动就业超过万人。其中30岁以下创业人才占比80%，海归创业人才超过1/3。视感科技等9家企业后续入选福布斯亚洲U30。

二是企业受到社会资本青睐。超过70%的“雏鹰人才”企业市场估值过亿，超过50%的企业获得二轮融资。如，量科邦在2014年入选“雏鹰人才”企业后，2016年获得阳光保险、复星集团、国信证券5亿元C轮融资。

三是原始创新活跃，技术领先性强。如速感科技自主研发的即时定位与地图构建技术，可赋予机器人视觉，使其在室内环境下实现成熟的自主导航，目前在行业内居于领先地位；陌上花的人工智能计算机视觉引擎技术全球领先，在国际顶级计算机视觉竞赛ImageNet2015中获得五项世界第一，并成为阿里商品数据库独家接口授权方。

4. 续航职称评审直通车政策，让人才价值获得更广泛认可

根据《中关村国家自主创新示范区高端领军人才专业技术资格评价办法》，在北京生命科学研究所探索推动“研究员职称评审直通车”试点工作基础上，开展高端领军人才专业技术资格评价工作。2016年，该工作面向两类人才，一类是在中关村“一区多园”园区内注册的企业中从事工程技术研发生产的专业技术人员；另一类是符合相关规定，北京市高等学校、科研机构设立科技成果转化岗并经北京市人力社保局批准，在科技成果转化岗位工作且科技成果在中关村“一区多园”园区内转化的科技人员。经过个人申请、单位申报、区域推荐、业绩陈述、专家评价等多个程序，全面、系统、权威地考核申请者的专业技能及综合素质。截至2016年底，已开展6批中关村高端领军人才专业技术职称评价工作，共计410名高端人才通过“直通车”政策获得教授级高工职称，行业领域覆盖了信息技术、生物医药、新材料、新能源以及高端制造业等。

5. 完善新型科研机制，支持创新性人才名利双收

在完善新型科研机制方面，一是进一步落实股权和分红激励试点政策，发挥科研人员的主动性和创造性。通过实施技术入股、股权奖励、分红激励等多种形式激励，使人才能够直接享有成果转化收益，充分释放高校、院所的创新活力。截至2016年底，中关村共有105项国有企业、高校和科研机构的激励试点方案获得批复，其中市属单位试点方案64项、中央单位试点方案41项。从激励方式上看，49项采取股权激励，56项采取分红激励。通过股权奖励、股权出售和科技成果入股等股权激励方式，共有405名科研和管理人员获得股权，激励总额约2.25亿元，平均激励额度为55.4万元/人。

二是持续推动新型科研机构建设，促进北京生命科学研究所在中关村转移转化前沿技术成果。支持北京生命科学研究所王晓东院士创建百济神州公司，积极推动创新技术成果落地，该公司以靶向和免疫抗癌药物研发为主攻目标，成立4年时间，已拥有10种实验性药物（均为创新原研药），其中3款抗癌产品进入了临床试验阶段，并且在研药物已涵盖了80%以上癌症，抗肿瘤药品研发能力与国际接轨。2016年2月，该公司在美国纳斯达克挂牌上市，开启了国内生物技术企业登陆国外资本市场的先例。2016年9月，该公司在研产品PD－1单抗BGB－A317获得了中国国家食品药品监督管理总局（CFDA）颁发的药物临床试验批件，用于治疗晚期实体肿瘤。中国大陆也成为继澳大利亚、新西兰、美国和台湾地区之后BGB－A317获得临床试验许可的第五个地区。

三是持续加大对北京纳米能源研究所的支持力度，推动科技成果转化及产业化。支持北京纳米能源研究所组织制订《中国科学院北京纳米能源与系统研究所产业培育和发展规划（2016～2025）》，进一步明确了产业化发展的重点方向及步骤。2016年4月，该所全体科研人员投票通过了研究所《促进科技成果转移转化暂行规定》等重要文件，落实国家关于科技成果转移转化要求，将核心人员收益提高为净收益的70%。经过4年多时间发展，该所在学术研究上已经成为具有国际引领地位的创新策源地；在应用技术方面，实现布局攻关，完成摩擦发电型空气除尘装置中型机样机、摩擦电汽车

尾气过滤器样机、高温全固态锂离子电池、自驱动光束调节器和智能触摸报警器样机等研制。2016 年 9 月，该所怀柔园区建设项目破土动工，该项目预计耗资 10 亿元人民币，未来将建设成为集研发、展示、交流、产业转化等于一体，国际一流的纳米能源全球创新中心。

6. 强化人才培养与使用衔接，促进产学研用一体化发展

《关于深化中关村人才管理改革的若干措施》提出要强化人才培养与使用衔接，在这方面，中关村一是建立人才合作对接机制，搭建高端人才与高校合作对接平台，强化人才培养与使用衔接。打破不同单位人才身份限制，遴选了一批高新技术企业负责人和科研机构领军人才，到市属高校担任兼职教授或研究生导师。截至 2016 年底，已有 40 余名中关村高端领军人才与北京邮电大学等 8 所高校达成初步合作意向。双方在人才培养、学科建设、项目研发、实验室建设以及学术技术交流等方面开展了合作，有效发挥中关村高端领军人才的辐射带动作用，促进产学研用一体化发展。

支持中关村企业与高校共同开展人才培养。配合北京市教委，支持龙信数据等中关村企业与北京大学、中国人民大学、中国科学院大学、中央财经大学、首都经济贸易大学 5 所高校建立人才联合培养机制，共同打造“大数据分析硕士培养协同创新平台”。立足企业发展的需要，5 所高校从 2014 年入学应用统计专业硕士生中筛选出 50 人组成“大数据分析硕士”实验班，针对大数据统计分析和挖掘技术制定特色培养方案，邀请国家“千人计划”入选者、“长江学者”特聘教授、中关村企业家作为硕士研究生导师，在企业建立实践育人基地，培养拥有互联网思维和创新能力的数据科学人才。支持亚信集团、慧科教育集团与北京航空航天大学软件学院以“定制培养计划、校企共同参与教学、在职学习研究”的实践与再教育相融合模式，培养打造大数据领域的工程技术型和管理型人才，定向为亚信、云基地培养大数据与云计算专业工程硕士。支持慧科教育集团与北京城市学院签约共建阿里云计算方向软件工程本科专业，通过校企合作培养模式，打造全日制特色本科专业，培养应用型、实用型云计算、大数据等产业紧缺人才。

7. 落实服务平台支持政策，助力人才创新创业

中关村通过政府支持政策引导，支持开放实验室为企业提供科技服务。截至2016年底，中关村挂牌开放实验室共195家，领域覆盖新一代信息技术、生物与健康、新材料、节能环保、高端装备、通用航空等众多领域，科研人员约1.6万人，开放共享检测和研发设备7.6万台（套），设备总价值92.7亿元，极大激活了北京市高端科研装备和智力资源活力，汇聚了一大批科技创新成果。中关村开放实验室工程累计推动检测认证、委托研发和合作研发等在内的科技服务6.3万余项，受益企业3.8万家次；补贴资助实验室及相关产学研合作项目金额达2.76亿元，带动企业研发投入107亿元，节约企业研发成本4.1亿元。

根据《中关村国家自主创新示范区创业服务平台支持资金管理办法》及《中关村国家自主创新示范区优秀人才支持资金管理办法》有关规定，2016年两批中关村海外人才创业支持资金均已落实。第一批给予海淀海外人才创业园等28家海外人才创业服务机构资金支持，给予华夏芯（北京）通用处理器技术有限公司等130家海外人才创业企业资金支持，给予九州华兴集成电路设计（北京）有限公司创业类国家“千人计划”海归人才配套资金支持。第二批给予汇龙森海外人才创业园等17家海外人才创业服务机构资金支持，给予北京薪传数字传播有限公司等238家海外人才创业企业资金支持，给予联方云天科技（北京）有限公司等2家创业类国家“千人计划”海归人才配套资金支持。

（三）丰富拓展人才开发举措

1. 人才培育培训

在2016年组织的各类活动中，培训类活动约20次，发挥了较好的人才培养作用。培训类型有专业知识培训、政策宣传解读培训和辅导咨询。培训对象主要是中关村的企业、行业协会、产业联盟和各分园管委会负责人，部分专业培训对象具体指向高端领军人才、外事人才、知识产权人才、标准化工作负责人、创新创业服务组织负责人等。培训内容以知识产权、科技风险投资、标准化工作、新三板挂牌、私募债、企业国际化经营和“走出去”、数字内容产业、ICT和互联网为主。培训活动多为单次半天培训，发挥了短平快的效果；也有系列培训活动，全面系统、层层递进地对一些重要领域连续开展培训，例如国际化大讲堂专题讲座和实训班及中关村知识产权巡讲季活动。

2. 人才交流合作

2016年，中关村举办了约20次人才交流合作活动，主要以论坛、研讨会、推介会和考察的形式开展，为各类人才提供了良好的交流合作平台。交流内容除了综合性的创新创业工作外，还具体到知识产权保护、风险投资、科技创新投资、标准化等方面的工作。其中规模最大、规格最高的论坛当属中关村人才论坛和中关村华侨华人创业大会。

3. 人才宣传推介

2016年，中国产业联盟继续组织开展中关村品牌推介系列活动。系列活动中与人才关系最为密切的是“2016中关村年度人物”“2016中关村十大海归新星”“2016中关村十大天使投资人”“2016中关村创业未来之星”。“2016中关村年度人物”评选出了杰出企业家、创始人和科学家代表，包括爱奇艺CEO龚宇、今日头条创始人兼CEO张一鸣、中科讯飞互联信息科技有限公司刘庆峰，北京小米科技有限责任公司联合创始人、副总裁刘德，清华控股有限公司董事长徐井宏、北京大学第三医院院长乔杰、ofo创始人兼CEO戴威、京东金融集团首席执行官陈生强、因果树创始合伙人滕放、经纬中国创始管理合伙人张颖。

4. 人才服务保障

人才服务保障工作稳步推进，北京市卫计委指定同仁医院等5所三甲医院服务中关村高端人才就医，为有需求的271位人才办理了便捷医疗手续。

持续支持人才公租房建设，2010～2016年，通过趸租、自建、回购等多种方式总共筹集房源2.3万套，服务园区企业600家，解决3万名人才的过渡性住房需求。对昌平园、石景山园、亦庄园、顺义园4个分园9708套人才公租房项目给予贷款贴息支持。

三 人才管理改革试验区建设的主要特点

2016 年，中关村人才管理改革试验区建设的主要特点可以总结概括为：在制度创新层面，中关村展现了创新引领的特点；在政策推广方面，发挥了先行先试的作用；在经验传播层面，辐射带动了津冀地区发展；在着眼未来的角度，中关村积极探索，超前布局。

（一）创新引领

习近平总书记提出："要加大改革落实工作力度，加快构建具有全球竞争力的人才制度体系，聚天下英才而用之。"为深入贯彻习近平总书记重要讲话精神，落实公安部支持北京创新发展出入境政策措施，加大吸引外籍人才力度，构建具有国际竞争力的引才聚才制度体系，加快推动中关村建成具有全球影响力的科技创新中心，中关村在全国率先启动了外籍人才申请在华永久居留积分评估申报工作。

中关村立足其实际，坚持国际化、市场化、专业化的评估原则，面向全球遴选并引进中关村发展建设所急需、紧缺的各类创新创业国际人才，积极借鉴美国、英国、加拿大、澳大利亚等国家的绿卡积分评估的做法，针对中关村急需、紧缺的外籍人才制定了评估标准，围绕学历、年龄、在华工作年限、工作方式等设置了 8 项一级指标和若干项二级指标，侧重评价人才实际工作能力以及其为企业和中关村带来经济社会效益等方面的贡献。

作为全国首个试点外籍人才永久居留积分评估的地区，中关村在外籍人才引进制度创新上迈进了坚实的一大步，为全国各地的外籍人才引进工作积累了宝贵经验，发挥了重要的引领和示范作用。

（二）先行先试

中关村积极争取，认真落实各项先行先试政策，对于全国其他地区，乃至国家层面的人才工作发挥了重要的示范作用。2016 年，公安部支持北京创新发展出入境政策措施中关村 10 条政策有力服务了地方经济发展，聚集了创新创业人才，产生了良好的社会效果。为充分发挥这些出入境政策措施的作用，公安部高度重视推广工作，分别在 2016 年 3 月、7 月和 12 月将部分政策推广到了福建自贸区、广东自贸区和上海。同时，在全面梳理总结实施成效、开展系列政策评估和试点论证的基础上，提炼出实际需求高、社会反响好的政策措施，于 2017 年 3 月，宣布在国家有关自贸区及全面创新改革示范区推出 7 项出入境政策措施。这 7 项出入境政策措施主要服务外籍高层次人才、外籍华人、外籍留学生和长期在华工作人员等群体，包括授权自贸区管委会等单位推荐外籍人才及家属直接申请在华永久居留，以工资和税收为标准建立人才申请永久居留的市场化渠道，为外籍华人在华居留和永久居留提供更大便利，吸引外国留学生来华创新创业，为长期在华工作人员提供居留便利，为外籍人才提供入境便利等。

此外，中关村先行先试一系列有关科技成果转化的政策，把科技成果处置权和收益权赋予项目承担单位，对科技成果主要完成人实行股权和分红激励，并给予分期纳税或取得收益再纳税的优惠政策。这些政策已经推广到了北京市，并随后推广到全国。北京市结合实际制订出台了“京校十条”“京科九条”等市级落实政策，在制度上打破制约科技成果转化的瓶颈，在收益分配上有效激发了科技人员成果转化的积极性。比如，北京理工大学作为中关村范围内首个获批的中央高校股权激励试点，以专利技术出资的 30% 作为股权奖励给毛二可院士等 6 位核心技术人员创办理工雷科公司。3 年多来，公司以 7.36 亿的对价与上市公司重组，技术人员的股权实现了 133 倍的大幅增值。截至 2016 年底，像理工雷科公司这样获得批复的股权激励试点方案，中关村已有 105 项，有 405 名科研和管理人员获得股权，激励总额达 2.25 亿元，平均每人 55 万元，真正做到了让科研人员“名利双收”。中关村的不少试点经验还纳入了 2015 年全国人大审议通过的《中华人民共和国促进科技成果转化法》和 2016 年国务院印发的《实施〈中华人民共和国促进科技成果转化法〉若干规定》，在法律法规上为科技人员转化成果获得奖励提供了有力保障。

（三）辐射带动

在京津冀协同发展战略尤其是京津冀人才一体化发展的战略背景下，中关村发挥了积极辐射带动津冀人才发展的重要作用。围绕建设京津冀协同创新共同体，中关村人才管理改革试验区率先推进三地人才交流融合、园区共建共享，为人才发展拓宽空间。

为打造跨区域科技创新园区链，制定了天津滨海－中关村科技园共建方案，与保定、宝坻共同推动创新资源优化配置。设立中关村协同发展投资有限公司和中关村协同创新投资基金，建设京津冀技术交易平台，支持中关村企业在津冀设立了2000余家分支机构，广泛开展技术合作、人才交流活动。

立足京津人才发展比较优势，中关村人才管理改革试验区大力推动与津冀地区重点园区的交流与合作，以共建科技园区为载体，加强中关村创新创业模式的导入，吸引聚集人才、资本等创新要素，推动形成跨区域的政产学研用创新体系，依托滨海－中关村科技园区、保定·中关村创新中心等重点区域，建立健全融合发展、人才协同创新的体制机制。

（四）积极探索

在中关村国家级人才管理改革试验区建设取得了重要的阶段性成果的基础上，中关村继续积极探索新形势、新要求下的发展目标。当前，实施创新驱动发展战略，推进京津冀协同发展，建设具有全球影响力科技创新中心都需要在更大范围、更高层次、更强力度上吸引、使用和激励更多国际化人才。全面深化中关村人才改革试验区体制机制改革，服务北京建设全国科技创新中心和中关村建设具有全球影响力科技创新中心的战略目标，需要大力提高中关村人才管理改革试验区的发展层次和国际化水平，加快引进海外高端人才、智力及创新要素。在这样的新形势、新要求下，中关村决定启动中关村国际人才港建设研究。2016年，中关村管委会结合深入贯彻落实中央《关于深化人才发展体制机制改革的意见》，以及市委、市政府工作部署，开展了中关村新一轮深化人才管理体制机制改革的探索，研究起草了新的阶段《关于深化中关村人才管理改革构建具有国际竞争力的引才用才机制的若干措施》，主要目的是继续深化中关村国家人才管理改革试验区建设，加快构建具有国际竞争力的引才用才机制，使国际人才进得来、留得下、干得好、融得进，将中关村打造成发展环境国际接轨、国际精英便捷迁移、高端智力有效集聚、创新创业活跃繁荣的国际人才港。

中关村国际人才港将有助于进一步推动中关村创新要素国际化配置、高端人才国际化集聚，打通国际人才、技术、信息、资本的国际化资源的流动渠道，优化国际人才战略资源储备，升级区域国际人才服务管理体系，增强“高精尖缺”人才资源综合利用效能，建成具有全球影响力科技创新中心。从中关村的外在影响看，中关村是国内创新改革的先行者、探路者、引领者，具有“敢为天下先”的创新精神，承担战略性新兴产业策源地的角色，国际人才港的建设有利于中关村率先形成具有国际竞争力的人才制度优势，为探索我国人才队伍建设和人才工作改革创新经验，提升我国人才发展水平提供引领、示范。

B.4

首都开发利用国际高端人才资源研究

张伯旭*

摘　要：“四个中心”城市战略定位、疏解非首都功能、建设世界城市都为首都建设国际高端人才队伍提出了新的内在要求。本文通过文献分析、现状调研等方法，分析北京国际高端人才队伍的现状和存在的问题，对比国外典型城市聚集国际高端人才的经验，提出首都开发利用国际高端人才的对策和建议，进而促进国际高端人才发挥高端引领和科技创新作用，加强首都国际人才工作，推进首都世界一流人才之都建设。

关键词：高端人才　城市战略定位　体制机制改革　政策创新

人才是创新驱动、转型发展的根本动力。习近平总书记强调，要实行更加开放的人才政策，不唯地域引进人才，不求所有开发人才，不拘一格用好人才，在大力培养国内创新人才的同时，更加积极主动地引进国外人才特别是高层次人才。北京更要结合实际深入贯彻落实习近平总书记对人才工作做出的重要指示，为提升北京经济发展竞争力，落实好“四个中心”城市定位，建设好中国特色世界城市，聚天下英才而用之。

---

* 张伯旭，北京市经济和信息化委员会党组书记、主任，物理学博士，教授、高级工程师。

一　研究背景与意义

（一）研究背景

习近平总书记三年内两次视察北京并发表重要讲话，明确了北京城市战略定位——全国政治中心、文化中心、国际交往中心、科技创新中心。围绕首都城市战略定位和构建“高精尖”经济结构战略目标，就是要推动不符合首都城市战略定位的产业疏解，实现“腾笼换鸟”，推动京津冀协同发展，推进产业转型升级，以创新驱动提质增效。北京要落实城市战略定位、建设世界城市，高端人才建设是重中之重，重点引进能够突破关键技术、发展高新技术产业、带动新兴学科的战略型人才和创新创业的领军人才，重点开发利用与产业结构相匹配的国际高端人才资源。

《国家中长期人才发展规划纲要（2010～2020年）》指出，要大力吸引海外高层次人才和急需紧缺专门人才，积极引进和用好海外高层次创新创业人才。《首都中长期人才发展规划纲要（2010～2020年）》也提出“推进人才国际化发展”“优化引才聚才的地方品质”等重大任务。提升人才发展国际化水平，开发利用国际高端人才，形成具有国际竞争力的人才政策环境与制度优势，是北京建设“四个中心”、建设世界一流人才之都的重要保障。

北京人才事业平台基础较好，文化资源潜力巨大，而且近年来，北京在集聚海外高端人才、引进优秀外籍人才、加强境外智力开发等方面取得了一定的成绩，但是与国际相比，仍然存在一定差距，国际化人才数量不足，人才类型分布不均，人才聚集的环境不佳。开发利用国际高端人才成为需要认真思考和研究的问题。

（二）研究目的与意义

本研究通过文献分析、现状调研等方法，从落实“四个中心”城市战略定位的总体要求出发，分析和认清北京国际高端人才队伍的现状和存在的问题，学习国外典型城市集聚国际高端人才的经验，提出首都开发利用国际高端人才的对策和建议，促进国际高端人才发挥高端引领作用，从而推动“高精尖”经济结构构建，推动高端产业发展，为建设世界城市提供智力保障。

二　国际高端人才的界定

（一）高端人才的概念

关于“高端人才”，目前我国尚没有明确的界定。杨丹萍等人认为，所谓高端人才，也称高层次人才或高素质人才，是指具有优秀思想品质，掌握比较先进的现代科学文化知识，富有开拓精神和创新能力，适用市场竞争需要，并能以其创造性工作为经济发展和社会进步做出显著贡献的人才。

对于国际高端人才、国际人才含义的研究也还不充分，魏华颖、孟续铎将“国际人才”定义为具有国际化视野，知识能力与国际接轨（根据国际先进经验和最新成果不断更新），并具有经济全球化所要求的核心能力的人才。具体表现为：（1）具有国际道德与职业操守；（2）通晓国际惯例和规则；（3）拥有全球视角和战略思维；（4）具有国际专业知识与技能；（5）拥有跨文化环境下沟通、分工、合作和创造性解决问题的实践经验。

《关于实施北京海外人才聚集工程的意见》中指出，大力引进海外高层次人才，特别是要引进世界水平的科学家、科技领军人才、工程师和高水平创新团队。

北京市第十二次党代会报告中指出，实施更具吸引力的海外人才集聚政策，积极引进全球顶尖科学家及其创新团队。

本研究认为，北京建设和发展所需要的高端人才是具有国际水平的首席专家、首席科学家、创新团队等。我们界定高端人才的标准要与世界先进水平接轨，放眼全球，集聚国际高端人才。同时以高端人才为牵引，引导人才向重点产业合理布局，努力构建人才和产业协同发展的新格局。围绕首都发展需要，持续引进一批能突破关键技术、引领新兴学科、带动新兴产业的战略科学家和创新创业领军人才。发挥北京总部经济优势，集中优质资源引进相关产业领军人才，并充分发挥人才领袖引领作用，带动人才团队式流入。

（二）北京经济社会发展对国际高端人才的需求分析

1. 北京城市战略定位给人才队伍建设提出新的内在需求

北京“四个中心”的城市战略定位决定了城市的产业结构、经济发展的主要方向，也决定了城市发展所需要的人才类型。进一步提高北京的国际化水平，吸引和聚集国际高端要素，不断增强北京的综合发展能力，高端人才是保障。纽约等国际化大都市的发展经验表明，离开了世界级的人才队伍，就难以实现建设世界城市的目标。高端人才的大量聚集不仅是世界城市的重要标志，也是建设世界城市的必要条件。北京需要培育和吸引一支世界级人才队伍。

2. 非首都功能疏解是建设高端人才队伍的现实要求

疏解非首都功能，是北京城市规划建设的“牛鼻子”。2016 年全年关停退出一般制造和污染企业 335 家，近 4 年累计关停 1341 家，全市共整治“散乱污”企业 4477 家，全年规模以上工业从业人员减少 5.7 万人。如今，疏解已进入攻坚期，聚焦重点领域积极疏存量，加大禁限力度坚决控增量，疏解退出一般制造企业，引导支持有发展需求的企业向津冀地区转移，整治“散乱污”企业，清理整治镇村产业小区和工业大院，淘汰退出污染行业。疏解实际上就是供给侧结构性改革，就是提升城市发展质量，就是更好地履行作为国家首都的职责。与此同时，坚持疏解与提升同步推进，在推进非首都功能疏解、人口疏解的同时，鼓励、吸引符合首都经济社会发展需求的高层次人才，大力发展服务经济、知识经济、绿色经济、总部经济。

3. 国际人才流动为人才队伍建设提供新的历史机遇

第十五届中国国际人才交流大会分析指出，中国综合国力显著提升，并与世界经济深度融合，供给侧结构性改革加速产业结构优化升级和新旧动能转换，都为外籍人士和留学人才施展才华提供了广阔的舞台。2016 年来中国大陆工作的外国人员达 90 余万人次。同时，2016 年中国留学回国人员达 43.25 万人，创历年新高。业内专家预测，未来 5 年，中国可能迎来“进大于出”的人才历史拐点，从世界最大人才流出国转变为主要的人才回流国。北京要抓住全球创新资源加速流动和我国经济地位上升的历史机遇，加入到国际人才竞争的行列中，建设国际级的人才队伍，为首都经济社会发展提供有力的人才支撑。

三　北京国际高端人才队伍现状与存在的问题

（一）北京国际高端人才队伍现状

1. 人才规模持续壮大

《北京人才发展报告（2016）》指出，北京市组建了由26个部门参与的市海外学人工作联席会，统筹驻香港、硅谷等11个海外联络机构，积极开展引才活动。成立海外学人中心，先后在CBD、中关村等地设立5个分中心，构筑了全市海外人才的服务网络。自2009年实施北京市“海聚工程”以来，累计引进12批，共引进认定了入选者916人，其中236人入选国家“千人计划”。

依托全市认定的153家境外跨国公司在京地区总部、217家外商投资性公司，引进外籍人才。2013年以来，全市为在京跨国企业地区总部、亚太总部引进成熟型人才600人，完成92件在京居留许可确认，为企业外籍人才发放700多张外国专家证。

2. 人才效能逐步显现

《北京人才发展报告（2016）》显示，截至2014年底，北京市“海聚工程”入选人才共发表SCI、EI、ISTP收录论文1784篇，承担国家级和省部级课题947项。北京市“海聚工程”入选人才创办的152家创业类企业获得授权专利3061项（其中发明专利2136项），参与制定国际、国家或行业标准71个。

目前，中关村集聚了约占全国1/5的国家“千人计划”入选者、2万名海外留学人才、1万名外籍人才，每万人拥有授权发明专利数量达48.2件，平均每天产生1家收入过亿元的企业，对全市经济增长的贡献率超过40%。

3. 人才发展的地方品质不断提升

中关村人才特区在人才体制机制建设上积极开展“先行先试”，完善产业与人才的对接机制，面向外籍高层次人才、外籍企业团队成员和技术人才、外籍华人、外籍青年学生四类群体，通过实施突破政策、简化程序、提升服务等一系列政策措施，进行出入境管理改革，构建与国际接轨的人才评价筛选体系，充分发挥了聚集人才、创造经验、辐射带动三大功能。西城区金融街建设世界高端金融人才聚集区、朝阳区CBD建设国际高端商务人才发展区、经济技术开发区建设高端产业领军人才发展示范区，提高人才发展与产业发展的契合度。同时，正在统筹规划的石景山区新首钢、昌平区未来科技城、海淀区中关村创业大街、朝阳区中关村电子城西区和北区四个国际化人才社区建设，都将大力提升首都国际化人才发展的地方品质。

（二）存在的问题

1. 国际化人才相对缺乏

创新型科技人才结构性不足矛盾突出，世界级科技大师缺乏，领军人才、尖子人才不足，这是全国人才结构的现状，更是北京亟须解决的问题。北京基础性人才资源丰富，但是高层次、创新型、国际化人才相对匮乏，尤其是国际顶尖的科学家、产业领军型人物比较稀缺。纽约常住外国人口有280万人，占全市人口的20%；北京常住的外国人口13.7万，占常住人口比例约为0.63%，与国际大都市一般应达到的15%～20%比例相差很大。与顶级世界城市相比，北京在人才国际化方面还存在差距。

2. 人才结构与高端产业发展不相适应

北京国际人才的比例相对较低，人才类型也分布不均，缺乏新兴产业的高技术人才。吴江、陈蓓等人的研究中指出，持外国专家证的外籍人员中，文教类占总数的86.6%；经济技术类占总数的13.4%，分散在制造业、信息技术、金融保险、生物医药、文化创意等多个领域，支撑明显不足。持外国人就业证的外籍人员主要集中在社会服务业（占19.8%），咨询业（占

11.7%），信息、计算机及邮电通信业（占10.4%）和制造业（占9.9%）等行业。孟续铎、李付俊的研究也指出，北京市目前缺少懂得国际惯例、熟悉国际商务游戏规则的高级经营管理、金融、保险人才；缺少取得国际化执业资格的高级人才，如金融精算师、注册会计师、资产评估师、注册律师、注册建筑师、注册设计师；缺少熟练运用外语直接工作的经营人才；缺少懂经营、会管理，同时又熟悉国际商务惯例、通晓外语和计算机的复合型人才。北京人才发展水平与首都各项事业发展需要相比还有很多不相适应的地方。

3. 人才环境建设存在不足

人才环境是人才市场、经济、社会等诸多要素随时间协调发展的多维系统，对于成功吸引和集聚人才有着重要影响。北京在高端人才市场环境的建设上面临结构性短缺，人均收入水平偏低，社会文化发展水平不均衡，生活压力较大，空气质量、水源等自然环境不乐观，优质高等教育资源不多，人文环境有待进一步提升，这些都在一定程度上影响了对国际高端人才的吸引。孟续铎、李付俊的调查表明，留学人员对住房条件、交通状况、生活服务、子女受教育状况以及文化生活设施的满意度不高。目前，外资企业集中了大量高素质、高职位的本土化人才，由于薪酬、职业发展、企业文化等方面因素，真正流入国企、民企的并不多，流入政府机关、事业单位的就更少，这也说明人才环境建设还存在不足。

4. 国际化人才开发竞争机制亟待建立和完善

随着国际人才竞争的不断加剧，许多国家都出台了一系列人才政策，力图留住本国人才，不断引进外国人才。北京在人才管理制度方面与国际还缺乏有效对接。人才管理的行政化倾向比较严重，市场化体现不充分，无论是国家“千人计划”还是北京市“海聚工程”，政府都扮演着核心角色。虽然政府主导高端人才发展不失为一种战略性选择，但高端人才作为一种战略性资源，只有通过市场作用优化配置才能实现价值最大化。如果不能充分利用市场机制，不能激活高端人才使用主体（跨国公司、国有企业、高等院校、科研院所）在高端人才发展中的核心作用，那极有可能造成高端人才低效甚至无效使用。人才吸引政策以及税收、工资、住房、医疗、教育等配套政策滞后，国际竞争力不强，人才国际化培养、外籍人才管理服务机制还不健全。吴江、陈蓓等人的调查表明，有半数以上（53.7%）受访的外国专家认为北京吸引外国专家来京工作的政策一般，吸引力不够，多数受访专家希望能在签证办理、子女入学、住房、医疗保障服务、科研或创业资金支持、项目申请和政策扶持等方面享受优惠政策，凸显了北京集聚高端国际人才在吸引和激励方面的政策缺位。

（三）国外典型城市吸引集聚国际高端人才的做法比较

综观国外一些发达资本主义国家典型城市的发展，发现它们都在吸引和集聚世界范围内高端人才方面采取了很多措施，与此同时，这些城市经济繁荣的背后在绝大程度上也是仰赖其人才战略的成功，可以说国际性的高端人才为推动这些城市的发展发挥了重要作用。例如新加坡前总理吴作栋曾说过，在某种程度上而言，新加坡的成功仰赖于吸引外来人才的能力。引进高级海外人才已经成为新加坡整个社会的共识。

北京可以学习借鉴国外城市人才集聚的经验。表 1 中列举了美国纽约、日本东京、新加坡和中国香港四个国家（地区）城市在吸引人才方面的做法，以及可以提供给北京的借鉴经验。

表 1　国外典型城市聚集人才的措施及对北京的借鉴意义

国家(地区)	引才政策和措施	对北京的借鉴意义
美国纽约	高端产业结构(如金融业、创意产业、商业服务业等) 完善的制度、法律保障 先进的教育制度/高科技移民政策	加强高端产业发展 加强各方面立法,尤其是涉及高端人才切身利益的法律 提高教育的国际化程度与 2 水平,重视科研投入与评估
日本东京	高度繁荣的产业结构(服务业、商业、金融业、文化创意产业) 文化/教育战略(世界一流的教育水准,繁荣的文化市场,国际文化交流活动等) 政府政策的积极推动(政府引导和干预,政策促进与激励)	将政府与市场相结合,利用市场人才流动规律来实现高端人才的聚集

续表

国家(地区)	引才政策和措施	对北京的借鉴意义
新加坡	产业结构的战略性调整(劳动密集型产业向知识密集型产业转移) 灵活的产业政策(税收优惠) 高效廉洁的政府 先进的双语多元教育模式	进行产业升级 净化城市社会环境 增强政府政策制定透明度和政策执行力
中国香港	核心产业优势(国际金融、国际贸易、国际旅游、国际商务交流、国际物流等) 香港文化的包容性、国际性强 自由的体制、宽松的政策、健全的法制环境、公平开放的竞争环境 政策吸引(低税率政策,吸引高端人才的优惠政策等) 发达的国际化的教育产业	培育京城特色文化 健全法制 注重利用政策吸引高端人才

对于这些城市发展中共性的东西，如合理的高端产业结构、开发与包容的城市文化、先进的教育和移民政策等，也是北京吸引国际高端人才、建设世界城市努力的方向。

四　北京开发利用国际高端人才的对策建议

北京建设世界城市，打造世界一流的人才之都，特别是吸引、留住、用好国际高端人才，关键是要构建世界级人才发展服务体系，我们可以从以下几个方面考虑。

(一)以产业为载体，集聚国际高端人才

“栽好梧桐树，引得凤凰来。”合理的高端产业结构、核心的尖端产业领先优势是吸引和集聚人才的首要因素。产业结构的调整与转移将会改变人才需求的数量和质量。一方面，搭建好高端产业的平台，为吸引海外高端人才提供基础；另一方面，产业结构的调整以及新产业的不断发展，也会不断更新人才结构，自动筛滤淘汰不需要的低端人才，产业结构与人才结构相互

促进、相辅相成。发展生产性服务业、创意产业、文化产业、会展业等产业形式，发挥总部经济优势，吸引跨国公司总部、地区分部、国际组织总部、研发机构等在京落户，这些都是高端人才聚集的重要平台。以建设具有全球影响力的科技创新中心为引领，集中力量抓好中关村科学城、怀柔科学城、未来科学城、北京经济技术开发区“三城一区”建设；下大力气建设具有国际一流水平的研发中心和实验室，提升硬件条件，为吸引人才、提高科研水平打下基础；培育具有国际竞争力的产业创新体系，打造具有全球影响力的创新型产业集群，“筑巢引凤”。

目前北京已进入功能疏解、减量集约的发展阶段，处于加快转型、创新发展的关键时期，需要加大统筹落实力度，实现更大突破。北京市已经确定要制定12项支持高精尖产业发展的政策，其中，由北京市经济信息化委牵头研究促进新一代信息技术、节能环保产业、高端装备制造业发展的政策；由北京市商务委牵头促进高端商务发展政策；由北京市金融局牵头研究促进金融业发展的政策；由北京市科委牵头研究促进生物医药产业、新能源汽车、新材料产业、科技服务业发展的政策；由北京市文资办牵头研究促进文化创意产业发展的政策；由北京市人力社保局牵头研究促进高精尖产业发展的人才保障政策；由北京市规划国土委牵头研究加强高精尖产业用地供应等政策。

同时加快京津冀协同发展，积极向北京周边区域转移和疏解非首都功能，在京津冀大区域范围内优化城市功能配置，通过跨区域共建园区、创新链条合作等多种市场化模式，打造“研发、创新+产业化”“高端+配套合作”产业体系，深化三地在产业、信息资源等各领域合作，构建科研成果研发、孵化、制造、售后等环节的合理布局。

（二）创新政策和制度，深化人才发展体制机制改革

环境好，则人才聚，事业兴。营造开放、自由、国际化气息浓厚的环境，实施更加开放的创新人才引进政策，加大对重点领域、急需紧缺人才的支持力度，健全集聚人才、发挥人才作用的体制机制，创造人尽其才的政策

环境。

1. 推进人才管理体制改革

政府要强化宏观管理、政策法规制定、公共服务、监督保障等职能。统一国家“千人计划”“万人计划”、北京市“海聚工程”“全球顶尖科学家及其创新团队引进计划”等招才引智项目管理，统筹目录制定、申报审核各环节；统一国际高端人才界定和引进标准，坚持以用为本、按需引进、国际标准；统一国际高端人才在各产业领域的布局和配置，建设全球人才大数据平台，绘制“全球高端人才地图”，清晰全球高端人才的分布状况；统一国际高端人才评价、培养、激励等方面的措施体系，最大限度整合人才引进管理服务资源，实现对国际高端人才的“一站式”服务。同时开展国际人才合作，促进人才国际交流合作。

2. 加强知识产权保护

高端人才一个非常显著的特点是创造性地工作，注重创新、创造及创作。与高端人才利益切实相关的就是知识产权的有效保护。我们需要建立和完善职务发明成果收益分配制度，研究制定商业模式、文化创意等创新成果保护办法，建立人才引进使用中的知识产权鉴定机制，防控知识产权风险。

3. 建立科学的人才评价机制

建立以质量、贡献、绩效为导向的分类评价体系，正确评价人才的价值；更要关注人才的独特性，以弹性、灵活的方式激发人才的创新活力，对于高层次人才、急需紧缺人才采取职称直聘、高级职称评审直通车等方式，为高端人才开辟一条凭专业能力快速晋升的“绿色通道”。

（三）依托高校、科研机构、企业和项目，实现精准引进

加强高校和科研院所的建设力度，充分发挥其人才荟萃、学科齐全、基础雄厚的优势，加强科学研究工作，加大科技创新力度，努力建设一批具有世界一流水平的大学和科研基地；充分利用中央在京单位的科研和人才资源，打造央地共建的新型科研机构，试行与国际接轨的科研管理制度；加强

与海外知名的科研机构和企业的合作，支持有条件的高校、科研院所、企业在海外建立办学机构、研发机构，吸引使用当地优秀人才；支持国际组织、国际知名高校、科研机构、跨国公司来北京开展科研合作，组建科研项目办公室，成立研发中心；同时依托重大科研项目、重点工程项目，实现精准引进，实施“全球顶尖科学家及其创新团队引进计划”；探索外籍人才担任新型科研机构事业单位法人代表、相关驻外机构负责人制度，以及外籍科学家领衔重大科技项目的办法。

（四）加强配套服务，留住、用好人才

人才不仅要“进得来”，还要“留得住”，而且“用得好”，配套服务要到位。招才引智不光涉及人才的落户、移民、就业等问题，还涉及安居、医疗、子女教育、社会保障等方面，要创新完善相关政策措施。例如，完善外国人才来北京工作、签证、居留和永久居留管理的政策措施；实施高端人才服务专员制度，建立跟踪服务和反馈机制，及时解决人才工作和生活中的困难和问题；培育具有品牌效应的国际人才中介服务机构，推进人才服务的社会化，通过市场化的手段满足人才的多样化需求。

教育水平也是吸引高端人才的重要因素。教育水平越高，越有可能吸引到高端人才。例如，香港优质的高等教育不仅把本土人才培养成后备高端人才，而且还吸引着中国内地、海外各国优秀人才前来深造，继而增加了吸引国际高端人才的概率。北京可以学习香港的经验，要重视对教育的投入，更新教育理念，改变教育模式，提高北京教育的国际化程度和水平，同时利用优惠的留学生政策吸引世界范围内的优秀学生到北京深造学习，出台学位研究生毕业后在北京工作的相关政策。

留住用好人才，还要营造宜居环境，提高人才生活质量。通过建设国家文化中心城市，促进城市文化实现民族性与世界性的结合，加强图书馆、文化馆、博物馆等设施建设，开展国际文化交流活动，提升北京文化软实力；通过加强生态环境建设，加快城市交通、公共卫生等城市基础设施建设，提升“智慧城市”建设水平，使北京成为和谐宜居的美丽城市。

参考文献

[1] 中央人才工作协调小组：《习近平关于人才工作论述摘编》。

[2] 鄢圣文：《北京高端人才聚集之都研究》，知识产权出版社，2012。

[3] 张志伟、闫成、杨河清主编《北京人才发展报告（2010～2011）》，社会科学文献出版社，2011。

[4] 刘敏华主编《北京人才发展报告（2016）》，社会科学文献出版社，2016。

[5] 中共北京市委组织部、北京市人力资源和社会保障局、北京市科学技术委员会：《把握城市功能定位　促进首都持续健康发展》，北京出版社，2014。

[6] 张力：《北京：作为世界城市的人才人力资本汇聚高地》，《北京规划建设》2010 年第 5 期。

[7] 魏华颖、孟续铎：《北京市国际人才吸引政策研究》，《领导科学》2011 年第 11Z 期。

[8] 孟续铎、李付俊：《世界城市背景下的北京国际人才发展》，《山东工商学院学报》第 27 卷第 3 期，2013 年 10 月。

[9] 吴江、陈蓓等：《北京市引进外国专家需求调查及配套支持政策研究报告》，载陈化北、渠伯枢主编《新时期引智实践与理论创新》，北京语言大学出版社，2014。

[10]《以总书记讲话为根本遵循　坚定不移一张蓝图干到底》，《北京日报》2017 年 2 月 23 日。

[11]《去年来大陆工作外国人超 90 万人次》，《北京日报》2017 年 4 月 17 日。

[12]《城市发展要转变动力创新模式提升水平——三论把学习贯彻总书记视察重要讲话精神引向深入》，《北京日报》2017 年 4 月 26 日。

[13]《成立“招才局”更要栽好“梧桐树”》，《劳动午报》2017 年 4 月 20 日。

[14]《习近平在北京考察工作时强调　立足优势　深化改革　勇于开拓在建设首善之区上不断取得新成绩》，新华网，2014 年 2 月 27 日。

B.5

北京市人才体制机制改革研究

陈　蓓*

摘　要：　人才是第一资源。做好人才工作，事关经济社会发展大局。本文立足加快构建具有全球竞争力的人才制度体系，围绕解决人才体制机制中存在的难题，从“破”“放”“融”“新”四个点位切入，进行了实践探索。

关键词：　人才　体制机制改革　评价与激励

北京市人力资源和社会保障局（以下简称“人社局”）是党管人才格局下，政府开展人才工作的综合管理部门。近年来，人社局在习近平总书记人才工作思想指导下，在深化北京市人才发展体制机制改革、构建具有全球竞争力的人才制度体系方面，不断思考与探索，取得了一些成绩，也仍然有需要破解的难题。

人才是创新的根基，创新驱动实质上是人才驱动。做好人才工作，事关改革发展大局。2016 年，中央和市委对深化人才发展体制机制改革做出总体部署安排，明确提出要完善人才治理体系，理顺政府、市场、社会、用人主体关系；要改革人才发展体制机制，释放人才创新创造活力；要优化人才服务保障体系，聚天下英才而用之。

当前，首都经济社会发展进入了转型升级的新阶段。人社局正在以习近平总书记视察北京讲话精神为根本遵循，以北京城市总体规划为发展坐标，

* 陈蓓，北京市人力资源和社会保障局党组副书记、副局长，国际政治研究生。

围绕首都“四个中心”的城市战略定位，加快科技创新中心建设，实施京津冀一体化协同发展。我们亟须“融汇全球”，汇聚一批站在国际前沿、具有全球视野的战略科学家、科技领军人才和创新创业团队，打造能够突破关键技术、引领学科发展、带动产业转型的创新型人才队伍。

对照这些要求，首都人才工作仍然存在一些难题，不仅要解决人才队伍“总量多、高端少”“传统多、新兴少”“城区多、郊区少”的结构性矛盾，更要坚持首善标准，在人才发展体制机制方面进行突破。不仅要破除人才发展的捆绑束缚，破除用人主体自主权缺失，还要破除人才管理事权集中，破除人才工作“市场冷、政府热”、政府唱“独角戏”，破除央地人才、体制内人才条块分割，更需要各部门在体制、机制、体系上合力而为、协同联动，为全国科技创新中心建设注入活力。

为解决人才体制机制中存在的这些难题，人社局从“破”“放”“融”“新”四个点位切入，进行了实践探索。

一　以破为立，“不拘一格”评价使用人才

改革由问题倒逼而产生，又在不断解决问题中深化。当前，人才活力不够，很重要的原因是被体制、身份和薪酬激励等因素束缚。因此，深化改革，需要坚持问题导向，勇于打破体制壁垒，扫除身份障碍，改革激励机制，冲破制约人才流动的“玻璃门”和人才发展的“天花板”，最大限度地让人才动起来、活起来。人社局重点在三个方面进行了突破。

（一）破除职称评价的条条框框

人社局立足实际需要，不断改革完善职称制度，创立了高端领军人才申报正高级职称的“直通车”制度，开辟了动漫游戏、数字传播等文化创意产业人才评价通道，取消了外语、计算机考试的硬性要求，建立了社会化职称评价制度和京津冀人才职称资格互认机制。这些实践，对凝聚专业技术人才、加强队伍建设起到了重要作用，为国家研究制定《关于深化职称制度

改革的意见》提供了重要参考。2017 年，人社局出台了具有北京特色的职称制度改革实施意见，并推动落地见效。在评价人员范围上，从部分扩大到整体，增加了自由职业者、新职业者，港澳台人才、外籍人才等群体；在评价标准上，从单一评审拓展到分类评价，突出能力、业绩、贡献导向，破除论文、资历等硬性统一要求，推广评价“代表作”制度，建立以同行专家评审为基础的分类评价机制；在专业设置上，将紧紧把握全国科技创新建设需要和新职业发展需要，开设工业设计、人工智能、技术经纪人等专业，建立动态的职称专业目录；在层级设置上，将突破限制，在经济、会计等 8 个领域增设正高级职称等级，拓展发展空间。通过改革突破，最终使人才“评得上、用得好、留得住”。

（二）打破高校科研机构人才流动限制

为激发高校、科研机构人才的创新活力和创业热情，人社局经过调研酝酿，出台了《关于支持和鼓励高校、科研机构等事业单位专业技术人员创新创业的实施意见》，提出三个支持和鼓励：支持和鼓励人才兼职或在职创办企业，支持和鼓励人才到企业挂职或参与项目合作，支持和鼓励人才离岗创业，在时限、待遇、人事关系、岗位管理、聘用合同、社保接续等方面提供政策保障。同时，简化进人程序，鼓励事业单位以多种方式引进企业人才，鼓励央属科研人员到市属单位兼职取酬，打通应用型人才在企业、高校、科研机构间互为任职的渠道以及央地事业单位间人才流动通道。通过改革突破，最终使人才“进得来、出得去、流得动”。

（三）改革人才激励方式

近年来，北京市不断完善科研人员激励政策，明确提出“科技成果转化、科研仪器开放服务收益可按不少于 70% 的比例、科研项目经费绩效支出可按不低于 20% 的比例用于人员奖励，奖励收入不受工资总额限制”，有效调动了人才的积极性和创造性。今后，将继续实行以增加知识价值为导向的分配政策，通过加大绩效工资分配激励力度、落实科研成果性收入等激励措施，使科研人员收入与岗位职责、工作业绩、实际贡献紧密联系，做到“多劳多得、优绩优酬”，以市场价值回报人才价值。

二　以放促管，增强用人单位干事创业自主性

“小河有水大河满，大河无水小河干。”作为人才工作中承上启下的重要一环，用人单位必须拥有相应的自主权，才能放开手脚干事创业。但目前的人才治理结构中，政府一家独强、用人单位偏弱，在人才培养、吸引和使用中的主导作用发挥不突出。为激发用人单位活力，人社局致力三个放权。

（一）下放职称评价自主权

人社局在市属高校实行了“以聘代评”的职称聘任制度，高校教师的职称由全市统一评审改为单位直接聘任，打破了职称终身制，建立了职务能上能下、待遇能高能低的职称管理模式，促进职称评价与培养、使用紧密结合。2017 年起，计划在北京市的科研机构逐步推行这一自主评聘模式，其中，北京市农林科学院、北京市社会科学院等体制内科研机构，以及北京生命科学研究所等中关村新型科研机构是下放职称评审权的重点。同时，还将选择部分大型龙头企业，研究探索企业职称自主评价的实现方式。通过简政放权，最终使用人主体“评出来的人用得上，用不上的人评不出”。

（二）下放收入分配自主权

事业单位工资分配制度改革涉及单位类型差异大，牵涉利益分配人数众多，成为当前事业单位改革中争议最大的敏感问题。2017 年起，人社局将事业单位绩效工资管理权限和退休年龄审批权逐步下放至各区、各部门；实行了特殊人才特殊政策，对高层次人才、“特设”岗位人才可采取协议工资、项目工资、年薪制等灵活多样的分配办法，实行工资总额单列，水平上不封顶。同时，完善事业单位工资总量调控机制，形成绩效引导下的收入分配制度。目前，北京市已在卫生、文化领域开展了绩效管理试点，由单位自

主确定绩效工资水平，强化绩效考核与工资分配的衔接。通过简政放权，逐步形成“职能部门简政放权更到位、监督检查强起来，主管部门主体责任更到位、自主管理建起来，用人单位规矩意识更到位、内部分配活起来”的收入分配新格局。

（三）下放用人自主权

人社局在事业单位设立了“特设”岗位，面向全球延揽人才，建立了海内外急需紧缺人才进入事业单位的绿色通道。“特设”岗位人员打破国籍、户籍、身份、体制等制约，不受单位岗位总量、最高等级限制，采取灵活的分配方式，享受社会保险待遇。通过简政放权，科研机构想用的人才，能够“引得来、用得好”。

此外，放权不等于放任，绝不能出现“一放了之”的现象。要深入落实深化“放管服”改革要求，在统一程序、规范操作的前提下，将权力逐步下放给符合条件的领域或用人单位。同时，加强事中事后监管，规范和引导用人单位、社会组织，为各类人才提供更加精细、人性化的服务，使政策发挥更大的效应。

三　以融引智，面向全球延揽人才

“问渠那得清如许，为有源头活水来。”北京市各项事业的发展，需要源源不断的人才支撑和智力支持。这就需要我们以“不为所有、但为所用”的思维融汇天下英才，使其近悦远来，尽展其能。

（一）融央属人才

中央在京科研院所、企事业单位众多，人才资源丰富且近在咫尺，是我们需要优先开发的资源。近年来，依托“院市人才服务与合作计划”，瞄准北京市重点区域、重点产业和重大项目，从源头上介入，分析细化并精准对接实际需求，将“院士行”活动从单纯的决策论证、技术咨询、学术交流，深化为院士及其科研团队与北京市的科技合作、项目合作、人才培养合作，推动院士与北京市共建实验室、技术中心等科研平台。通过融合，不断推动央属单位“重大项目落户北京、创新成果转化北京、专利技术运用北京”。当前，人社局正抓住科创中心的历史契机，在中关村科学城、未来科学城、怀柔科学城、经济技术开发区“三城一区”建设上，在“6 +9”国家重大科研项目落地北京上，与部属高校、科研院所、两院系统、央属企业进行深入合作，不断拓展北京市利用央属人才资源的深度和广度。

（二）融外国人才

发展的中国需要更多海外人才，开放的中国欢迎来自世界各地的英才。近年来，北京市以引进和服务高层次外国专家队伍为目标，通过深入实施“融智北京”计划，搭建了“一库、一图、一网”“三平台”的引才体系，收效显著。“一库”即以“融智北京”计划专家为核心的高端外国专家数据库；“一图”即以海外人才联络站点设置为抓手，拓宽海外高层次人才引进渠道，绘制高端人才分布地图；“一网”即以外专系统信息化建设为契机，全面优化外专业务的审批流程和服务方式，提升外专工作效率；“三平台”是指北京跨国技术转移大会、“中美工程技术研讨会”、“中德合作”交流咨询平台。目前，人社局正在制定贯彻落实国家《关于加强新形势下引进外国人才工作的意见》的实施办法，将更多地运用“设立海外研究机构”“远程在线指导”“灵活弹性工作时间”等柔性引才用才方式，更灵活地分享利用全球智力资源，推动北京市引进外国人才工作再上新台阶。

（三）融津冀人才

京津冀三地作为一个发展的命运共同体，在人才资源上具有天然的互补优势，合作潜能巨大。2016 年，北京市开展了建立联席会议制度、签订职称资格互认等多边协议、搭建“海外赤子京津冀服务活动”交流平台、共享高端人才资源信息等多项工作，有效推动了三地人才“优势互补、协同创新”。下一步，将继续做好津冀人才资源的开发利用工作，实现共享共赢。

四　以新优服，营造人才发展良好生态环境

“明者因时而变，智者随事而制。”一切制度的生命力在于与时俱进、改革创新。为不断营造有利于人才充分释放创新创造活力的生态环境，北京市进行了三个创新。

（一）创新人才培养模式

瞄准人才队伍的“塔尖”和“塔基”，分类施策。在“塔尖”人才培养上，北京市从2013年起实施“北京学者计划”，通过聘请院士导师、组建跨学科跨单位创新团队、给予培养经费充分自主权、搭建学术平台等措施，对北京学者进行个性化培养，取得了显著成效。目前，42位北京学者中已有6人当选院士，8人9次获国家科学技术三大奖项，28人在国际权威期刊上发表论文。目前，正在研究完善“北京学者计划”，将选拔范围扩大到北京市紧缺领域的央属人才；借鉴这一培养方式，启动实施青年学者计划，重点培养扶持一批青年拔尖人才，强化人才的战略性开发和储备。在“塔基”人才培养上，进一步健全劳动者终身职业技能培训制度，推行“校企双制、工学一体”的企业新型学徒制，加强技师工作室、公共实训基地等建设，打造一批具有专业技能与工匠精神的“金蓝领”。另外，还将研究利用失业保险金资源，实施事业单位人才培养计划，提升事业单位人员干事创业的能力。

（二）创新人才引进机制

精准对接科创中心建设，研究按照“一城一策”“一区一策”的原则制定“三城一区”各具特色的人才引进政策，为顶尖科学家团队提供“嵌入式”引才服务。全面实施岗位需求申报、综合测评引进和第三方专家评审制度，提高引才精准性、科学性和公开透明度。制定并实施人才引进工作规程，建立横向到边、纵向到底、管严源头、管住末梢、突出重点、分类施策

的人才引进工作体系。着力变革人才引进审批程序，学历学位、职称及业绩贡献等主体核心材料齐全即可先行审批，个人档案及其他辅助材料可以后续补充，提高引才效率。研究适合自由职业者的“移民式”引进办法，整合出台符合首都发展新形势的人才引进管理办法。利用好积分落户引才新渠道，按照“信息多联路、审核多并路、部门多通路、群众少跑路”的原则，严谨务实做好积分落户操作实施准备，“未雨绸缪”同步探索研究积分赋权工作，增加积分引才用才工作厚度。

（三）创新人才服务体系

始终坚持将人才高兴不高兴、人才满意不满意、人才答应不答应作为服务是否到位的评判标准。对于引领科技创新的顶尖科学家团队，直接服务、优先服务。经过梳理和寻访，人社局已先期为王中林纳米能源所、王晓东生命科学所开通了绿色通道，在人才引进、应届生接收、职称评审、专家服务、外专服务等方面为其提供打包式的“顶格”服务。2017 年，紧跟科创中心建设步伐，及时对接国家“6 +9”科技重大专项、重大科技基础设施等创新平台在京落地项目，继续梳理优先服务团队清单，力争到年底建立一个由 10 ~ 15 家创新团队构成的优先服务和直接服务团队清单。另外，为更好地让以“融智北京计划”专家为代表的外国人才感到“宾至如归”，由“守株待兔”到“主动出击”，在外国人聚集的朝阳、海淀、顺义等区设点置站，延伸服务触角，在社会保险、医疗保障、子女入学、出入境便利等方面为其提供融入式服务，有效增加了外国人才的存在感、获得感，加强了其与北京发展同荣辱、共进退的责任感。2017 年，人社局还会同市委组织部研究制定了北京市建设海外人才社区的实施办法，探索在试点区建立外国人就业创业的一站式服务平台，从学术氛围、创新平台、文化生态等方面营造更富吸引力的类海外工作环境，进一步升级优化外国人才服务水平。

以上“破”“放”“融”“新”四个方面，既涵盖了近年来的思考与探索，也包括了未来一段时间的努力方向。体制优，机制活，则人集才聚事业

兴；体制劣，机制死，则人散才失事业败。首都人才体制机制改革已经踏上征程，我们将以必胜的信念、创新的思想、务实的作风以及海纳百川的胸怀，群策群力，加大创新，争取早日形成具有全球竞争力的政策环境与制度优势，吸引汇聚更多天下英才为北京“四个中心”和国际一流的和谐宜居之都建设添砖加瓦、建功立业！

B.6

首都高端金融人才引进培养分析与研究

霍学文*

摘　要：　党的十八大以来，党中央不断强调人才作为经济社会发展第一资源的重要性，习近平总书记提出了“聚天下英才而用之”的人才思想，加快构建具有全球竞争力的人才制度体系。本文通过深度分析三个主要国际金融中心阿姆斯特丹、伦敦、纽约的发展历史和北京、上海、深圳三个主要国内金融中心城市的综合比较优势，突出强调高端金融人才在推动国际金融中心竞争、加快国际金融中心格局形成中不可替代的作用，坚持首都金融人才的核心优势和金融人才优先发展的战略，提出加强高端金融人才引进和培养的系列措施，保持北京金融的优势地位，在激烈竞争中立于不败之地。

关键词：　国际金融中心　金融人才　核心优势　引进和培养

党的十八大以来，在国家治理体系和治理能力现代化的实践中，新一届党中央提出了一系列治国理政新思想新理念新战略。在人才工作方面，着眼于破除束缚人才发展的思想观念和体制机制障碍，为释放和增强人才活力，以习近平同志为核心的党中央进行了理论上、实践上、制度上的深入探索，面对综合国力竞争的加剧，面对各大国争夺高端人才的形势，习近平总书记在欧美同学会成立100周年大会上发出了振聋发聩的号召，“我们比历史上

* 霍学文，北京市金融工作局党组书记、局长，金融学博士、法学博士，研究员。

任何时期都更加接近实现中华民族伟大复兴的宏伟目标，我们也比历史上任何时期都更加渴望人才”。通过不断的实践，形成了一套新时代人才观和思想体系，其主要特点是“寻觅人才求贤若渴，发现人才如获至宝，举荐人才不拘一格，使用人才各尽其能”。《关于深化人才发展体制机制改革的意见》的出台，将人才理论上的探索上升为党和国家的意志，提供了制度上的保障。

随着综合国力提升，用人环境改善，体制机制理顺，我国对人才的吸引力愈发增强，“虹吸效应”已经形成，向心力越来越强。根据 2017 年留学人员回国服务工作部际联席会议公布的数据，可以看出，从 1978 年到 2016 年底，我国各类出国留学人员在完成学业后选择回国发展的，占已完成学业群体比例超过 80%，留学回国与出国留学人数“逆差”逐渐缩小，而且还有越来越多的外籍科学家、工程师和企业管理人员选择来中国工作和发展。毋庸置疑，党的十八大以来，已经形成了新中国成立以来最大规模的海外人才回归潮，大批高端优秀人才的回归，也创造了巨大的经济社会效益。

“十二五”时期，首都金融业平均增速达 10.8%，高于地区生产总值增速 3.3 个百分点。2016 年金融业实现增加值 4266.8 亿元，同比增长 9.3%，占地区生产总值的比重为 17.1%，实现三级税收占全市的 42.5%，完成地方财政公共预算收入占全市的 18%，对经济增长的贡献率达到 23.8%。金融业地区生产总值比重居全国前列，与纽约、伦敦、法兰克福、香港等国际金融中心城市的金融业占比相当。2017 年北京市金融业增加值、占地区生产总值的比重、对经济增长的贡献率再创新高。目前，金融业是按照国民经济行业分类划分的 17 个行业中占比最高的第一大支柱产业，规模是工业的 1.1 倍，是信息传输、软件和信息技术服务业的 1.6 倍。同时，金融组织体系进一步健全，传统金融机构稳健发展，国际金融组织快速聚集，新兴金融业态不断丰富。首都金融业积极对接“一带一路”、“京津冀协同发展”、“创新驱动发展”和“普惠金融”等国家战略，“亚投行”、“丝路基金”、中拉、中非合作产能基金相继落户北京。非银行支付机构网络支付清算平台（网联）、银行业理财产品登记托管中心、银行业信贷资产登记流转中心等国家级金融基础设施平台在京设立；中国建设银行资产管理公司、中国银行资产管理公司、中国银行村镇银行控股公司在京设立；北京首家民营银行中关村银行正式获批开业；全国首家获批独立法人形式的直销银行中信百信银行在京批筹；中铁总公司在京设立中铁财务、中铁自保险等金融企业。

目前，首都金融业在多个领域保持全国第一：一是资产规模全国第一。截至2016年底，北京金融业资产总计127.4万亿元，占全国金融资产总额的44.5%。二是法人金融机构数量全国第一。截至2016年底，北京拥有“一行三会”审批的法人金融机构总部近700家，居全国首位。2016年进入《财富》世界500强的15家中国内地金融机构中，有10家来自北京。2016年119家中国金融机构进入《银行家》评选的全球最大1000家银行榜单，其中北京地区10家银行跻身前25名。三是税收贡献全国第一。2016年金融业单一行业实现国税收入4828.6亿元，占全市的54.3%，是单一行业对国家财政贡献最大者。四是上市公司总股本和总市值全国第一。截至2016年底，北京共有A股上市公司281家，总股本23202.85亿股，占全国的41.54%，总市值122303.34亿元，占全国的24.09%，总股本、总市值均居全国第一。五是保险深度和保险密度全国第一。截至2016年底，北京地区保险深度为7.4%，保险密度为8467.8元/人，高于上海（5.6%，6319元/人）、深圳（4.3%，7007.2元/人），居全国首位（全国4.2%，2245.6元/人）。六是金融人才数量全国第一。截至2016年末，全市金融从业人员有53.8万人，居全国首位。

经过不断努力，首都金融人才总量显著增长，高端金融人才数量、金融人才国际化水平、金融人才发展环境等几个关键指标，都显示出首都金融人才的强大集聚效应，首都金融人才队伍正在向规模较大、门类较全、素质较优的方向发展。但是面对新形势新任务，首都金融人才发展的现状和体制机制还不能完全适应首都金融改革发展的新需要。突出表现在五个方面：金融人才总量不够足；金融人才结构不够佳；金融人才国际竞争力不够强；金融人才发展环境不够优；金融人才工作的体制机制不够好。

面对国际金融格局新趋势和金融安全稳定新挑战，在全面深化改革的新

阶段下，如何适应经济发展新常态，如何抓住首都功能发展新机遇，在国际国内金融中心城市激烈竞争中，充分发挥首都金融的核心优势，加快建成具有国际影响力的金融中心城市，除了完善金融体系结构、优化金融生态环境、提升金融服务国家战略的能力外，充分汲取习近平总书记人才工作思想精髓，以“聚天下英才而用之”的气魄，不为所有，但为所用，不断吸引高端金融人才来京发展，发挥出“鲶鱼效应”，不断激发首都金融人才的活力，也是推动首都金融改革发展不可或缺的因素。

一　从世界金融中心的发展历程来看，北京需要加强高端金融人才引进

功以才成，业由才广。人才是经济社会发展的第一资源，任何事业的发展都离不开人才，金融业发展尤其如此。解析世界金融中心的发展史上，我们更能得出这样的结论：金融人才是金融业发展的核心资源。历史上，全球金融中心的发展，除了有强大的经济基础、繁荣的商业、发达的国际贸易、优越的地理位置等因素之外，优秀的金融人才是金融业发展的核心资源。

（一）阿姆斯特丹

17 世纪，阿姆斯特丹是当时全球当之无愧的世界贸易中心，也是世界上第一个真正意义上的国际金融中心。阿姆斯特丹成为国际金融中心，源于 15 ~ 17 世纪的地理大发现极大地刺激了世界贸易的发展，荷兰建立海上贸易霸权，阿姆斯特丹成为“各地物产和八方财富汇集之所”，当时荷兰人的商船数约占全世界商船数的 1/2，可谓执国际贸易界之牛耳。凭借其先进的船只，荷兰人的足迹遍布世界，有“海上马车夫”的美誉，荷兰也被称作“大海的女儿”，其“人民在海上比在陆地更得其所”。同时阿姆斯特丹也聚集了当时世界上最优秀的金融人才，人才优势也是助推阿姆斯特丹形成国际金融中心的重要因素。阿姆斯特丹拥有良好的教育体系，阿姆斯特丹人有着较好的多语言优势，且工作效率十分惊人。阿姆斯特丹人开天下之先河，创

造了多个世界第一：创立了世界上第一家通过证交所向公众发行股票融资的公司；创立了世界上第一家有组织的证券交易所；发明了最早的操纵股市的技术，例如卖空、卖空袭击、对敲、逼空股票等；创立了第一家现代意义上的银行和国际结算银行。

（二）伦敦

英国是第一次工业革命的策源地，在英国成为“世界工厂”之后，其物美价廉的工业品逐步占领世界各国市场，英镑成为当时在国际贸易中最普遍使用的货币，也是英国资本输出的主力。19 世纪中叶，阿姆斯特丹已经走下神坛，伦敦取而代之成为世界上最大的金融中心。伦敦之所以能够成为世界金融中心，主要在于其较早建立了发达的金融体系：一是成立了英格兰银行，是现代意义上的第一家中央银行；二是极大地推动了保险业的发展，海上保险、财产保险和个人寿险业务相继开展，建立了再保险金融市场；三是形成了票据贴现体系，以票据贴现和承兑为主的国际货币市场得到快速的发展；四是国债的发行和流通发达，建立了有效的资本运行体系，建立了以债券市场为主、股票市场为辅的资本市场。作为当时最为强大的、号称“日不落”帝国的殖民主义国家的首都，伦敦拥有强大的经济实力、稳定的金融环境、良好的地理位置，这些都是伦敦成为国际金融中心的重要因素。但有一个因素绝对不能忽视，那就是伦敦强大的人才优势，罗斯柴尔德家族、巴林兄弟家族，这些金融史上伟大的金融家极大地提升了伦敦国际金融中心的地位。此外，伦敦作为国际化大都市，文化多元，各国人才集聚，英国也始终保持灵活开放的态度，欢迎全球各地的人才。

（三）纽约

第二次世界大战创造的巨大需求促使美国经济经历了高速的发展。一是二战以后，作为新兴政治经济大国，美国主导世界贸易规则和金融规则；二是布雷顿森林会议之后，美元成为世界最主要的国际清偿手段和国际储备货币；三是美国政府完备法律制度，加强对金融的有序监管，为纽约金融业的健康发展奠定了坚实基础；四是华尔街通过一系列的重大变革，促使了纽约资本市场高度繁荣，纽约也取代伦敦成为世界的金融中心。纽约能够成为国际金融中心，与其在全球范围内吸引和招纳各国的优秀人才是分不开的。优厚的薪金待遇、舒适的生活环境、畅通的信息渠道、巨大的就业机会、发达的高等教育吸引大量金融人才的聚集。优秀的人才必然有强大的创新能力，纽约金融衍生品市场发达，金融工具理念先进，这些都离不开华尔街高端金融人才的创造力，纽约已经成为先进金融理念和思想的发源地。华尔街开启了金融资产证券化的先河，花旗银行在世界上最早推出大额可转让定期存单，它把原来没有流动性的存单变成了可随时变现的金融资产，在金融界至今影响巨大。

二　从京沪深三大金融中心的比较来看，北京需要加强高端金融人才引进

（一）北京

北京作为首都，其优势在于总部资源优势和总部经济优势。首先，以“一行三会”为代表的金融监管类机构、以“工农中建”为代表的国有商业银行类金融机构、国际知名金融机构、国内大多数金融机构的总部，大部分超大型央企的总部也都设立注册在北京。这些监管决策机构、大型金融机构、大财团的集聚，为北京带来了政策优势、信息优势和资金优势。其次，北京在金融从业人员数量方面要大大领先于上海和深圳。最后，北京在教育、文化娱乐、医疗卫生和专业服务方面资源丰富，比较优势明显，金融生态环境较好。

北京的短板和劣势也十分明显。一是作为全国性金融中心，北京没有形成完整的金融市场体系，缺乏全国性的金融交易市场，市场种类与层次单一。二是北京的金融人才环境短板明显，在环境状况、空气质量、住房负

担、交通出行、户籍解决和子女入学方面问题较为突出。除此之外，北京的金融国际影响力十分有限。

（二）上海

与北京和深圳相比，上海金融中心的综合实力最强。在金融产业绩效、金融机构实力、金融市场规模、金融生态环境方面，上海的比较优势明显。在金融市场方面，上海独树一帜，证券市场、货币市场、外汇市场、保险市场、期货市场和金融衍生品市场比较健全，形成了全国性金融市场体系，成为中国最大的证券、保险、期货、外汇和黄金交易市场。除此之外，上海外资金融机构实力较强，金融生态环境较完善，金融国际知名度较高。

上海的比较劣势主要体现在金融生态环境方面。生活成本、城市绿化水平以及社会保障方面都要逊于北京和深圳，在教育、文化娱乐、医疗卫生和专业服务方面也与北京有较大差距。这些涉及生活质量、幸福度等软环境的指标，对吸引和留住高端金融人才影响巨大。

（三）深圳

同上海和北京相比，深圳的金融中心综合竞争力最弱，不过比较优势也最具特色。首先，深圳在金融业发展速度快，具备广阔的发展潜力。其次，深圳拥有全国仅有的两家证券交易所之一——深圳证券交易所，且在股票市场的多层次方面具备比较优势。再次，深圳市属金融机构实力强劲，一大批国内、国际知名的金融机构，对金融中心的辐射力、影响力起到良好的促进作用。最后，深圳毗邻香港国际金融中心，拥有得天独厚的合作发展基础。

三　加强高端金融人才引进和培养的对策

综合上述情况来看，北京的比较优势体现在总部经济、金融人才数量、金融生态环境等方面，但是随着北京“四个中心”定位明确，非首都功能疏解、雄安新区设立、通州城市副中心建设，一些传统优势会减弱，新兴优势尚未集聚、凸显实效。为确保北京的金融优势地位，应坚持金融人才优先发展的战略，以服务金融改革发展为根本出发点，以吸引高端金融人才和提高金融人才国际竞争力为主线，不断创新金融人才工作体制机制，优化金融人才发展环境，提高服务保障水平，造就一支与首都地位相匹配的高素质金融人才队伍，为北京金融业改革发展提供坚强的人才保障和智力支撑。

（一）基本原则

1. 坚持金融人才队伍建设的国际化

坚持引进和培养并重、高端引领与整体开发共进，重点引进一批海内外高层次、急需的金融人才，培养一批引领国际竞争的海内外金融领军人才。结合“走出去”和“引进来”战略，加强金融人才的国际交流合作，提高本土金融人才教育培养的国际化程度，增强本土金融人才的国际竞争力。

2. 坚持金融人才资源配置的市场化

充分发挥市场配置人才资源的基础性作用，支持金融机构用人主体的作用发挥，重点提高金融高级管理人才的市场化配置程度。协调利用好国际国内两个人才市场，积极推动金融专业人才市场建设，引导金融专业人才中介机构发展，促进各类金融人才合理流动。

3. 坚持金融人才服务的社会化

进一步营造具有国际比较优势的人才发展环境，充分发挥政府、企业、社会等各方协同作用，有效统筹各类资源，推进金融人才政策创新和服务创新，在服务领域上实现多元化、在服务内容上实现多样化、在服务手段上实现现代化，满足不同类型、不同层次金融人才的需求。

（二）具体措施

1. 加强对金融人才队伍建设的组织领导

北京市金融局根据市编办批复的“三定”方案，负责指导、协调本市金融人才资源开发管理和金融人才队伍建设工作，但在实际工作中，市金融局对首都金融人才队伍既没有隶属关系，也没有党建指导关系，只有推动小额贷款协会和互联网金融协会成立了党组织，在金融系统党建工作中进行了一些探索。在实际工作中，加强与金融人才联系通常只有教育培训和群团工作等方式，进行队伍建设的抓手不多，力量不强。目前，市级层面尚无对首都金融人才队伍建设进行领导的机构，“促进首都金融人才发展工作联席会”组建时间短，尚未发挥实际作用。

建议学习上海市金融人才队伍建设经验，从组织层面加强对金融人才队伍建设的领导。坚持党管人才原则，完善北京金融系统人才工作体制，推动促进首都金融人才发展工作联席会议良好运行，形成协调高效、充分配合、切实管用的金融人才工作运行机制。加强与本市金融机构、社会中介组织、行业协会、研究智库等的沟通联络，研究成立首都金融人才协会，切实发挥社会各方作用，共同做好本市金融人才工作。加大金融人才工作投入，形成政府、企业、社会多方参与的北京金融人才工作局面，设立金融人才发展专项资金，提高人才投入的社会效益和经济效益。

2. 集聚海外高层次紧缺金融人才

吸引集聚一批在国际上具有重大影响力的高端金融人才，为提高北京在国际金融市场中的话语权提供人才支撑。瞄准国际知名金融机构、金融国际组织、国际一流大学和研究机构，加大海外高层次金融人才引进力度，推动引进海外高端金融人才专项工作常态化进行，定期招聘海外高端金融人才到政府特聘岗位工作。完善市场化引才聚才机制，综合运用多种方式，发挥驻外使（领）馆、海外联络办事处、留学人员联谊会、侨联、华侨华人社团等机构组织的作用，形成海外高层次金融人才发现机制、合作机制和引进工作体系，开辟常态化的海外金融人才引进渠道。

3. 加强国内金融人才国际化培养培训

加强与国际知名金融机构、国际一流大学和研究机构合作，打造若干金融人才国际化培训和实践基地。加强与纽约、伦敦、香港、新加坡等国际金融中心城市的合作，鼓励金融人才城市间合作培养交流。鼓励本市金融企业与国际知名金融机构、金融国际组织、高校、研究机构等加强合作，探索研发与具有国际影响力的金融中心城市相适应、符合北京金融行业发展实际需求的海外培训项目和课程。推广特许注册会计师（CPA）、注册金融理财师（CFP）、金融分析师（CFA）、金融风险管理师（FRM）、英国特许注册会计师（ACCA）等国际资格认证项目，支持本市金融人才参加金融认证培训工作。

4. 优化金融人才发展环境

加快培育北京市金融人力资源服务机构，鼓励支持本市金融人力资源服务机构加强自身建设，全面提升专业素养和业务能力，提高国际竞争力。拓展政府金融人才服务的功能，为金融人才引进、政策咨询、培训交流提供专业化、公益性服务。搭建金融人才沟通交流平台，促进不同行业不同领域金融人才之间的交流。加强本市相关部门的合作，为金融人才在出入境、户籍办理、医疗保健、子女教育等方面提供精细化服务。加强与高校、科研院所等机构的合作，推动建立特色鲜明的金融人才发展高端智库，引导和支持社会组织、行业协会、高端智库开展金融人才发展的前瞻性、针对性、储备性政策研究，为金融人才政策制定和金融人才发展提供研究、咨询、培训等相关服务。

区　域　篇

Report on District

B.7
东城区国际化人才战略实践与发展研究

东城区委组织部课题组*

摘　要：促进人才国际化发展，是当前党和政府十分重视的一项工作。通过对国际化人才的引进和培育，可以增强我国在一些关键技术、新兴学科和新兴产业领域的国际竞争力，提升我国在全球化发展中的话语权。近年来，东城区认真贯彻党中央、北京市关于加大国际高端人才引进、培育和服务的有关精神，结合区域特色，通过政策突破、跨国文化交流、优化创新创

* 课题组组长：王清旺，北京市东城区委常委、组织部部长、区直机关工委书记（兼），学士，高级政工师。课题组成员：王爱菊，北京市东城区委组织部副部长、区社会主义学院副院长（兼），公共管理硕士；王为，北京市东城区委组织部人才工作协调组组长，学士；徐梓婕，北京市东城区委组织部人才工作协调组主任科员，学士，助理政工师；李正旺，北京市东城区委组织部人才工作协调组干部，学士；连俊华，中共北京市东城区组织部部长助理（挂职），中国社会科学院研究生院在读博士。

业平台和提升国际化环境等措施，不断增强东城区对国际化人才的吸引集聚能力。同时，通过建设航星留创园、东城文化人才（国际）创业园等重大实践举措，积极探索国际化人才发展新思路，取得了良好成效。未来，东城区要在现有基础上，进一步加大改革力度，不断创新人才发展政策，把东城区建设成为国际人才的宜居区、创新创业的“乐土”。

关键词：　国际化人才　文化人才　全球化

东城区是北京文物古迹最为集中的区域，是首都人才重镇，随着首都“四个中心”战略定位、国际交往功能提升，东城区人才发展工作取得了快速发展和长足进步，国际化人才工作也成为这一时期的一个亮点。从目前看，东城区国际化人才工作主要以政策体系为基础，依托国家和北京市海外引才工程，积极引进海外高层次人才。同时，通过推进人才平台建设，引导和鼓励区域人才开展跨国交流和项目共建，提高人才培训国际化、高端化水平等手段，全面推进国际化人才工作开展。

一　东城区国际化人才建设成效

（一）高层次国际化人才发展趋势良好

从高端国际人才看，东城区主要是通过积极贯彻落实《中央人才工作协调小组关于实施海外高层次人才引进计划的意见》和北京市《关于实施北京海外人才聚集工程的意见》等人才工作精神，加大国家“千人计划”和北京市“海聚工程”等重点人才队伍引进、培养和推选工作，不断提升东城区高端国际化人才水平。目前东城区拥有诺贝尔奖获得者 1 人，国家“千人计划”入选者 2 人，北京市“海聚工程”入选者 3 人，详见表 1。

表1　东城区部分国际化高层次人才

人物	相关简介或成就
屠呦呦	2012 年东城区杰出人才;2015 年获得诺贝尔生理学或医学奖;2016 年获国家最高科学技术奖
周树华	美国斯坦福大学商学院 Sloan 项目管理学硕士;北京开物投资管理有限公司主管合伙人;2014 年获得上海市千人计划专家称号;2015 年入选第 11 批北京市"海聚工程"
吴倩	毕业于美国纽约市立大学计算机科学专业硕士,高级工程师;北京招通致晟科技有限公司董事;北京市政府特聘专家
伍昕	国家"千人计划"入选者,天脉聚源传媒科技有限公司董事长兼总裁
党群	1999 年毕业于依阿华大学建筑系硕士;2012 年 7 月入选北京市"海聚工程",被聘为北京市特聘专家;现为 MAD 建筑事务所合伙人
林立	美国麻省理工学院机械系材料性能专业博士;2015 年获威廉・皮尔斯奖及 ASTM 国际纳米划痕技术贡献奖

同时，东城区十分重视对海外留学生的引进和服务工作。从目前服务的海外留学生看，英美等国家海归较多，其中毕业于英国院校的占 48%，美国院校的占 39%，其他国家的相对较少。从学历分布看，硕博学历优势明显，本科学历仅占 7%，详见图 1、图 2。

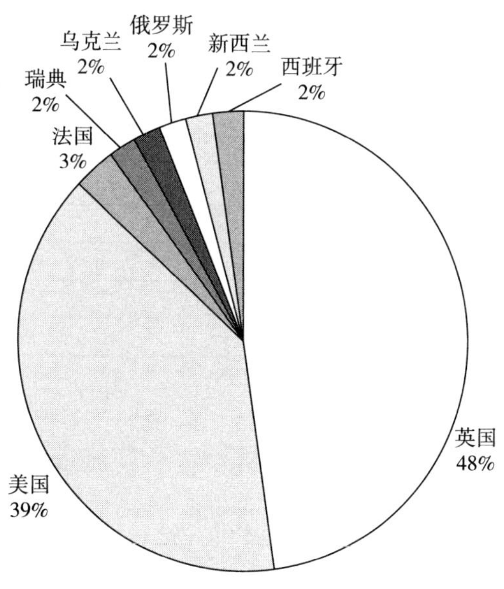

图 1　东城区服务海外留学生留学国家分布

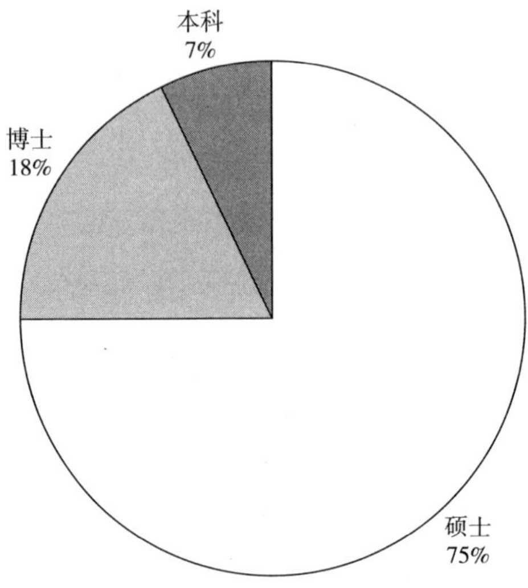

图 2　东城区服务海外留学生学历结构比例

从东城园国际化人才看，目前该园区拥有外籍专家人员 49 人，留学归国人员 1334 人，占从业人员的 1.82%。在从事科技活动的人员中，留学归国人员具有博士及以上学历的 57 人，硕士学历的 901 人，分别占同等学历从事科技活动人员的 10.75% 和 10.05%，详见表 2。

表 2　2016 年东城园外籍专家人员和留学归国人员情况

类别	类别	人数	比例(%)
从业人员	外籍专家人员	49	1.82
	留学归国人员	1334	
科技活动人员	留学归国人员博士及以上学历	57	10.75
	留学归国人员硕士	901	10.05

（二）实现国际化人才政策顶层设计和实施细则无缝对接

人才政策设计，是引进和聚集人才的关键。从目前国内情况看，许多地区的人才政策在政策顶层设计和具体实施细则方面经常出现不衔接、难以落实等问题。为积极破解这一难题，东城区积极贯彻与落实国家和北京市国际化人才战略精神，并结合自身特点，研究制定《东城区总体发展战略规划(2011 年~2030 年)》，提出了东城区人才国际化顶层设计理念、构想和依托平台，明确了人才国际化的目标。规划指出“人才工作要具备国际化的理念和视野，灵活运用国内外各种先进的人才工作新思路、新理念和新方法，在全球化的背景下整合利用各类人才资源”，要“发挥世界城市窗口区的总部经济优势，吸引跨国公司、国际组织总部落户东城，搭建和拓展人才参与国际竞争的舞台，推动人才的国际化发展，努力营造海外高层次人才心向往之的和谐氛围”。在具体目标方面，规划提出到2020 年，要实现东城区具有留学、工作或培训等海外经历人才占总人才的 10%，2030 年达到 13%的目标。

同时，为保证政策落地实施，实现政策红利的有效释放，东城区一方面积极落实国家、北京市、东城区及中关村科技园区东城园关于海外高层次人才引进及其配偶安置、住房及医疗、财政扶持、股权激励和股权奖励个人所得税等方面的政策；另一方面积极推进《东城区人才发展专项资金使用管理办法》《东城杰出人才、有突出贡献优秀人才和优秀青年人才评选表彰办法》《东城区人才工作创新项目评选表彰办法》等具体实施细则和办法的出台，2017 年还专门制定海内外高层次人才引进计划（简称“集贤计划”）。此外，还研究制定区域性高层次海外人才引进相关办法及配套措施。在文创科技创业孵化示范基地，还专门制定面向留学生的房租减免政策：为留学归国人员提供第一年 100% 房租减免，第二年享受 60% 房租减免，第三年享受 40% 房租减免，同时优先帮助其创业项目对接创业导师和创业投资等。通过不断完善政策体系，优化海外人才回国就业、创业环境，吸引更多高层次留学人员参与到东城区“首都文化中心区、世界城市窗口”的建设活动中。

（三）建立东城区海外人才联络处，通过外引内联不断提升国际化人才存量和增量

近年来，东城区以政府引导、企业化运作的方式，积极探索在海外建立

海外人才联络处，通过外引内联不断提升国际化人才的存量和增量。2013年，东城区在美国硅谷中关村瀚海科技园建立“中关村雍和园硅谷高端文化科技人才创业基地”，吸引更多海外优秀人才来东城区创新创业。依托联络处，建立来自全球不同领域硅谷行业专家创业导师团，开展多种形式的主题培训和创业辅导，如独角兽创业营、瀚海创业三人行等，给参加培训的创新创业人才带来市场经验。建立信息交流机制，通过视频与电子资料对接等形式，海外人才联络处定期将海外项目和人才信息推送到东城区，同时将东城区创新创业项目推送到海外人才联络处。每年还举办海外高层次创新创业人才来东城考察交流和项目对接洽谈活动。通过开展活动，2014年东城区成功吸引54名优秀人才到东城洽谈合作。2015年，又先后开展5批海外高层次人才赴东城区考察交流、项目对接洽谈和路演活动，其中包括“跨越大洋创业彼岸”2015 MIT-CHIEF中美跨境会议、Born2Global中韩项目路演会、“Unicorn Camp”独角兽创业营等，共吸引60多名来自全球十多个国家及地区的高端人才及项目到东城洽谈合作。

（四）实施“文化走出去”战略，通过中外文化交流，提升人才国际化水平

发挥东城文化优势，实施“文化走出去”战略，通过文化交流提升人才国际化水平，这是当前东城区人才国际化的一个重要特色。通过交流，对内拓展了区域内各类人才的国际视野，提升了国际化水平；对外实现了中国“文化走出去”，让更多外籍人才更好地了解中国文化，以进一步增强中华文化对外吸引力，从而带动更多国际人才来京创新创业。其中，“地坛文化庙会全球行”“王府井国际品牌节”等是东城区开展较为成熟的中外文化交流活动，也是东城中外文化交流的一个重要渠道和平台。以“地坛文化庙会全球行”项目为例，目前已在台北、曼谷、莫斯科、柏林、汉堡、不莱梅、德黑兰、汉诺威、索菲亚、万象10个城市举办10余场高规格海外文化活动。2016年“地坛文化庙会全球行”系列活动在泰国、德国、伊朗成功举办，受到俞正声、刘延东等党和国家领导人的肯定。同时，东城区也积极

鼓励本区文化类企业开展走出去活动、拓展国际市场。如中国出版集团等多家企业在阿布扎比、德黑兰、萨洛尼卡等国际书展亮相；“一带一路”国家主题图书巡展首次走进保加利亚；中国出版集团代表团出访罗马尼亚、匈牙利、捷克，并与三国出版商、作家协会、出版家进行深入交流；北京东方信达资产经营总公司、北京天街集团有限公司等企业进军国际市场；保利文化集团股份有限公司在香港主板上市等。

“王府井国际品牌节”

“王府井国际品牌节”是由东城区联合北京市商务委员会、外事办等开展的国际文化交流的一个重要活动，该活动主要以论坛、对话会、研讨洽谈、展示展览等多种形式，搭建中外品牌交流、国际商贸合作的平台，吸引国内外高端品牌汇聚，推进北京世界城市建设。第五次活动于2016年9月15日至10月15日成功举办，来自土耳其、白俄罗斯、韩国、秘鲁等国的200余位嘉宾出席了“品牌发展与世界城市”主题论坛，分别就公共服务、古城保护、国际交流、城市发展等进行了充分交流。活动期间共邀请来自美国、德国、白俄罗斯、韩国、秘鲁、土耳其等国家和地区近60位外籍嘉宾参与品牌展示、专题演讲、友城交流等活动。

（五）提升国际化人才创新创业服务环境

人才创新创业环境建设，是一个系统工程，其中创新创业和生活服务环境也是他们能否安心创新创业的一个关键因素。针对这一情况，东城区积极为归国人才争取户籍、医疗、教育等特殊保障政策和创造宜居生活服务环境，持续扶持一批能够突破关键技术、引领新兴学科、带动新兴产业发展的战略科学家和创新创业领军国际人才。同时，在部分创业孵化示范基地、功能区建立专项人才服务窗口，为国际化人才提供便捷化服务，详见表3。

表 3　部分创业孵化示范基地、功能区的服务措施

类别	服务内容
嘉诚、嘉润、汉潮大成、文创科技 4 家重点创业孵化示范基地	为留学归国人员创业项目提供包括企业注册、项目指导、投融资服务、创业培训、场地租赁、政策对接等全方位服务，部分基地还为留学归国人员设计了专项扶持政策
东城文化人才（国际）创业园	设人才公共服务接待大厅、创业阅览室、小型展厅、共享服务中心、小型演播厅、洽谈区、会议室、创业心灵辅导中心以及提供孵化服务的众创空间
中关村雍和航星留学人员创业园	整合各种资源，实现对留学人员的创业服务的系统化。吸引、发掘和培育一批跨国能力出众、拥有自主知识产权的国际领先技术的高质量留学人员创业企业
瀚海控股集团	构建“全球孵化，跨境加速”的国际化科技服务平台，链接全球创新资源，实现跨境加速，打造东城区国际化创业孵化器平台，为创业人才提供国际化、市场化、专业化和标准化的服务

二　东城区国际化人才建设案例分析

（一）航星留创园

中关村雍和航星留学人员创业园成立于 2011 年 9 月，是中关村科技园区管委会与东城区人民政府共建的留学人员创业园。航星留创园主要以移动信息服务为产业方向，汇聚国内外高端资源，集聚军工尖端科技，打造集技术研发、内容创意、产业孵化、高端示范等功能于一体的特色产业园区，是目前东城区海外留学生创业的主要集聚区。

1. 打造国际一流双创交流中心

目前，园区与瑞典、芬兰等企业开展了国际创新创业合作，取得了较好成效。中瑞创新中心就是一个成功典范。该中心协助瑞典（北欧）创新借助中国市场及资本实现落地中国，以对接国内市场和资本。借助中瑞两国使者——瑞典中国校友会网络落地产业园，实现瑞典创新署（Vinnoa）、科技园和瑞典大学与国内的合作，通过搭建中瑞科技、设计、文化创意孵化基地，留学归国同学创业、瑞典高校创新中心，瑞典中小创新企业与中国企业和投资之间的桥梁，为政府、大学、企业和创业校友提供全方位科技服务。2016 年 11 月，航星留创园携手瑞典中国校友会（Sweden Alumni Network in China）及瑞典职业青年（Young Professionals）在京举办了“2016 首届中国 - 瑞典创新创业论坛”，并正式挂牌成立“中国 - 瑞典创新创业基地”，进一步加强了中瑞双方的合作交流。中瑞合作的成功实践，推动了东城区企业的对外合作和高端人才引进，实现了国内外企业联合开展调研、交流、研究、技术开发、投融资等项目合作，带来了良好的社会效益与经济效益，为东城区与欧洲国家（特别是北欧国家）领先的双创国际交流平台建设提供了良好的平台载体。同时，园区也在积极拓展与欧洲、美国、以色列的合作，积极建立双创全球化服务网络。

2. 发挥文化产业和人才优势，营造国际文化环境

近年来，园区积极拓展国际化业务，充分利用东城区政务服务站及中瑞双创基地等外事侨务优势资源，发挥文化产业和人才优势，吸引全球创客来到园区寻求发展机遇，推动国际创新创业资源向东城区汇集。2016 年 4 月，航星留创园联合北京大学艺术学院成功举办中埃舞蹈文化艺术论坛。6 月，航星留创园组织筹办了“2016 年首届中埃舞蹈文化交流节”，艺术节获得埃及舞蹈家和学者的高度好评，也得到人民网、中国网、北京电视台、千龙网等主流媒体的支持和深度报道。2017 年 5 月，航星留创园第一家外资企业——北艮文化有限公司入驻，开启了园区招商引智的序幕。

3. 建设国际创新社区，实现创新创业全链条资源共享生态圈

建设“创新国际社区”，实现从企业孵化到企业总部的全链条资源共享生态圈，是航星留创园的一个亮点。2017 年，航星留创园携手航天云网、海航海创空间、凤凰网联合举办海外高端人才商务交流会，打造具备创新文化、创新教育、创业孵化、创新活动、技术研发、技术转移、科技金融、社交互动等综合服务功能的国际化创新社区。通过搭建政产学研金贸媒用资源平台，推动创新资源聚变向创新主体裂变，推动区域创新和进步，实现国内外资源创新创业链条的全球化，进而构建全球创新创业网络，推动海外高端人才集聚。

4. 建设从企业到社会再到国际的全覆盖支持平台

在平台支撑方面，建立了国际合作、大众创业和企业内部创业三种平台。各类平台可提供“一站式”服务，除了场地、公共事务等基础服务和人才、法律、投融资等增值服务外，还提供技术支撑、运营咨询、项目路演、产业对接、企业交流等服务。

在国际合作平台方面，如中瑞创新中心着重引导瑞典（北欧）具有领先性或颠覆性前沿技术的信息技术、高端制造（自动化、机器人）、电子信息类、文化等高科技、创新性项目落户航星留创园并进行孵化，推动入驻企业的国际化发展。

在大众创业平台方面，园区通过资源扶助、技术支持、培训服务、交流探讨等方式，为移动互联开发创业者提供全套创业解决方案。航星体验创新中心的目标是遴选3000个创意，扶持300家创业公司，促成30家创新企业上市。航天科工集团则是首家大众创业平台的建设案例，是由航天人自己来运营管理的青年众创空间。

5. 完善服务功能与体系，实现人才服务特色化和市场化结合

航星留创园的服务十分具有特色，其为企业提供优质便捷的一站式政务服务，实现政府审批零距离。主要分为四类：创业支持（技术支持、创业培训、导师辅导、场地支持、市场推广、知识产权、托融资），阶梯扶持（训练团、加速营、提高班、国际化项目），搭建生态系统（地方政府、大学校园、开发者、产业园区、社会）和整合资源（政府政策、企业投入、风险投资、社会资源）。目前，航星留创园借助北京市中小企业投融资服务平台资源，依托东城区东方雍和国际版权交易中心为航星留创园文化科技类企业提供投融资服务，为园区中小企业提供信托投资、股权投资、上市融资服务，为园区创业者提供小额贷款。同时，还依托东城区中小企业服务中心为园区中小企业提供政策咨询、创业辅导、法律咨询、人才培训与交流、知识产权保护和市场推广服务。

6. 以“园区 + 产业 + 平台”为建设模式，建设人才“强磁场”

联合园区企业，以“新信息策源地 + 创意原创地 + 人才高地”为目标，以“园区 + 产业 + 平台”为建设模式，垂直打通移动信息“云 + 管 + 端”产业链；紧跟下一代互联网、大数据、云计算、数字内容等前沿产业，围绕移动硬件设计与研发、移动终端平台和应用软件开发、移动信息服务运营、数字内容运营等移动信息服务产业细分方向，形成规模聚合效应。

（二）东城文化人才（国际）创业园

东城文化人才（国际）创业园，2015 年 10 月 26 日开园，2016 年 1 月正式运营。目前，整体管理与运营已步入正轨，园区规划的创业孵化、社群建设、政策咨询、品牌推广等 7 大类 38 项服务均已落地实施，推动了高素质文化人才队伍建设，激发文化人才创新创业活力，引领和带动文化创意产业快速发展，其文化人才创新型服务平台，也是东城区打造国际化人才创新创业的重要功能区。该园区委托北京市东城区文化人才创业发展中心（民非机构），采取政府购买服务和市场化并行的模式运营，主要承载文化人才公共服务、规划引进、创业孵化、社群建设、政策落地、人才的宣传推广等职能，为园区企业提供多层次、全方位基础服务和创业服务。

1. 注重创业社区理念，实现创业与生活相融合

把创业与生活相融合，注重社区理念，是该园区设计的一个特点。创业园 1、2 层为公共服务空间，包括创业阅览室、东城区中小企业服务中心、公共会议室、多功能活动中心、创业者心理辅导室，园区还引进北京电视台知名主持人李向显创办的文化公益品牌“生活好课堂”，并邀请北京大学心理咨询与治疗中心资深咨询师坐诊，为创业者提供免费心理辅导服务。园区定期为创业人才开展“创业心理系列公开课”，结合积极心理学与教练技术，引导创业者认知自我，理解他人，建立良好团队沟通协作模式。另外，创业园还与“生活好课堂”合作落地了“2019 北京世园会园艺生活好课堂创业园教室”，并于 2017 年 7 月举办了启动仪式和首场公开课——“园艺疗法”，在未来2～3年里，将持续举办北京世园会宣传推介活动，届时创业园影响力和知名度将进一步扩大。创业园3～5层共入驻28家文化领域的中小企业和创业团队，直接服务的就业人员200余人，创业园内举办创新创业和文化交流活动覆盖和服务的人员超过1万人次。为进一步扩大创业园在青龙社区的影响力，提升社区文化人才创新创意创业氛围，2016年创业园组织了近10场公益性“青龙范儿”文创市集，共吸引400余户文创商家、2万多人次参与，为诸多文化创客、创业项目搭建了互助共创的交流分享平台，促使大量创业者达成合作对接。另外，创业园还与“爱蹭FUN”合作，组织了一场丰富多彩的心理市集活动，吸引了1400余位年轻人参与，深受大家欢迎。

2. 推行创业大赛，激发创业氛围和创业主体活力

推行创业大赛，为参赛企业提供了交流展示的机会，激发创业氛围和创业主体活力，吸引了更多投资机构关注和支持。2015年5～8月，创业园承办了首届北京市文化创意创新创业大赛，共有534个项目报名参赛。2016年创业大赛历时近4个月，吸引了556个文创项目参赛。其中“奥秘之家”在大赛之后被选为双创周展示企业，获得1600万元融资，“型动体育”获得1200万元融资，“童心生产力”拿到600万元A轮融资，“嘿哈科技”拿到包括新东方、好未来等几大教育巨头的投资。

同时，创业大赛也为东城区文化创意产业政策和发展进行了有力宣传，让参赛企业直接与政府部门对话，更深入地了解政府有什么政策，也让政府知道什么政策更适合创业者，为政府及创业者提供了一个对接交流的机会和平台，也让更多创业者了解东城区文化创意产业的发展情况及特点，达到了树品牌、聚资源、选项目、聚人才的效果。

3. 注重开展行业国际交流活动

创业园自运营以来，积极开展行业国际交流活动。通过开展与台湾创业青年、韩国文化创造融合中心、芬兰赫尔辛基大学合作（开展“芬兰教育质量综合评价及学生评估体系高研项目”）等交流，营造了文化创业国际交流氛围，吸引了更多国（境）外项目参与。此外，创业园还与民革中央合作落地“文化+”海峡两岸青年创业实践基地，每年暑期接收台湾优秀大学生来园实习实践，为两岸青年创新创业交流搭建平台。

三 对东城区国际化人才战略的建议

从目前情况看，东城区国际化人发展虽然取得了良好的社会成效，但是与首都“四个中心”建设对国际化人才的要求还有较大差距，因此东城区还要积极补齐国际化人才短板，重点加强高精尖缺、国际化和复合型国际人才的引进，拓展国际化人才交流和成长平台，充分发挥市场化、互联网等手段，形成具有区域特色的国际化人才创新创业生态圈。

（一）建立外籍学生东城文化创新创业（或实习）基地

随着我国经济社会发展、对外开放和对外交往活动的深入，越来越多的外国留学生愿意来华进行创新创业。同时，国家、北京市也针对留学生在华创新创业提供了政策支持，建议东城区利用好这些政策红利，结合区域企业优势，建立外籍学生东城文化创新创业（或实习）基地。鼓励支持本区域研发机构、科研院所、企业及各类社会组织积极引进优秀留学生，为其提供就业（或实习）机会。

（二）举办东城区“华侨华人”中华文化体验节

海外华侨华人是我国国际人才的重要组成部分，很多人具有强烈的爱国情怀，东城区历史文化资源丰富，优秀文艺人才聚集，是许多华侨华人寻根的理想之地。通过举办“华侨华人”中华文化节体验活动、探访中华文化生活、感受皇家园林、参加交流会等，可以增强他们对中华文化的认知，让更多海外华侨华人专业人士更好地了解东城，为将来他们来东城区施展才华、创新创业打下基础。

（三）实施企业海外并购支持计划

对接中关村并购资本中心，建立与中关村并购资本中心联系机制，实现与中关村并购中心在项目、政策、人才等方面的信息共享。为区域内有意并购的企业提供项目、政策和人才服务，在并购中介费用补贴、并购引导基金、并购贷款贴息等方面提供支持，帮助并购企业开拓境外市场，实现人才结构和思维方式重构，推动企业国际化跨越式发展。

（四）整合政策，依托文化产业优势，突出人才政策亮点

从当前东城区国际化人才政策看，涉及政策、平台建设、评价激励等机制的各个方面，涵盖范围广，但整体亮点不多、特色不明显。在未来东城区政策设计中，除了普惠性政策外，要更多依托本区域特点，利用东城区文化产业优势，一方面加强特色政策设计，打造地区品牌；另一方面加强文化创业在涉外创新创业的政策、服务、资金等方面的支持。

（五）提升东城区国际品牌活动国际化水平，营造区域国际化氛围

“地坛文化庙会全球行”“王府井国际品牌节”等活动，是目前东城区相当成熟的国际文化交流活动，也是体现东城区特色的重要国际化交流品牌，应进一步提升其知名度和国际影响力，将其打造成东城区中外文化、人才交流互动和国际商贸合作的平台，形成国际性、权威性和综合性国际品牌活动，从而吸引更多国际高端品牌和国际人才汇集东城区，提升东城区人才国际化水平。

（六）建设东城区国际专家库和人才库

依托信息服务平台，整合搜集各类企业高端人才需求和高端人才信息，建设东城区国际人才专家库和人才库，为东城区发展提供有力智力支撑。借助现代化手段，建立东城统一、多类型的国际化人才资源数据采集、处理和及时发布人才供需的信息网络体系，形成信息通畅、服务完善、各企业紧密联系的人才信息传递机制，构建国际化人才信息服务平台，为东城区制定国际化人才发展战略、规划、具体政策提供基础性数据支撑。

（七）优化东城区国际化教育和医疗环境

在国际化教育资源供给方面，增设国际学校。研究试点社会力量举办国际学校。对引进的海外高层次人才，为其子女入读国际学校提供便利。鼓励支持有条件的中小学为外籍人员子女随班就读创造更好条件。在国际化医疗环境方面，鼓励保险企业开发适应国内外人才医疗需求的商业医疗保险产品，探索搭建面向海内外高层次人才的保险企业国际商业医疗保险信息统一发布平台。支持具备条件的医院进一步提升国际化就医环境，加强与国内外保险公司合作，加入国际医疗保险直付网络系统，为海内外高层次人才就医提供便利。支持市场主体建立第三方国际医疗保险结算平台。

参考文献

[1] 常晓勇：《经济全球化与中国国际人才竞争战略》，首都师范大学博士学位论文，2007。

[2] 陈振明：《公共政策学》，中国人民大学出版社，2009。

[3] 孟秀勤、史绍洁主编《国际化人才战略与开发》，中国人民大学出版社，2006。

[4] 〔美〕舒尔茨：《论人力资本投资》，吴珠华等译，北京经济学院出版社，1990。

[5] 王辉耀、苗绿编著《中国留学发展报告（2016）No. 5》，社会科学文献出版社，2016。

[6] 余兴安主编、李维平副主编《中国人力资源发展报告（2016）》，社会科学文献出版社，2016。

B.8

人才国际化助力朝阳创新发展的探索与思考

吴桂英*

摘　要：　北京市朝阳区是首都功能的重要承载区和国际交往的重要窗口，也是连接首都核心区与北京城市副中心的重要廊道。在习近平人才思想的指导下，朝阳区将继续大力实施人才国际化战略，广聚海内外英才，助力地区在中国特色社会主义新时代实现新跨越。我们以全球视野推动区域国际化人才水平提升，把握时代大势，扩大人才对外开放；立足发展需求，深化人才国际化进程；推动创新发展，大力集聚国际人才。同时，以国际人才集聚引领区域发展，立足发展需求精准引才；依托工程项目柔性用才；搭建世界舞台事业聚才。还要以人才环境优化提升区域国际化人才竞争力，改革创新，激发人才活力；优化人才宜居宜业环境；健全人才法制保障；营造多元融合文化氛围。

关键词：　朝阳区　人才国际化　国际人才　人才环境

党的十八大以来，习近平总书记把握国际国内大势，站在党和国家事业发展全局的战略高度，对人才工作做出了一系列重要论述，内涵深刻、要求明确，主要意涵就是“加快构建具有全球竞争力的人才制度体系，聚天下

* 吴桂英，北京市朝阳区委书记，法学硕士、哲学博士，研究员、高级经济师。

英才而用之”。习近平人才思想，为北京市建设国际一流的和谐宜居之都指明了方向，为朝阳区进一步深化区域国际化发展，高水平建设国际商务中心区、文化创新实验区、和谐宜居模范区，率先全面建成小康社会提供了理论指导和根本遵循。

朝阳区位于北京城区东部，是首都的中心城区、首都功能的重要承载区和国际交往的重要窗口，也是连接首都核心区与北京城市副中心的重要通道。辖区总面积 470.8 平方公里，常住人口 379.8 万人，是北京市面积最大、人口最多的城区，也是高端要素聚集、服务业发达的重要区域。近年来，朝阳区抓住奥运会、绿化隔离带和 CBD 地区建设等重要机遇，加快推进农村城市化、城市现代化、区域国际化进程，实现了经济社会协调发展。2016 年，全区实现地区生产总值 5001.6 亿元，占全市 20.1%；完成公共预算收入 477.1 亿元，位居全市第一；居民人均可支配收入 60056 元，各项主要指标始终保持在全市前列。

朝阳区国际化程度相对较高，全市 50% 以上的外籍人口居住在朝阳，区域内云集了 70% 的跨国公司地区总部、80% 的国际组织和国际商会、北京市 90% 的外国驻京新闻媒体以及除俄罗斯外的全部外国驻华使馆。朝阳区拥有国家会议中心、国际展览中心、国际贸易中心等众多国际会议、展览场所，北京市 1/3 的国际展览、50% 以上的国际性会议在朝阳区举办。朝阳区已与世界 23 个国家的 29 个城市、城区或国际组织签订了友好交流合作协议。独特的资源集聚优势，支撑了朝阳区国际化发展的战略目标，造就了朝阳区广纳八方贤士的胸怀，也赋予了朝阳区汇聚海外英才的魅力。

近年来，在习近平人才思想的指导下，我们结合朝阳区域定位，加快构建具有全球竞争力的人才制度体系，实行更加灵活、更加开放、更加有效的人才政策，大力实施人才国际化战略，广泛吸引具有全球视野、世界领先技术的国际化人才，在以区域国际化促进地区经济社会发展方面做出了积极探索，取得了一定成绩，为助力朝阳在“十三五”时期实现新跨越提供了强大人才支撑。

一　以全球视野推动区域国际化人才水平提升

党的十八大以来，习近平总书记多次在调研、座谈讲话中强调，要“聚天下英才而用之”，这深刻揭示了全球视野的人才观对我国经济社会发展的重要地位和战略意义。

北京“四个中心”城市战略定位中“国际交往中心”的定位，既赋予了朝阳区新的历史使命，更进一步昭示了朝阳区新的发展动力。朝阳区作为中国涉外第一区，驻华使馆汇集、跨国公司聚集、国际人才济济，形成了朝阳国际化发展特色。这就要求我们，要以更加包容的姿态、更加广阔的视野，进一步扩大人才对外开放，寻求创新发展，营造更加有利于国际人才集聚发展的环境。

（一）时代大势，呼唤具有全球视野的人才战略

习近平总书记指出：“我们比历史上任何时期都更接近实现中华民族伟大复兴的宏伟目标，我们也比历史上任何时期都更加渴求人才。”从全球来看，世界各国都把吸引集聚国际人才作为创新战略的首要举措，德国汉堡有27.5%的人口有外籍移民背景，荷兰鹿特丹有33%以上的外裔人口，而新加坡和美国旧金山（湾区）更是达到了39%以上。汇聚全球人才为我所用，已经成为世界各国发展的共识。从当今中国看，全面深化改革、全面建成小康社会已进入攻坚阶段，大国地位和国际影响不断提升，日益走向世界舞台的中央。而开放发展、实施更加积极主动的开放战略，是国家繁荣富强的必由之路，也是中国融入世界经济、形成经济“新常态”的客观要求。目前，国家对外开放的重点正从传统的商品开放、资本开放向人才开放转型，实施全球化的人才战略已经时不我待。从北京市来看，北京建成具有全球影响力的科技创新中心、打造世界一流的人才之都，首先要聚集创新企业、创新人才和创新产业链，迫切需要大批拥有全球视野和战略思维、通晓国际管理和规则、具有国际专业知识技能、拥有跨文化交流能力的优秀国际人才，可以

说，对国际化人才战略提出了更高的要求。

作为首都中心城区，作为国际交往中心、文化中心的重要承载地，朝阳区需以更加开放的姿态走向世界，拥抱世界，这既是朝阳区实现更高层次发展的内在需要，更是朝阳区适应首都城市战略定位、服务国家重大发展战略的现实要求。因此，朝阳区必须深入贯彻习近平人才思想，确立具备全球视野的人才战略，加快构建具有全球竞争力的人才制度体系，积极在世界舞台广泛参与国际人才竞争，以更加开放包容的胸襟广开进贤之路，努力抢占全球人才资源、创新资源的制高点。

（二）发展需求，助推人才国际化进程

国际化的资源优势，使朝阳区成为首都对外交往的桥头堡和经济发展的加速器，成为实体经济“引进来”“走出去”的重要发展平台，进一步促进了人才、实体经济等高端要素在朝阳区聚集，形成了朝阳区独具活力的发展环境。但我们也清醒地看到，我国人才构成的国际化程度与国际大都市相比仍有待提高。北京市的外籍人口占比约为常住人口的1%，朝阳区作为北京市国际化程度最高的地区，目前有外籍常住人口6万人，外籍人口占比不到2%，与国外大城市相比差距明显。同时，朝阳区人才素质的国际化水准与世界发达国家城市、城区相比仍然较低，深谙国际惯例、熟悉国际规则的高级经营管理、金融、保险人才较为缺乏，高科技、复合型、通用型的国际化人才还不具备与世界发达城市和地区竞争的突出优势。而且，我们的人才管理服务水平与国际人才的发展需求也存在一定差距，政策瓶颈亟待突破，服务体系尚未与国际接轨。

“十三五”时期，作为全世界感受中国和首都形象的重要窗口，作为首都“四个中心”的集中承载地区和建设国际一流的和谐宜居之都的关键地区之一，朝阳区要深度融入经济全球化和“一带一路”建设，规范和完善多样化、国际化的城市服务功能，展现良好的对外开放形象。同时，还要深入实施创新驱动发展战略，更加注重依靠科技、金融、文化创意等服务业及高技术产业和新兴产业支撑引领经济发展，围绕全球科技创新链，打好全球

科技创新牌，打造创新研发的国际化发展高地。因此，以全球视野的人才战略，引进世界级顶尖人才和团队来朝阳区发展，扩大人才开放、推动区域人才国际化是实现朝阳区发展目标的必然选择。这就要求我们必须以习近平总书记人才思想为根本遵循，坚持问题导向，瞄准国际标准，花大力气补齐“短板”，进一步深化人才发展体制机制改革，营造优良国际服务环境，全面提升配套服务能力，加快构建具有全球竞争力的人才制度体系，为区域国际化发展战略提供有力的人才支撑与保障。

（三）创新引领，亟待集聚国际化人才

习近平总书记指出，人才是创新的根基，创新驱动实质上是人才驱动。国际国内的创新发展实践为这一科学论断提供了佐证。例如，作为全球科技创新高地，硅谷的人口仅占美国人口的 1%，却聚集着 50 多名诺贝尔奖获得者、上千名美国科学院与工程院院士、上万名世界顶级科学家和工程师，创造了 13% 的美国专利，孵育了世界上最多的高科技跨国公司。

放眼当今的中国，我们已经充分认识到创新引领对经济发展的推动作用，不断加快新旧动能转换的步伐，仅北京市 2016 年科技创新对经济增长的贡献率就超过 60%，创新引领发展的要求愈发迫切，趋势也愈发明显。朝阳区作为首都经济发展的排头兵，一直坚持把创新作为引领发展的第一动力，积极实施创新驱动战略。在 2017 年的区委全会上，我们提出要“助力北京建设成为全球创新网络的中坚力量和引领世界创新的新引擎”，而拉动这个“引擎”的，正是科技和文化“双轮驱动”。目前，我们正以中关村朝阳园和国家文化产业创新实验区为空间依托，大力发展科技产业和文化创意产业，两大创新产业聚集发展的态势十分显著。可以说，朝阳区已经踏上了创新发展的新征程，未来朝阳区的发展方向，将是以创新为引领，突出“高精尖缺”导向，推动形成以创新为引领的经济体系和发展模式，实现发展优质化。

但对比国外先进国家和地区，朝阳区突出“高精尖缺”导向、具有国际竞争力的人才政策还需要进一步加强；创新创业生态系统建设还有待完

善；创新驱动的引领辐射带动作用还需进一步发挥，我们必须紧紧围绕首都“四个中心”城市战略定位，聚焦人才、要素、产业、服务等多方面，着力构筑良好的创新发展生态系统，吸引集聚更多的全球“高精尖缺”人才，将朝阳区打造成国际一流的创新发展栖居地。

二 以国际人才集聚引领区域发展

千年大计，人才为先。习近平总书记强调，“古往今来，人才都是富国之本、兴邦大计”。近年来，在习近平人才思想的指引下，以国家“千人计划”“万人计划”为代表，我国人才事业蓬勃发展，特别是党的十八大以来，中国迎来新中国成立以来最大规模留学人才“归国潮”，出现了人才“进大于出”的历史拐点。

在全面深化改革时代背景下，朝阳区要实现转型升级、提质增效，迫切需要以战略高度，广纳具有国际战略眼光、全球领先技术的国际化人才。如何与时俱进，构建科学有效的引才聚才模式，成为当务之急。

（一）立足发展需求精准引才

为适应推进国际化发展战略的需求，从2009年起，朝阳区围绕区域经济社会发展需要，大力实施“凤凰计划”，精准引进培育海内外高层次人才。截至目前，共引进认定海外高层次人才157名（其中有20名专家入选国家“千人计划”，38名专家入选北京市“海聚工程”），累计资助人才团队11个、初创企业178家，资助引进留学人员企事业单位168家，引进优秀海外硕士研究生2121名、博士研究生141名。这些人才在推动朝阳区经济社会发展中发挥了重要作用。

然而，我们必须看到，随着经济结构全面调整、转型升级，朝阳区的人才结构还相对滞后于经济结构调整，尤其是带领科技创新的“高精尖缺”人才匮乏，推动社会转型发展的城市管理社会治理人才紧缺，人才结构、人才层次还不能完全满足区域发展需要，人才供给和产业需求、事业发展存在脱节、滞后现象。因此，我们必须下更大力气，以发展需求为导向，以精准引才为手段，引进一大批“高精尖缺”的国际人才。

目前，我们正利用科技手段精准引才，探索运用大数据平台，主动跟踪国内外重点领域顶尖人才动态，建立重点人才引进目录。同时，充分发挥市场作用精准引才，加强与国内外知名人力资源服务机构合作，利用朝阳区人才咨询服务机构协会（“猎头联盟”），广泛参与相关人才政策制定、“凤凰计划”评审、交流培训等，为区域人才发展战略研究、大数据分析、行业分析等提供更强有力的智力支撑。另外，广开渠道精准引才，通过与海外行业专业协会、知名人才社团、华人组织等机构建立联系，在海外高层次人才聚集地设立人才工作海外联络站，以委托合作、联合共建等形式，完善发现引进海外高层次人才的有效机制，通过开展学术交流、项目合作和人才培养等手段，协调引进海外高层次人才。总之，要利用多种渠道，采取多种手段，实行精准引进，努力把各方面的优秀人才，特别是国际高端人才、海外顶尖团队聚集到朝阳区事业发展中来，为朝阳区创新发展链接更多的海外高端人才智力资源。

（二）依托工程项目柔性用才

中央《关于深化人才体制机制改革的意见》提出，要“敞开大门，不拘一格，柔性汇聚全球人才资源”。在全球共享时代，人才的获取、使用和占有的方式发生了根本性改变，“不求所有，但求所用”的柔性引才机制，已经成为打造人才竞争优势的创新举措。柔性引才方式倡导不唯地域、不求所有、不拘一格，突破国籍、区域、身份等方面的限制，在加强国内外合作、技术攻关、联合创新等方面优势明显。朝阳区要充分利用区域国际人才流动密集的优势，探索对区域发展急需紧缺的特殊人才，开辟专门渠道，实行特殊的柔性引才用才政策。要依托重大项目、重大工程，鼓励更多的国际人才以短期项目合作的形式参与其中，发挥智慧和贡献，以此加大国际人才交流合作力度，如依托“海外院士专家工作站”，有针对性地柔性引入海外院士专家及其团队，通过发挥其技术引领作用，促进海外高端专家资源与朝阳区的需求实现有效对接，提升区域自主创新能力，鼓励和支持驻区企事业单位与海外院士实现多种形式的合作。

（三）搭建世界舞台事业聚才

朝阳区国际化特色鲜明，区域内国际化资源集聚，国际货币基金组织（IMF）、世界银行（WB）、亚洲基础设施投资银行（AIIB）总部、亚洲开发银行（ADB）北京代表处等国际组织和国际商会，BBC、路透社、美联社等知名外国驻京新闻媒体，以及 IBM、苹果亚太研发中心、拜尔（中国）、渣打银行等地区总部都以朝阳区为根据地拓展国际业务。区域内聚集了 115 家跨国企业地区总部、160 家世界 500 强企业，有效吸引了全球高级经营管理人才；外国使馆、国际组织、国际媒体、国际金融、国际教育等机构聚集，吸引了国内外大量海外高层次人才；奥运会、APEC、“一带一路”国际合作高峰论坛等重大国际活动在朝阳区成功举办，使朝阳区成为面向世界的窗口和舞台，吸引了全球目光，加快了国际人才的汇聚。在此基础上，我们还要进一步加大对国际组织、国际机构的引进力度，以平台的集聚促进国际人才集聚和区域人才国际化发展。鼓励跨国公司设立地区总部，增设投资中心、财务中心、运营中心等功能性机构，鼓励跨国公司在朝阳区设立外资研发中心等。同时，也要进一步加强联系服务，保护并利用好这一独特资源优势，引导国际机构、企业、人才发挥辐射引领带动作用，为区域繁荣贡献力量，为朝阳区国际化发展注入新动力、激发新活力。

三　以人才环境优化提升区域国际化人才竞争力

环境好，则人才聚、事业兴；环境不好，则人才散、事业衰。人才竞争核心是制度设计，关键是环境营造。一个地区对人才的吸引力强不强，能不能留住人才、用好人才，最大限度地发挥他们的积极性和创造力，营造一个良好的大环境至关重要。要使人才引得来、用得好、留得住，在全区形成人人皆可成才、人人尽展其才的生动局面，就要有优越的发展环境、宜居宜业的生活环境、安全稳定的社会环境、开放包容的人文环境，不断增强人才的安全感、获得感和归属感。

（一）改革创新，激发人才活力

毋庸讳言，尽管朝阳区区域国际化要素丰富，但还不能充分有效地对接本区经济社会发展；尽管国际人才创新创业活跃，但不利于人才作用发挥的体制机制问题仍然存在、亟待破解。按照习近平总书记“要放手使用人才，为人才发挥作用、施展才华提供更加广阔的天地”的要求，我们以人才发展体制机制改革为主线，逐步破除制约国际人才发展体制机制束缚。

一方面，加强配套政策支持。比如，在外籍人才出入境方面，之前普遍存在申报流程烦琐、审批时间长等问题。2017 年 5 月，朝阳区借助北京服务业扩大开放综合试点建设契机，建立了外国人出入境服务大厅，积极落实了公安部支持北京创新发展的出入境新政，为外籍人才出入境、停留居留提供更加高效便捷的“一站式”服务。这一举措必将加速扩大朝阳区对外开放进程，也会进一步吸引海外人才来朝阳区创新创业。同时，我们通过“凤凰计划”，为海外高层次人才提供了资金资助、税收优惠等多方面的优惠政策，开通了工商注册绿色通道，方便海外人才在朝阳区落户创业，并由海外学人中心服务专员负责每一位人才的待遇落实。统筹朝阳区人社局、卫计委、教工委、工商分局等部门，针对海外高层次人才就医、子女入学等事项开办绿色服务通道，全方位支持鼓励人才创新创业。通过搭建各类人才平台、投资平台、服务平台，出台符合人才发展规律的支持政策，为海外人才营造宽松灵活的创业、工作和生活环境，最大限度释放人才的创新创造活力。接下来，我们将以服务业扩大开放综合试点为契机，进一步放宽人才的认定范围和条件，探索打破国籍限制、将外籍人才纳入区级人才的认定体系。也将充分发挥朝阳区国际化和高端人才聚集优势，加速营造国际化、法治化、便利化的营商环境，通过创新人才聚集机制、优化社会信用环境、完善市场监管服务模式、推动对外贸易升级四方面，打造外籍人才融入朝阳、创新发展的国际化发展环境。另一方面，在坚持党管人才的基础上，推进人才工作的市场化、社会化。近些年，我们建立了人力资源咨询机构朝阳联盟、海外知名高校北京校友会人才联盟、朝阳科技孵化器联盟、朝阳区－高校发展合作联盟等机构，促进政府与25家驻区高校和科研院所深度合作，加强产学研协同创新，形成政校企共同推进人才发展的格局，在推进人才工作社会化方面，提供了新思路、新举措、新模式。下一步，我们还将在坚持党管人才的基础上，更加注重依托市场化资源、社会化机构，充分调动各类社会主体为区域发展引才、育才的主动性和积极性，推进人才工作的多元化、专业化发展水平。

（二）优化人才宜居宜业环境

要为人才心无旁骛钻研业务创造良好条件。人才的居住、教育、卫生、医疗等需求能否有效满足，是人才能否踏实落地的关键性因素。

近年来，我们以提升区域国际化水平为目标，聚焦“疏解增绿上水平”，大力开展疏解整治促提升专项行动，不断提升空间规划、环境建设、管理服务的科学性、系统性，推动空间环境品质不断提升。朝阳全区目前拥有郊野公园23个，绿化覆盖面积达1.5万公顷；教育国际化特色鲜明，全区有69所学校招收外籍学生，其中国际学校16所（全市19所），现有外国学生约1.3万人；高端医疗资源聚集，在燕莎、丽都、国贸等地区形成国际化医疗服务圈，聚集了和睦家、国际紧急救援中心诊所等8家国际化医疗机构，居全市首位。

然而，我们清醒地意识到，目前的环境现状距离国际高端人才的需求还有一定的差距，适合外籍人才生活、工作的整体氛围还有待加强。“朝阳望京国际人才社区”试点的建设，为我们探索改善国际人才宜居宜业环境提供良好的契机。根据目前的规划设计，朝阳望京国际人才社区将按照“三优化一融合”的发展理念，全方位营造适合国际高端人才创新发展、和谐宜居的“类海外”环境，打造创新研发的国际化发展高地，形成顶尖人才集聚区，建设国际化人才政策先行先试区，建成国际人才社区示范样本。我们将在望京区域进一步健全完善国际教育、国际医疗、国际人才公寓等生活配套设施，打造适合海外人才生活的“类海外”环境，提升国际人才的居住品质，进而将建设经验辐射推广到全域。此外，加快智慧城市建设步伐，利用现代信息技术和智能化手段，也将成为我们提升环境、改善服务的有效途径。我们将依托望京国际人才社区建设，深入推进“智慧城市建设”行动计划，深化望京街道、东湖街道等地区的智慧社区建设，提升社区智能化水平，为集聚国际人才创设宜居宜业环境。

（三）健全人才法制保障

实施人才强国战略，离不开人才法制保障。如何与社会主义市场经济体制相适应，建立充分发挥人才作用，有效配置人才资源的政策、制度、法律体系，是加快推动创新型国家建设的基础保障。

知识产权是人才创新智力成果最科学、最完整、最核心的体现。建立健全完善的知识产权保护体系，是吸引和集聚国际创新人才的有力保障。朝阳区早在2010年就出台了《朝阳区知识产权促进与保护的若干措施》，这几年还依托国家知识产权示范城市建设，设立设计服务知识产权快速维权中心，实现了快速预审、快速确权、快速维权一体化。

我们还将采取多种措施，加大维权力度，加快海外知识产权布局，有效发挥知识产权对创新驱动发展的支撑和保障作用。当前，北京市正在加快人才立法进程，我们将系统梳理朝阳区在国内外人才引进、培育、激励、服务、保障等方面的政策、举措，积极为人才立法工作提供基础支撑，为朝阳区国际人才创新发展提供有效的权益保障。此外，我们还将积极落实好中央全面推进依法治国的要求，加大法律法规宣传，培育法治文化，完善法律服务，营造有利于人才创新创业的法治环境。

（四）营造多元融合文化氛围

习近平总书记指出：“不同民族、不同国家、不同地域之间的文化交流，好比不同色彩的搭配，在纵横交错、明暗强弱的各式组合之中，新的画面和景色就会出现。”人文环境是吸引、凝聚国际人才的重要“黏合剂”。多年来，我们注重发挥区域国际文化资源浓厚的优势，营造了多元融合的国际人文氛围，依托各类国际论坛、文化交流和体育赛事等活动，增进国际人才对中华文化的认识与了解。从 2008 年就开始走向世界的“兵马俑灯彩展”，将兵马俑形象与中华非物质文化遗产艺术形式充分结合，以崭新形式推进中华文化、展示中华文化，推进中华文化与世界文化交流融合；已举办 14 届的“北京朝阳国际风情节”，展示了丰富多彩的国际文化、民族文化及旅游文化，目前已经成为朝阳区的一张国际名片。外国人聚集度较高的社区还创立了“中外邻居过大年”“望京国际文化艺术周”等文化品牌，促进多元文化融合，促进各类人才和谐相处、共同发展。未来，我们将进一步实施文化融合工程，开展国际文化节活动，促进中外文化交流、文明互鉴，还将构建更加国际化的文化交流平台，打造一批展现“首都风范、古都风韵、时代风貌”，具有国际水准的文化项目和品牌，推动中华文化与世界先进文化深度融合，为北京建设世界一流的人才之都做出更大贡献。

B.9 基于中关村科学城建设的海淀区人才工作策略研究

海淀区委组织部课题组*

摘　要：　海淀具有科技、教育和人才的资源优势。在中央和北京市强化全国科技创新中心建设的大背景下，海淀将紧紧抓住历史发展机遇，聚焦中关村科学城，全面实施创新驱动战略，举全区之力加快全国科技创新中心核心区建设。针对中关村科学城建设所面临的顶尖人才不足、人才国际化程度不够、人才流动机制不畅、人才生存发展环境恶化等问题，迫切需要从扩大引才视野、深化体制机制改革、做好人才服务支持、营造人才发展环境四个方面加大工作力度、加快探索步伐，努力建成带动京津冀、辐射全中国、具有全球影响力的创新创业人才聚集高地，为建设全国科技创新中心核心区提供坚实的智力支持和人才保障。

关键词：　中关村科学城　国际人才　产业人才　创新创业

海淀作为科技教育文化大区，具有得天独厚的科技、教育和人才资源，

---

* 课题组组长：周志军，北京市海淀区委常委、组织部部长，工学博士，副教授。课题组成员：赵静国，北京市海淀区委组织部副部长，经济学硕士；王怿，北京市海淀区委组织部副处级组织员、人才组组长，管理学硕士；王文彦，北京市海淀区委组织部人才组干部，管理学硕士。

是中关村国家自主创新示范区核心区，是北京科技创新的主阵地，是全国创新创业的风向标，被誉为“中国硅谷”。“致天下之治者在人才”，如何吸引、培养、使用和留住创新创业人才，是摆在海淀发展面前的关键问题。党的十八大以来，习近平总书记站在党和国家事业发展全局的战略高度，对人才事业发展做出系列重要指示，鲜明突出“人才是第一资源”“聚天下英才而用之”“深化人才发展体制机制改革”“坚持党管人才原则”等重要内容，深刻阐明新形势下人才发展方法和原则，极大丰富和发展了中国特色社会主义人才理论，为海淀抓住时代发展机遇、解决实际工作困难指明了方向、提供了根本遵循。

一　区域经济社会发展形势及对人才工作要求

（一）海淀区域发展定位

习近平总书记两次视察北京发表的重要讲话，明确了首都“四个中心”城市战略定位和建设国际一流和谐宜居之都的总目标。中共中央、国务院印发的《国家创新驱动发展战略纲要》明确要求，推动北京、上海等优势地区建成具有全球影响力的科技创新中心。国务院批复的《北京加强全国科技创新中心建设总体方案》，坚持和强化北京全国科技创新中心地位，在创新驱动发展、京津冀协同发展中发挥引领示范和核心支撑作用，并且明确要规划建设中关村科学城，实施中关村大街改造提升工程，加快“一城三街”建设，以创新创业打造经济社会发展新动力。

北京市十二次党代会报告指出，全市将按照中央对北京的战略定位，深入推动京津冀协同发展，以建设全球影响力的科技创新中心为引领，着力打造北京发展新高地，建设国际一流的和谐宜居之都。要求海淀“聚焦中关村科学城，推进中关村大街提升改造，集聚全球高端创新要素，提升基础研究和战略前沿技术研发能力，形成一批具有全球影响力的原创成果、国际标准、技术创新中心和创新型领军企业集群”。北京市政府印发的《北京市“十三五”时期加强全国科技创新中心建设规划》，要求海淀区推动中关村科学城建设，依托院所、高校和企业，聚集全球高端创新要素，实现基础前沿研究重大突破，形成一批具有世界影响力的原始创新成果。

基于国家的宏观形势、北京市功能定位以及区域资源禀赋，海淀区委第十二次全会确定未来五年的总体要求是：聚焦中关村科学城，改造提升中关村大街，以提质增效升级、强化创新能力为中心，统筹推进各项事业发展，举全区之力加快全国科技创新中心核心区建设。为具体落实区域功能定位，海淀区政府出台《海淀区关于“十三五”时期加强全国科技创新中心核心区建设规划》进一步明确：到2020年，海淀要建成全球技术创新总部聚集地和原始创新的策源地，全球创新创业人才聚集的首选地，全球原创思想、品牌和创新模式的重要输出地，全球科技成果交易转化孵化中心，建成具有全球影响力的全国科技创新中心核心区。

（二）中关村科学城建设进展

2017年8月19日，北京市委书记蔡奇、北京市代市长陈吉宁到海淀专题调研中关村科学城建设规划。蔡奇指出，中关村科学城是中关村国家自主创新示范区的核心区。建设科技创新中心，必须首先聚焦中关村科学城，明确围绕“四个聚焦”，即聚焦功能定位、聚焦创新主体、聚焦先行先试、聚焦创新要素，努力把中关村打造成科学家、发明家、创业者的天堂，率先建成具有全球影响力的科学城。目前，围绕中关村科学城建设，做了以下几方面的工作。

1. 优化空间发展规划布局

中关村科学城主体区域约174平方公里，逐步拓展到海淀全域及昌平部分地区，规划期限近期为2020年，远期为2035年。总体空间框架分为“两区、一轴、一带”，即中关村科学城南区、中关村科学城北区、中关村大街主轴和西山历史文化带。中关村科学城南区进行老旧厂房、低效土地腾退置换，推动中关村军民融合产业园、学院路科技园、轨道交通产业创新园等产业空间优化提升，进一步腾笼换鸟。中关村科学城北区积极推动中关村集成电路设计园、翠湖科技园高端研发集聚区、小米移动互联网产业园、中关村西三旗科技园等产业园区科学布局，进一步细化空间规划。改造提升中关村大街，补充文化、商业、生活服务等公共服务设施，增加创新交流空间和交通慢行系统，提升夜间公共服务水平和品质，营造适合创新创业的留人环境和宜居宜业环境。

2. 集聚高端创新要素

推动科技创新－2030重大项目、国家实验室等国家重大科技项目落地，通过大项目凝聚高端人才及其团队。引入国际知名科学家，以市场化机制为导向，建立贯穿基础研究、技术创新、应用开发和产业化全链条的新型研发平台，力争产生一批诺贝尔级的原创技术成果。目前，2013年诺贝尔生理学或医学奖获得者托马斯·聚德霍夫教授，将与北京航空航天大学共建托马斯北京研究院；1998年诺贝尔生理学或医学奖获得者斐里德·穆拉德教授、2005年诺贝尔生理学或医学奖获得者巴里·詹姆斯·马歇尔教授，将分别担任北京科技大学精准医疗与健康研究院名誉院长、胃病精准医疗研究中心主任；2010年诺贝尔物理学奖获得者康斯坦丁·诺沃肖洛夫教授将受聘北京石墨烯研究院。已引进美国国家工程院张翔院士领衔建设国际光电子科学与技术研究院，引进斯坦福大学终身教授崔屹建设新材料研究所。中科院潘建伟院士、刘忠范院士、鄂维南院士分别领衔的中科大北京研究院、石墨烯研究院、北京大数据研究院，清华大学与盖茨基金会合作建设的全球健康药物研发中心等都稳步推进。

3. 聚焦“高精尖”产业结构

重点围绕突破人工智能、颠覆性新材料、前沿生物等一批新兴产业前沿和关键核心技术，打造自主创新产业集群。目前，中科院理化所研发首台万瓦级氢氦低温制冷系统，打破国外技术垄断，已实现转化落地；小米发布首款自主研发的中高端芯片“澎湃S1”，成为全球第四家手机、芯片自研“双全”企业；百度在人工智能技术领域发挥优势，宣布开放自动驾驶技术平台并发布“Apollo”新计划；百分点集团自主研发BD－OS大数据操作系统，与华为、阿里一同通过《国家大数据系统规范标准》测试。中科慧眼的双目机器视觉产品全球率先量产，第四范式和易捷思达分别推出国内首个人工智能应用者开发平台和人工智能混合云产品；云知声搭建了国内最大的独立第三方语音公有云平台；柏惠维康的神经外科机器人是国内机器人第一次成功应用于临床的项目。

（三）中关村科学城建设对人才工作的新要求

实施创新驱动发展，本质是人才驱动。聚焦中关村大学城，加快建设全国科技创新中心核心区的战略目标，需要在未来几年内，继续引进聚集若干顶尖战略科学家、一批海内外高层次创新创业人才、一批优秀青年创新创业人才以及吸纳大量产业服务人才。在新形势下，区域人才工作要始终把人才作为创新的第一要素，丰富人才多样性，强化人才主体性，调动人才积极性。要加强中关村人才特区建设，用好中关村“先行先试”改革试验田，建立人才引进、培养和使用新模式，吸引全球顶尖创新创业人才，围绕人才配置全链条创新资源。要构筑人才引进、流动、使用和培养新格局，打破制约人才发展的体制机制束缚，构建起体制内与体制外人才“旋转门”。要优化创新创业的生态环境，营造尊重知识、尊重人才、尊重劳动、尊重创造的宽松环境，充分调动各类人才创新创业创造活力，实现人尽其才、才尽其用、用有所成。要结合国家“一带一路”倡议，在人才引进和使用方面，有意识地针对“一带一路”沿线国家和地区加大工作力度，吸引各类人才参与到中关村科学城建设中来。到2020年，初步形成引进海内外顶尖创业人才（团队）的机制，人才国际化水平显著提高，支持人才发展的政策措施更加完善，创新创业促进经济转型升级的作用更加明显，努力建成带动京津冀、辐射全中国、具有全球影响力的创新创业人才聚集高地，为建设全国科技创新中心核心区提供坚实的智力支持和人才保障。

二　区域人才队伍发展现状及存在的主要问题

（一）当前海淀区人才队伍发展现状

1. 人才资源主要集中在高校、院所和企业

根据《北京地区人才资源统计报告（2015）》数据，海淀区2015年的人才总量为167.15万人①，占全市的25.7%，居全市第一。从园区人才数量来看，中关村示范区人才总数为189.56万人②，占从业人数的81.85%；海淀园从业人数为101.06万人，园区人才资源总量约为83.27万人③，居各园区之首。

除园区企业外，海淀区的人才主要集中在区域内的各高校、院所。海淀有北京大学、清华大学等33所国家普通高校和中共中央党校、国家行政学院、国防大学等国家重要培训机构；有以中科院为代表的国家级科研机构144家、国家工程研究中心23家、国家重点实验室50家。据北京市教委统计数据，2016～2017年，驻区高校在校大学生、在学研究生总数为45.43万人，占全市86.15万人的52.73%。④

2. 吸纳了一批顶尖科学家和行业领军人才

截至2017年8月底，海淀区有国家最高科学技术奖获得者13人，占全国的60%；两院院士586人，占全国的36%、北京市的80%。入选国家“千人计划”1040人，占全市的70%；入选北京市“海聚工程”319人，占全市的36%；中关村“高聚工程”222人，占全市的68%；其中园区企业分别入选100人、271人和222人，均居全市前列。海淀区“千海高”高层次人才中，64%集中在高校、院所，36%的高层次人才集中在各类企业。

从2012年开始，海淀区启动了区级“海英人才”评选，累计认定6批678人。其中，创业领军人才248人、创新领军人才337人、青年英才93人，累计支持资金超过2亿元。“海英人才”是海淀区的人才品牌工程，与中央和北京市人才工程相衔接，人才结构具有高端化、年轻化、集群化和国际化等特点。入选的平均年龄为41岁，硕士及以上学历者占比超过80%，近70%的入选人才集中在“6＋1”战略性新兴产业，拥有留学或海外工作经历者超过40%，涵盖美国、英国等欧美主要发达国家。

---

① 北京市人力资源研究中心：《北京地区人才资源统计报告（2015）》，2016。

② 北京市人力资源研究中心：《北京地区人才资源统计报告（2015）》，2016。

③ 北京市人力资源研究中心：《北京地区人才资源统计报告（2015）》，2016。

④ 北京市教委发展规划处：《北京市教育事业统计资料（2016～2017）》，2017。

3. 聚集了一定数量的国际化人才

人才是实现创新驱动发展的最宝贵资源，国际创新人才更是连接全球创新有机网络的纽带和把握产业变革先机的窗口。根据海淀区统计局 2016 年 7 月发布的《海淀区情手册》数据，园区从业的港澳台及外籍人才 2679 人，同比下降了 6.9%，约占园区从业人员总数的 0.27%；园区留学归国人员数为 10489 人，同比增加了 27.8%，约占园区从业人员总数的 1.04%。据北京市教委统计，2016 ~2017 年，全市有国际留学生 40486 人[①]，驻区高校的国际留学生约为 3 万人，约占全市总数的 3/4。2015 年，硅谷地区外籍人员的从业人员的比重已达 37.4%，国际创新人才的聚集为硅谷地区带来了高端团队、前沿技术、创新资源，有力地支撑了硅谷地区的创新发展。[②]

4. 区属人才队伍相对精干

海淀区属人才总数约为 5.85 万人，主要分为党政人才、企业经营管理人才、专业技术人才、高技能人才、社会工作人才、农村实用人才六大领域，广泛分布在机关、企事业单位、社区及农村。区属人才队伍承担了区域内行政、教育、医疗、文化等公共服务工作，是营造创新创业良好发展环境的主力军。目前，海淀初步形成了教育人才、政法人才队伍品牌。

（二）存在的主要问题

从中关村科学城建设对海淀区人才队伍的需求来讲，目前主要还存在以下问题。一是顶尖科学家人才仍然不足。中关村科学城定位为原始创新策源地、自主创新主阵地，在携带颠覆性科研成果且便于成果转移转化的顶尖科学家（团队）方面数量还不够。二是人才国际化程度有待提升。园区外籍人才从业比例过低，外籍留学生人才融入区域经济社会发展不够，成为影响区域创新发展的短板。三是高校院所人才主动参与区域创新的动力不足，体制内外的人才“旋转门”有待建立。四是创新型企业的人才需求量大，需

① 北京市教委发展规划处：《北京市教育事业统计资料（2016 ~2017）》，2017。

② 刘敏华主编《北京人才发展报告（2016）》，社会科学文献出版社，2016。

要引进大批的创新创业高端人才，吸纳大量的产业人才和产业服务人才，但受全市人才进京落户指标收紧、住房成本趋高等因素影响，青年人才生存发展环境恶化。五是鼓励创新、支持创造的宽松氛围有待建立，创新创业的生态环境有待优化。

三 中关村科学城建设背景下的人才工作策略

（一）扩大引才视野和渠道，加快吸引海内外顶尖创新创业人才及其团队

从硅谷等世界创新高地的经验来看，提升国际化程度主要依靠吸引国外技术移民和外国留学生。党的十八大以来，中央实施了更加开放的人才政策，公安部出台了支持北京创新发展的20项出入境政策，海外留学人才也出现“归国潮”。海淀必须抓住发展机遇，在吸引全球顶尖创新人才、海外留学生归国人才以及外国留学生人才等方面精准发力，加速吸引若干顶尖战略科学家，聚集一批具有海外背景的国际化人才，充分利用国际国内两种人才资源，聚天下人才而用之。

1. 多元渠道集聚海内外顶尖创新创业人才

与创投机构、科技服务机构合作引才，面向海内外遴选获得投资、符合产业方向，且携带国际前沿、颠覆性原创项目的顶尖创业人才（团队）落地海淀，并根据企业成就和贡献一次性给予大额资金资助。支持驻区高校、院所、创新型企业及新型研发机构，参与北京市“全球顶尖科学家及其创新团队引进计划”“海外高层次人才引才专项计划”，面向海外高层次人才设立政府特聘岗位，对引进的高层次人才及其团队进行定向配套支持。落实国家、北京市重大人才工程，适时调整区级“海英人才”评选方向，研究对国际人才的认定支持办法，全方位、多渠道地吸引海外归国人才到海淀创新创业。

2. 多种方式吸引国际青年创业人才

开展“外国留学生走进海淀”系列活动，组织驻区外国留学生参观考

察中关村科学城的企业和园区，增强对海淀的了解和认同。依托“一带一路”产业促进会、中关村创业大街、教育部留学服务中心等机构资源，开展“藤蔓计划”“全球创新青年领袖计划”以及组织留学生招聘会，以本区本市的外国留学生为重点，面向全国、全球招募优秀国际青年学生，到中关村企业进行实习实训、参加创业体验以及留下来就业。依托中关村 U30 创业大赛、京台创新创业大赛等活动品牌，吸引包括港澳台在内的国际优秀青年到海淀创业。引入 PNP 等全球著名的科技企业孵化器，吸纳全球创业人才入驻海淀。

3. 营造“类海外”“超海外”的工作生活环境

在中关村大街探索建设集创业、工作、生活等功能于一体的国际人才社区，根据外籍人才需求配套建设国际学校、国际医院等公共设施，营造适合外籍人才居住的语言环境和文化氛围。支持园区、孵化器建设国际人才创业基地、创新驿站，聚集国际人才、中介服务机构入驻。设立“中关村硅谷创新中心”等海外创新驿站、离岗创新基地，鼓励企业设立海外研发机构，用开放的理念吸纳全球人才为我所用。实施中关村大街改造提升工程，提升大街的整体国际化氛围。加强中关村大街国际人才社区建设研究，进一步梳理出台相关国际人才政策，逐步解决公寓入住、资金补贴、就医入学等具体问题，形成区域性国际人才政策服务体系。

（二）深化人才发展体制机制改革，加快为各类人才参与区域创新发展“放权”“松绑”

海淀区科技研发人才主要集中在高校、院所和大型创新型企业，但由于大院、大所以及央企隶属关系不归区域，央地协同发展存在滞后性，加上人事关系、科研管理、考核评价等方面的障碍，大院大所科研人才参与区域创新的主动性、积极性受到限制，海淀的科技和人才优势还没有得到充分发挥。建设具有全球影响力的科学城，必须推进人才发展体制机制改革，突破制约科技创新、人才发展等方面的障碍，激发科研人才创新创业活力，使更多原创性、颠覆性的科技成果得到涌现。

1. 加快中关村人才特区“先行先试”政策探索

实施中央支持中关村人才特区建设第一批13项政策，深入挖掘对高层次人才的税收、股权投资、结汇等13项特殊政策的实施效果。用好用足中央支持中关村人才特区的第二批8项政策，在外籍人才永居、签证居留和创业、人力资源服务业扩大开放、新型科研机构、人才评价、培养及使用机制等8个方面加大改革探索力度。要紧紧抓住改革开放四十周年、中关村科技园成立三十周年的历史契机，积极争取各方面支持，深化服务业扩大开放综合试点，建立北京协同创新研究院、北京石墨烯研究院、北京大数据研究院等新型研发平台，构建现代科研院所制度，在人才合理流动、知识产权收益分配等方面，掀起新一轮“先行先试”改革的浪潮，进一步释放人才发展的“制度红利”，积极构建具有全球竞争力的区域人才制度体系。

2. 加大科研管理方面的改革落实力度

积极落实修订后的科技成果转化法、“京校十条”“京科九条”等法律法规和政策措施，在事业单位科技成果处置权改革、允许科研人员离岗创业、兼职兼薪、提高科研人员参与科技成果转化收益分配比例等方面加大改革落实力度，促进高校、院所科研人才参与到区域创新创业活动中来。积极争取中央和北京市的政策支持，在大学生休学创业、科研人员“带技创业”“带土移植”、科技成果转化收益分配等方面，探索与大院大所建立改革实验基地，充分发挥各级政策的综合效果，建立体制内、体制外人才“旋转门”，让人才机动起来、共享起来，真正做到不求所有、但求所用，充分尊重人才的个人价值、个人创造，让人才可以“名利双收”，更多地组织创新资源，更好地开展原始创新和成果转化。

3. 搭建政产学研用协同创新机制

着力抓好企业技术研发项目公开招标平台、央地人才合作俱乐部等普惠性平台，用市场机制吸引科研人才（团队）承担企业科研任务。加强院士专家工作站、博士后工作站、博士后（青年英才）实践基地工作站建设，促进高校、院所和企业进行人才交流。鼓励支持企业与高校、科研院所合作建立协同创新中心、联合实验室、联合研究中心等科研合作机构，深化产学研协同发展。建立政府部门分工协作机制，在基础研究、应用开发、中试、市场化等技术创新全链条为企业提供服务。支持国内外知名投资机构设立科技成果转移转化基金，依靠社会资本力量推动科技成果转化项目落地。

（三）做好人才发展的服务和支持，主动为各类创新主体切实解决发展难题

大院、大所、创新型企业以及高水平的新型研发机构是海淀科技创新的主力军。“主力要出征，地方须支前。”聚焦中关村科学城建设，必须要主动加强对“主力军”“国家队”的服务和对接，认认真真、真心诚意地联系和服务好驻区的科学家、企业家和各类创新创业人才，帮助机构、企业和人才解决在发展中的实际困难，把蕴藏在他们中的创新创业能量进一步释放出来。

1. 多渠道留住国内优秀人才

每年通过开展核心区人才引进试点、引进非京生源优秀毕业生以及办理人才工作居住证等方式留住大批国内优秀人才，筑牢事业发展的基石。建立指标动态监控和适时回收制度，支持重点产业和高精尖产业发展，使有限的指标发挥最大效能。积极争取市级层面支持，增加非京生源指标数量，尽快出台中关村科学城人才引进办法并下放审批权限，实现区域自主的高效、快速、高质量的人才引进，保障中关村科学城建设需要。按照全市统一部署，推进积分落户试点改革落地。

2. 降低各类人才的工作生活成本

在全市率先启动人才公租房项目，目前筹建海英人才公寓、企业公租房、创客小镇在内的人才公租房 1 万余套，完善核心区人才住房租赁政策，分类解决高层次人才、企业人才和创客人才的住房需求问题，并给予一定的居住优惠条件，缓解青年人才的住房难题。每年通过多种渠道为高层次人才协调解决子女入学入托问题，根据相关政策切实保障青年人才子女的入学入托问题。开辟高层次人才就医绿色通道，确定三〇一医院、北医三院、海淀医院为定点体检医疗机构。

3. 加速人才、技术和资本的融合

支持建设中关村国家科技金融创新中心，争取人民银行设立中关村中心支行。办好北京市首家民营银行——中关村银行，率先开展投贷联动、境外并购外汇管理等试点。加快中关村并购母基金的投资工作，促进重点产业发展，开展集成电路、大数据产业基金投资，推动设立国际合作基金。盯住有市场发展潜力的创新型企业特别是独角兽企业，培育更多行业领先、国际一流的规模企业。设立协同创新券，提供研发、孵化和成果落地空间支撑，支持引导创新型小企业成长。设立北京丝路云和投资中心，探索“投贷联动”科技型企业融资新模式，缓解中小型科技类企业的融资难题。设立科技担保扶持基金，进一步拓宽中小微企业融资渠道，降低融资成本。

（四）加强人才发展环境建设，营造鼓励创新、宽容失败的宽松氛围

人才的成长发展需要“土壤”。海淀能够不断地吸引、聚集优秀人才，使他们落得下、留得住、干得好，优美的人文自然环境、优越的社会生活环境、良好的创新创业环境起到了重要作用。聚焦中关村科学城建设，必须统筹推进各类人才队伍的发展，围绕创新创业建设世界一流的公共服务环境，营造鼓励创新、宽容失败的宽松氛围。

1. 加强企业家及科技管理、服务人才队伍建设

开设领军企业家研修班，组织企业家到硅谷等世界创新高地进修学习，了解国际科技产业和企业发展前沿，培养造就勇于创新、敢于冒险、具有社会责任感的创新型企业家，建设专业化、市场化、国际化的职业经理人队伍。遴选与科技创新工作相关的区内干部，实施科技创新国际化素质提升工程，打造一支知晓国际科技创新形势、具备服务创新能力的科技服务人才队伍。

2. 打造公共服务人才队伍品牌

着力推进“成长中的教育家工程”，打造名师名校长队伍，为人才子女提供世界领先、国内一流的基础教育服务。推进卫生系统“1151”人才培

养工程，提升区域医疗服务水平。加强政法人才队伍建设，维护平安海淀的良好态势。加快社区、文化等人才队伍建设，整体营造和谐包容的社会氛围。

3. 营造良好的创新文化氛围

发挥各类媒体作用，加强创新创业领军人才和典型事迹的宣传，营造勇于创新、宽容失败的宽松氛围。邀请院士、科学家举办科普系列讲座，提升干部群众、青年学生的科学文化素养。举办海淀科技周、“双创”周、创新创业大赛等活动，形成全社会人人关心创新、鼓励创新、尊重创新、保护创新的浓厚氛围。

参考文献

［1］中央人才工作协调小组：《习近平关于人才工作论述摘编》，2016 年 12 月。

［2］中共中央宣传部：《习近平总书记系列重要讲话读本》，学习出版社、人民出版社，2016。

［3］中共中央、国务院：《国家创新驱动发展战略纲要》，2016。

［4］国务院：《北京加强全国科技创新中心建设总体方案》，国发〔2016〕52 号。

［5］中共北京市第十一届委员会：《更加紧密团结在以习近平同志为核心的党中央周围　为建设国际一流的和谐宜居之都而努力奋斗》，2017 年 6 月。

［6］北京市人民政府：《北京市“十三五”时期加强全国科技创新中心建设规划》，京政发〔2016〕44 号。

［7］中共北京市海淀区第十一届委员会：《坚持创新发展　强化能力提升　为加快全国科技创新中心核心区建设而努力奋斗》，2016 年 12 月。

［8］北京市海淀区人民政府：《海淀区关于“十三五”时期加强全国科技创新中心核心区建设规划》，海政发〔2016〕40 号。

［9］中共北京市海淀区委、北京市海淀区人民政府：《关于进一步加强创新创业人才队伍建设的若干措施》，2016 年 11 月。

［10］北京市海淀区统计局：《2016 年区情手册（第 7 期）》，2016 年 7 月。

B.10
丰台区优化人才发展环境实践研究

张巨明*

摘　要：　本文围绕深入学习贯彻习近平总书记关于人才工作的指示精神，阐述丰台区近年来人才工作的主要做法和未来发展方向，主要分为三个部分：一是事业造就人才，让人才“领头雁”凭空展翅，通过打造集群化、国际化、一体化事业平台，为人才营造创新创业的空间、搭建开放融通的网络、疏通流动发展的渠道；二是用环境凝聚人才，让人才“金凤凰”择木而栖，为人才营造和谐优良的公共服务环境、灵活高效的市场配置环境、宜居宜业的城市生活环境；三是用机制激励人才，让人才“千里马”竞相奔腾，建立更加灵活的人才引进机制、有效的人才培养机制、科学的人才评价机制、多元的人才投入机制。通过更新人才发展观念、搭建人才发展平台、优化人才发展环境、创新人才发展机制，使丰台在服务首都“四个中心”战略的具体实践中，成为人才的事业成长之地、集聚发展之地、价值实现之地，使丰台成为人才“丰收的沃土、成功的舞台”。

关键词：　人才工作　事业平台　发展环境　激励机制

党的十八大以来，习近平总书记对人才工作做出一系列重要指示，强调

* 张巨明，北京市丰台区委常委、组织部部长，工学学士。

要“坚持党管人才原则”“实行更加开放的人才政策”“择天下英才而用之”“在全社会大兴识才、爱才、敬才、用才之风”“要把人才工作搞好，让人才事业兴旺起来”等。这些重要论述涉及人才培养、引进、使用、激励等各个方面，丰富和发展了党的人才理论，为做好新形势下的人才工作提供了重要遵循。我们要深入学习贯彻习近平总书记关于人才工作的指示精神，更新人才发展观念，搭建人才发展平台，优化人才发展环境，创新人才发展机制，使丰台在服务首都“四个中心”战略的具体实践中，成为人才的事业成长之地、集聚发展之地、价值实现之地，使丰台成为人才“丰收的沃土、成功的舞台”。

一　用事业造就人才，让人才“领头雁”凭空展翅

习近平总书记指出，“伟大的事业呼唤创新的人才，伟大的事业也造就创新的人才”“必须在创新实践中发现人才、在创新活动中培育人才、在创新事业中凝聚人才”。海阔凭鱼跃，天高任鸟飞。激发人才创新创造活力，最大的动源就是让人才有用武之地，实现更大价值。要积极搭建广阔的创新创业平台和事业发展空间，让人才“领头雁”在经济社会发展一线展翅翱翔。

（一）打造“集群化”事业平台，为人才营造创新创业的空间

人才集群化是根据产业发展的集群化趋势，依托产业集群吸引、培养、聚集人才资源，并通过对集群内人才资源的整合、开发、利用，不断扩大人才资源聚集优势，最终形成以集聚引发创新、以创新带动发展的良性循环。近年来，丰台区以高端化、集约化、特色化为导向，以优势产业、骨干企业、关键技术为依托，持续培育优势产业集群，深入实施产业人才工程，以产业集聚带动人才集聚。

中关村丰台园是中关村最早的“一区三园”之一，是中关村国家自主创新示范区的重要组成部分，也是丰台区最核心的产业功能区，经过 25 年

的发展，丰台园已成为首都重要高新技术产业基地，全国知名的央企、民企总部经济聚集区和中国总部经济发展的重要地标。近几年，丰台园经济持续稳定增长，主要经济指标保持了15%以上的年均增速。2016年，丰台园总收入超过4400亿元，位居中关村一区十六园前列。丰台科技园区汇聚人才十余万人，占全区人才总量的1/3。在中关村十六园中，丰台园人才数量居第四位，人才密度居第三位，是首都人才聚集和自主创新的重要区域。在轨道交通产业领域，丰台科技园区吸引了交控科技、中铁股份、全路通等行业龙头企业以及鼎汉技术、铁道研究所等具有核心技术的企业200余家，形成了轨道交通全产业链，吸引各类高端人才达4.5万人。在应急救援产业领域，丰台科技园入选首批国家应急产业示范基地之一，现有应急产业企业38家，包括新兴际华、北斗航天的应急行业巨型龙头企业，40%以上的企业拥有高新技术产品，近20%的企业打入应急产品国际市场，已初步具有应急处置装备、应急通信、公共安全防范、应急新材料、应急医疗服务和自然灾害监测等产业集聚特征。

“十二五”以来，作为全区金融业发展核心引擎的北京丽泽金融商务区保持了快速发展，金融产业聚集效应和区域品牌影响力初步形成，已成为丰台区经济发展新的支撑点。截至2016年底，累计引进机构465家，其中金融类机构384家，涵盖金融业态16类；累计注册资本金突破2700亿元，其中亿元以上金融机构192家，入驻机构包括中国证券金融股份有限公司、中华联合保险控股股份有限公司、银行业信贷资产登记流转中心等品质较高、影响力较大的金融机构；入驻丽泽的金融机构累计实现留区税收突破17亿元。北京丽泽金融商务区聚集了近万名金融人才、数十个高端金融人才团队和百余名领军性金融人才。丽泽的发展和人才的集聚，对做好金融创新人才的服务和配套政策的跟进，提出了更新的要求。

“十三五”期间，我们将发挥高端产业功能区的集聚带动作用，瞄准金融、高新技术、文化创意等主导产业，加快构建创新引领、技术密集、价值高端的“高精尖”经济结构，着力引进一批示范性、引领性强的龙头型、领军型企业，打造一批有影响力和带动力的创新研发平台、科技转化平台，进一步集聚创新团队、整合创新要素、转化创新成果，为人才在丰台施展才华、服务发展提供广阔的舞台。

（二）打造国际化事业平台，为人才搭建开放融通的网络

习近平总书记指出，“我们的事业是向世界开放学习的事业”，要“敞开大门，招四方之才，招国际上的人才，择天下英才而用之”。围绕北京“四个中心”城市战略定位和建设国际一流和谐宜居之都的人才需求，丰台区积极搭建人才国际化交流发展的平台。

在国际化产业发展方面，丰台园以石墨烯和高端碳纤维等新材料作为切入点，在力推新材料产业化、走国际合作道路方面进行了积极探索，启动了北京市首个以石墨烯新材料为关键技术的国际合作项目，先后举办了石墨烯国际合作项目交流会、中英石墨烯高端论坛等活动，与英国国家物理实验室、比利时新鲁汶大学、中国产学研合作促进会等有影响力的机构进行战略合作，集聚了一批国内外知名石墨烯高端产学研用资源。吸引了丰泰检测院、碳世纪、东旭集团等一批石墨烯重点企业入驻，涌现出石墨烯导电墨水、石墨烯节能改进剂等一批研发应用成果，着力打造中国石墨烯国际合作示范基地和人才集聚基地。

在国际化平台建设和人才引进方面，与国际企业孵化器合作在美国挂牌建立了丰台区海外人才联络站，打造人才“离岸”交流平台。面向全球高端人才以及丰台经济社会发展急需的紧缺人才精准推介区域人才发展环境、政策与服务，吸引全球战略性新兴产业、高新技术产业、现代服务业等优质资源向丰台集聚，为丰台区搭建高精尖经济结构增加新动能。同时，与国际知名职业社交网站“领英全球”合作，发布丰台区区域环境和重点产业展示以及国际人才招揽计划，打造丰台区和丰台重点企业面向国际人才的宣传推介平台。

下一步，丰台区将结合国际人才事业发展的新动向、新特点，把“引进来”和“走出去”相结合，把“国际化”平台建设与“类海外”生态建设相结合，全面融入全球人才交流网络。建立丰台区重点产业领域国际人才

库，战略储备国际人才。积极吸引国际企业、国际组织、世界知名实验室等入区发展。支持有条件的企业在境外设立研发中心、分支机构、孵化载体，积极获得和利用境外先进技术和人才智力资源。支持有实力的研发机构、高层次人才及创新团队参与全球性重大科技领域的科技合作与创新对话。依托中关村科技园丰台园西区，推进国际人才社区建设，通过打造“类海外”的事业平台和优质环境，建设与国际标准接轨的国际人才集聚带，汇聚全球高端人才，提升对国际人才资源的吸纳力和承载力，为国际人才在丰台创业、工作、生活打造事业开放、文化融通的国际化舞台。

（三）打造“一体化”事业平台，为人才疏通流动发展的渠道

推动“一体化”发展，需要发挥首都人才智力密集优势，在京津冀协同发展的形势任务下，推进区域人才共享共促，充分释放人才动力活力，形成优势互补、智力共享、创新协同的人才一体化发展格局。

丰台区域内以航天一院、三院等为代表的60多家中央、市属科研院所聚集了十几万名科技创新人才。近年来，我们强化央地、军地合作，与中国运载火箭技术研究院签订《航天军民融合发展战略合作框架协议》，发挥航天技术优势，在创新驱动、民生工程、人才培养等方面开展全面战略合作，开启“带土移植”新模式。

在央地、军地人才一体化方面，丰台区积极搭建央属、军属人才合作的新平台，与航天一院合作建设“中国航天军民融合创新中心”，与北方车辆研究所合作建设“智能无人车＆移动服务机器人示范基地”，加快军民融合重大项目在科技园区东区、西区落地，建设高精尖创新中心，搭建高端人才合作平台。与中国科学院签订产学研合作协议，促成“智能”新技术孵育转化中心落户丰台，围绕“类脑智能技术”、“智能机器人”及“智慧物联”等技术进行成果转化。推动北车集团建设“轨道交通科技创新园”、“高端轨道交通产品研发中心”和“轨道工程机械研发中心”，为轨道交通产业人才提供孵化空间。推动新兴际华集团“两园两院一联盟一中心”应急救援科技产业项目落户丰台区。应急救援装备产业技术创新战略联盟成为

全国首家应急救援领域试点联盟，成员包括清华大学、中国人民解放军后勤工程学院、中国科学院电子学研究所在内的38家单位，集聚产业高层次人才4000余人，合作开展科研攻关，多项科研成果填补国内空白。丰台区还与中关村管委一起联合部队相关部门共同发起建设了市场化运作的“中关村军民科技协同创新孵化中心”，从事军民创新技术应用开发和转化，这也是国内首个军地联合支持建设、面向全国开展服务的军民科技协同创新平台。

在京津冀人才一体化方面，深化中关村丰台园与保定满城分园的项目合作，对接合作项目22个。组织京津冀首届专利转化项目和创新创业国际论坛加强创新技术合作。以政府主导、企业运作的方式，在天津创建“滨海－中关村瀚海117国际创新港”，为京津冀人才流动创造更多机会。

丰台区将进一步打造京津冀人才协同发展的“共同体”、央地军地人才协同创新的“主渠道”。加快建设中关村科技园区丰台园、保定满城分园等创新示范区，支持组建跨区域技术创新联盟，推动众创空间、创业孵化基地等互联互通，建立跨区域产业融合发展、人才协同创新的机制，建设区域合作人才开发培养基地。对接国家科技重大专项、重大科技基础设施、重点产业项目建设，搭建项目信息共享、科技联合攻关、产业协作共建、人才联合培养的平台，推动大院大所科技力量、人才资源释放，为人才跨地区、跨行业、跨体制流动提供便利条件。

二　用环境凝聚人才，让人才“金凤凰”择木而栖

习近平总书记强调，“环境好，则人才聚、事业兴；环境不好，则人才散、事业衰”。鱼无定止，渊深则归；鸟无定栖，林茂则赴。要为人才营造好的发展环境，增强人才对区域的认同感和归属感，让人才心无旁骛、全身心地投入创新创业、服务经济社会发展。

（一）营造和谐、优良的公共服务环境

人才资源是一种“长了脚”的特殊资源，有很强的主观能动性和流动

性，要发挥党委、政府的宏观调控作用，把具体的“抓”、有形的“管”，变成宏观的“调”、无形的“助”，营造良好的公共服务环境。

1. 加强团结引领

丰台区委、区政府坚持党管人才原则，制定了《中共丰台区委关于进一步加强党管人才工作的实施意见》，统筹各项事业发展和人才发展，引导和鼓励全区资源配置向人才发展倾斜，形成人才优先发展的战略格局。制定《丰台区区级领导联系人才制度》，区委领导带头走访优秀人才代表，召开优秀人才座谈会，做好人才的思想联系工作，听取人才对推动经济社会发展的意见建议。我们将进一步健全党委联系专家工作制度，完善领导干部直接联系服务优秀人才的长效机制。加强对人才的政治引领和政治吸纳，畅通建言献策渠道，营造“尊重劳动、尊重知识、尊重人才、尊重创造”的良好环境。

2. 加强政策支持

发挥“集中力量办大事”体制优势，以人才规划和人才政策引领公共资源布局，通过资金、项目、金融、税收、待遇以及荣誉表彰等，为人才提供政策支持。近年来，丰台区出台了《丰台区人才引进服务暂行办法》《丰台区人才发展专项资金使用管理暂行办法》《丰台区引进人才房租补贴暂行办法》《丰台区区级领导联系人才制度（试行）》，为丰台区区级人才政策的体系化建设奠定了坚实基础。下一步，我们将结合重点功能区和重点产业发展，制定出台高层次人才支持办法，进一步整合优势资源，支持人才创新创业。

3. 优化政务服务

近年来，丰台区整合政务助企服务，推进“聚才引智之家”建设，搭建政企沟通、企业互动、人才培养、专家服务、岗位信息“五个平台”。简化人才引进办事手续，优化审核流程，实行“一站式办理、一次性告知”服务模式，打造人才引进“绿色通道”。我们将进一步优化人才投资创业项目、科研成果转化等行政审批流程，提升人才服务效能。创新宣传方式和手段，对各项人才政策、重点人才工作以及在经济社会发展一线做出突出贡献的人才，大张旗鼓地开展宣传，在全社会大兴识才、爱才、敬才、用才之风。

（二）营造灵活、高效的市场配置环境

市场机制是社会资源配置最有效的手段。人才作为“活的劳动要素”，是市场的核心要素和主导资源，既要遵循人才开发的特殊规律，也要遵循市场经济的一般规律，通过市场供求、价格和竞争机制配置人才资源，让市场发挥决定性作用。

1. 发挥创新、创业服务机构辐射促进作用

丰台区顺应创新创业大潮，成立了由30余家孵化器、众创空间和相关服务机构组成的科技孵化创新联盟，制定了《丰台区关于促进众创空间、科技企业孵化器发展的支持办法》，统筹资金3000万元，用于鼓励各类创业服务载体和整合创业服务资源的公共平台建设。丰台区将进一步鼓励民间资本通过风险投资、股权投资等方式扶持人才创新创业，促进天使投资人、创业导师和创业机构发展，缓解人才创业初期融资难题。进一步培育发展低成本、便利化、全要素、开放式的众创空间，加快构建面向人才创业全过程的服务支撑体系，为人才创新创业提供更广阔的空间。

2. 发挥人才中介机构配置服务作用

着眼于培育壮大人才服务业，积极推动人力资源产业集聚。丰台区“十三五”时期人才发展规划提出，鼓励重点功能区通过功能叠加，建立人力资源服务产业园区，形成区域人力资源服务支撑体系，吸引各类人力资源服务机构入驻园区。目前人力资源产业集聚区已经开始筹建。重点引进专业化、国际化的人才机构，发挥猎头公司等市场主体在掌握高端人才分布、发展需求等方面的信息优势，通过举办海内外人才洽谈会、高端人才交流会等形式，推进区域人才涌入。

3. 发挥用人企业和行业组织主体能动作用

丰台区一直注重鼓励企业以项目为导向，全面提升企业科技创新能力和人才集聚效能。通过支持具有世界领先水平“稠油热采高温密封胶筒研发

及应用”项目在丰台企业落地，引进高端人才5名，其中包括1名院士，将在丰台区建设“国家重大装备关键密封技术协同创新中心”“国家重大专项关键密封装置产业化基地”“院士工作站暨人才培养中心”。丰台区将进一步支持企业通过人才引进、技术引进、合作研发等方式，集聚海内外高端人才及创新团队，推动企业成为选才、聚才、用才的主体。鼓励和支持龙头企业牵头组建产业技术联盟、行业协会等组织，以“产业链”带动“人才链”，推进人才资源整合和优势互补。

（三）营造宜居宜业的城市生活环境

高层次人才追求高层次的城市品质和生活环境，要把打造宜居宜业的城市生活环境作为筑渠引水、筑巢引凤的基础性工程和关键性举措，构建人才发展综合生态。

1. 推动产城融合发展

结合丰台区“产城融合示范区”建设，着眼于满足高端人才职住需求，充分发挥区域生态、空间、文化等优势，统筹区域商业、文化、娱乐、商务等配套设施布局，完善功能区内部交通网络，打造安全便捷的交通环境，提高人才工作生活品质。探索趸租、配建等方式，调配人才公寓、人才公租房等住房资源，向高端人才定向配置，破解人才住房难题。

2. 集聚教育卫生资源

加快推进重点教育工程建设，大力引进培育名师名校，扩大市级示范幼儿园、普通高中示范校数量，对高层次人才子女入园入学特事特办。加快优质医疗资源引进，着力推进天坛医院、北京口腔医院迁建工作，加速医联体合作进度，协调区域优质医院为高端人才提供健康体检、疗养保健等服务。

3. 提升城市文化品质

围绕国际化都市中心城区的定位，优化城市文化环境，将传统历史底蕴与现代文化元素融入城市建设，以文化理念引领城市发展，搭建国际化、现代化、融合化的文化展示、传播、交流平台，塑造高品质城市文化环境，提升人才对城市文化的认同度，构建区域人才的精神家园。

三　用机制激励人才，让人才“千里马”竞相奔腾

习近平总书记强调，“要着力破除体制机制障碍，向用人主体放权，为人才松绑，让人才创新创造活力充分迸发”。顺木之天，以至其性。推进人才事业发展，必须把握人才开发的环节和规律，以更加科学、更具活力的机制保障和激励人才发展。

（一）建立更加灵活的人才引进机制

创新驱动、转型发展，人才是关键，疏解非首都功能、推进供给侧结构性改革和促进发展转型升级，需要引进聚集各类人才，尤其是高端人才。三年来，丰台区共引进人才1147人，其中高层次人才201人。从学历层次看，博士42人、硕士852人，有力推动了科技、金融、商务服务等“高精尖”产业发展。举办“院士丰台行”活动，组织17位中国科学院、中国工程院院士及8位专家学者深入丰台河西地区、科技园区，围绕重点产业发展、高端人才培养等内容，进行实地考察、决策咨询，助力区域发展。下一步，将实施急需紧缺人才引进专项计划，结合功能区发展规划和产业规划目标，制定产业人才需求目录，定期发布急需紧缺人才岗位，开展海内外高端人才寻访。发挥猎头公司等市场主体在掌握高端人才分布、发展需求等方面的信息优势，通过举办海内外人才洽谈会、高端人才交流会等形式，推进区域人才涌入。建立“人才 + 团队 + 项目”模式，健全完善紧缺急需人才及团队遴选机制，增强人才引进的科学性、精准性。坚持引才与引智并举，鼓励支持企事业单位采取项目聘用、任务聘用、兼职兼薪等多种方式，引进急需紧缺高层次人才，柔性开发高端智力。整合人才引进管理服务资源，优化机构与职能设置，积极引导社会组织、市场机构参与到人才引进中来。

（二）建立更加有效的人才培养机制

丰台区加大各类创新平台建设，共有博士后工作站企业分站17个、

创新实践基地工作站8个，在站博士后（青年英才）共21名。在站博士后（青年英才）在国内外核心期刊发表论文38篇，获得发明专利32个，攻克技术难题55个，技术成果转化为经济效益达2.6亿元。全区国家级技术（研究）中心、实验室8家，北京市企业技术（研究）中心、实验室53家。下一步，将围绕丰台区经济社会发展需求，建立高新技术、金融、文化创意等领域人才梯次培养体系，加快培育能够突破关键技术、引领学科发展、带动产业转型的高层次人才队伍。与高等院校合作办学，重点培养企业高级经营管理人才和新生代企业家。构建创新型人才培养模式，鼓励社会力量参与人才孵化基地、人才培养平台建设。支持有实力的企业与高校开展校企人才联合培养、定向培养，完善产学研用相结合的协同育人模式。支持企业与职业院校、中专学校合作办学，在有条件的国有企业、学校，开展现代学徒制试点。建立健全对青年人才的普惠性支持措施，抓紧培养造就青年英才。按照突出重点、分层分类支持原则，着眼于支持高端领军人才自主选择科研项目，提升引领行业发展能力；着眼于支持中青年骨干人才牵头重大课题项目，提升带领团队能力和研发创新能力；着眼于支持一般人才开展基础项目研究，提升独立自主开展项目能力。加大人力资本投资力度，形成覆盖面广、带动能力强、衔接配套的人才培养资助体系。

（三）建立更加科学的人才评价机制

围绕区域创新驱动战略和产业发展重点，坚持定性与定量相结合，细化人才评价标准，划分人才层次，逐步建立层次清、标准高、易操作的人才分类评价制度。建立人才分类动态调整协调机制，定期修订完善人才分类目录。针对产业发展急需、社会贡献较大、现行人才目录难以界定的“偏才”“专才”，实行“一事一议”，经认定后，享受相应的人才政策。发挥政府、市场、专业组织、用人单位等多元评价主体作用，落实创新主体对创新人才的最终评价权，运用现代人才测评技术，建立科学化、社会化、市场化的人才评价体系。

（四）建立更加多元的人才投入机制

近年来，丰台区优化财政支出结构，对人才投入财政资金进行整合，集中用于经济社会发展关键领域人才的培养、引进和使用，设立人才发展专项资金用于引进人才的科研开发、创业资助和生活补助。充分发挥政府投入“四两拨千斤”的作用，建立多元化人才发展投入机制。拓宽资金投入渠道，综合运用区域、产业政策和财政、税收杠杆，鼓励企业、社会组织加大人才投入，建立健全政府积极引导、企业主动参与、社会广泛支持的多元化、多主体的人才投入机制。

“江山代有才人出。”开放的丰台欢迎人才，发展的丰台渴望人才。我们将坚定不移地实施人才强区战略，以海纳百川的胸怀广聚天下英才，大力营造更有吸引力、竞争力的发展环境，全力提升人才核心优势，最大限度地释放人才创新创造的能量，让各类人才充分感受丰台的引才之渴、留才之诚、爱才之心，努力使丰台成为人才“丰收的沃土、成功的舞台”。

B.11 城市副中心人才与产业融合研究

通州区委组织部课题组*

摘 要： 2017年新版北京城市总体规划明确提出了城市副中心的定位，要求紧紧围绕对接中心城区功能和人口疏解，发挥对疏解非首都功能的示范带动作用，促进行政功能与其他城市功能有机结合，形成配套完善的城市综合功能。这对城市副中心建设提出了全新的要求。从城市副中心的发展现状来看，人才和产业的融合发展程度不够，成为副中心发展的制约因素，因而促进副中心人才和产业融合是亟待解决的问题。本研究采用了文献研究法、数据分析法、类比分析法等，对城市副中心人才与产业融合发展进行了整体分析，重点围绕人本主义的核心发展理念，提出促进人才与产业融合发展的人才发展、资源整合、产业引导和功能配套等重点路径，对城市副中心的发展做出新的探索。

关键词： 城市副中心 产业结构 人才战略 产城融合

---

* 课题组组长：韦江，北京市通州区委常委、组织部部长，管理学硕士，高级政工师。课题组成员：陶庆华，北京华夏国际人才研究院院长，工学博士，研究员；汪维，北京市通州区委组织部副部长，中共中央党校科学社会主义专业在职研究生；李建国，北京市通州区委组织部副处级组织员、人才工作科科长，中共中央党校科学社会主义专业在职研究生；王伟奕，北京华夏国际人才研究院产业政策研究中心主任，经济学博士；姚宝珍，北京华夏国际人才研究院院长助理、人才理论及政策研究部总监，公共管理学博士；祝凡杰，北京市通州区委组织部人才工作科副主任科员，管理学硕士；张晓琪，北京市通州区委组织部人才工作科科员，工学学士。

党的十八大以来，习近平总书记两次视察北京并发表重要讲话，亲自主持中央政治局常委会会议听取北京城市总体规划编制工作汇报，对首都工作做出一系列重要指示，为新时期首都发展指明了方向。在党的十九大报告中，总书记更是强调："以疏解北京非首都功能为'牛鼻子'推动京津冀协同发展。"

市委书记蔡奇同志在学习贯彻党的十九大精神报告会上指出，以首善标准加强"四个中心"功能建设，做好"四个服务"，是首都发展的全部要义所在。2017 年 11 月 11 日，蔡奇在通州区调研座谈时强调，要按照习近平总书记对北京的重要讲话精神，进一步思考新时代城市副中心的职责和使命。一是正确理解北京非首都功能，不能忘记规划建设城市副中心的初衷，是为了承接中心城区非首都功能。二是把握京津冀协同发展的关系，在协同发展中，城市副中心与雄安新区共同形成北京新的"两翼"，这是大棋局。要切实把城市副中心作为京津冀协同发展的前沿阵地和桥头堡来规划建设。三是吃透并落实北京城市总规划，城市副中心是新的城市空间布局非常重要的节点，对形成城市发展新骨架、促进首都可持续发展具有重大意义。

千秋基业，人才为先。人才是经济社会发展的战略性资源，人才发展在北京城市副中心建设中具有根本性、全局性、战略性作用。在构建城市副中心产业格局的过程中，人才的发展将起到至关重要的作用。这就要求，城市副中心在今后的建设过程中不仅要构建起与发展目标相适应、相匹配的产业体系，同时更要在人才发展方面，下好"先手棋"，构建起能够强力支撑产业体系的人才发展体系。

一　城市副中心人才与产业融合发展的背景分析

（一）研究的总体背景和重要意义

2016 年 5 月 27 日，中央政治局召开会议明确提出，北京城市副中心要打造蓝绿交织、清新明亮、水城共融、多组团集约紧凑发展的生态城市布局，着力打造国际一流和谐宜居之都示范区、新型城镇化示范区、京津冀区域协同发展示范区。这是党中央对北京城市副中心建设提出的总目标。

2017年新版《北京城市总体规划（2016年~2035年）》提出：紧紧围绕对接中心城区功能和人口疏解，发挥对疏解非首都功能的示范带动作用，促进行政功能与其他城市功能有机结合，以行政办公、商务服务、文化旅游为主导功能，形成配套完善的城市综合功能。①

随着经济全球化不断加快，新知识、新技术不断涌现，推动产业变革从传统走向现代，从劳动密集型走向资本密集型，再从资本密集型走向人才密集型，人才成为产业竞争的核心要素。当前，我们正处于第三次科技革命的快速发展潮流之中，而第三次科技革命的显著特征就是以人才为核心的新科技、新技术的应用，以人工智能等为代表的产业变革无不需要强大的人才做支撑。培育与区域产业形态相匹配，打造能够引领、带动区域产业发展创新的梯次人才队伍，是当前及未来较长一段时间区域发展面临的重大课题。

通州区建设北京市城市副中心，首要任务是承接中心城区非首都功能疏解，全面贯彻落实“四个中心”的城市功能定位，不仅要承接北京市中心城区功能疏解，还要疏解自身非首都功能。习近平总书记在考察北京城市副中心建设时明确指出，建设北京城市副中心，要有21世纪的眼光。规划、建设、管理都要坚持高起点、高标准、高水平，落实世界眼光、国际标准、中国特色、高点定位的要求。总书记的要求为城市副中心的建设提供了理念指导和行动指南，城市副中心的建设不仅要落实好中央和北京市的要求，也是通州区全面推动区域转型发展、探索全新发展道路的实践，同时也为全国其他特大城市的发展提供副中心建设的探索经验，推动区域城市综合功能建设，丰富城市配套功能是发展的必然选择。这要求通州区创造出比中心城区更加优越的就业环境和生活环境，形成对中心城区的反磁力，在建设国际一流和谐宜居之都中发挥示范引领作用。因而，城市副中心在创新发展模式，

① 资料来源：《北京市城市总体规划（2016年~2035年）》。

引领区域发展等方面负有重大使命，在如何更有效地配置要素资源，特别是人才与产业资源方面具有重大探索职责。

（二）融合发展的必要性和迫切性

1. 融合发展的必要性

第一，落实城市副中心的战略部署，副中心的城市功能将得到全面升级，人才与产业的规模和层级都将大大提升。第二，随着副中心城市功能的确定，其发展的动力和模式正在转变：从主要依靠土地、资金等要素驱动逐渐过渡到依靠人才、技术创新驱动；从追求规模速度的粗放型发展逐渐过渡到注重质量效率的集约型发展。在这种背景下，推动人才与产业融合，是副中心未来发展的内在要求和必然趋势。

2. 融合发展的迫切性

一是人才与产业融合的程度关系着产业发展的推进步伐。当前通州区在产业布局、产业规模、产业集聚等方面还存在短板，虽然城市副中心的规划对产业定位指明了方向，但对城市副中心的产业布局还缺乏详细规划，在相关领域还没有集聚优势龙头企业，更没有形成一定的规模，制约了城市副中心整体发展的提升空间。二是人才与产业融合的程度影响着人才集聚的流动趋向。相比北京中心城区，通州的人才与产业融合度不高，相关产业对人才的吸附力弱，还没有产生“吸聚效应”。通州要建设城市副中心，就必须在人才与产业方面“两手抓”“两手都要硬”。

（三）融合发展面临的形势与挑战

本研究报告以通州区近五年来的相关统计资料及数据为依据，认真分析当前通州经济、产业、人才、科技创新等结构布局和增长速度，分析当前及未来一段时期城市副中心在人才与产业融合发展过程中所面临的形势和挑战。

1. 经济发展整体水平相对滞后

综观北京市中心城六区和发展新区经济发展，据 2015 年相关统计数据[①]，通州区地区生产总值（GDP）为91.68亿美元，占全市经济总量（3346.53亿美元）的2.7%，与朝阳区（714.58亿美元）、海淀区（710.46亿美元）等人才大区相比相去甚远。再观人均GDP的数据，通州区2015年为0.67万美元/人，略高于同为城市发展新区的昌平区（0.52万美元/人），与朝阳区（1.81万美元/人）、海淀区（1.92万美元/人）也有较大差距（详见表1）。由此可见，无论是经济总量还是人均GDP水平，目前通州区均处于一个相对滞后的位置。而经济发展水平直接影响了产业和人才在通州的集聚。

表1　2015年北京地区部分城区经济发展情况

城区	GDP（亿美元）	GDP增长率（%）	常住人口（万人）	人均GDP（万美元/人）	城市功能
东城区	286.10	7.20	90.5	3.16	中心城六区
西城区	503.63	7.14	129.8	3.88	
朝阳区	714.58	6.98	395.5	1.81	
丰台区	180.16	7.17	232.4	0.78	
石景山区	66.24	7.30	65.2	1.02	
海淀区	710.46	7.54	369.4	1.92	
房山区	85.42	6.82	104.6	0.82	城市发展新区
通州区	91.68	8.46	137.8	0.67	
顺义区	221.90	7.55	102.1	2.18	
昌平区	101.22	7.55	196.3	0.52	
大兴区	245.10	8.10	156.2	1.57	

与此同时，通州的经济发展呈现高速增长态势，对人才的渴求前所未有。2015年通州区经济增长率达到了8.46%，位列全市第一，比全市平均水平高出1.56个百分点[②]（详见图1）。高速的经济发展水平必然带来人才持续旺盛的需求。城市副中心所承担的职能不仅在于疏解中心城区的行政、经济、文化等核心职能，还必须在京津冀协同发展中起到良好的示范作用，

① 资料来源：《北京地区人才资源统计报告（2015）》。

② 资料来源：《北京地区人才资源统计报告（2015）》。

强化城市副中心对周边地区的辐射带动作用。这需要副中心建设与之适配的、具有一定规模和符合发展结构的人才队伍。

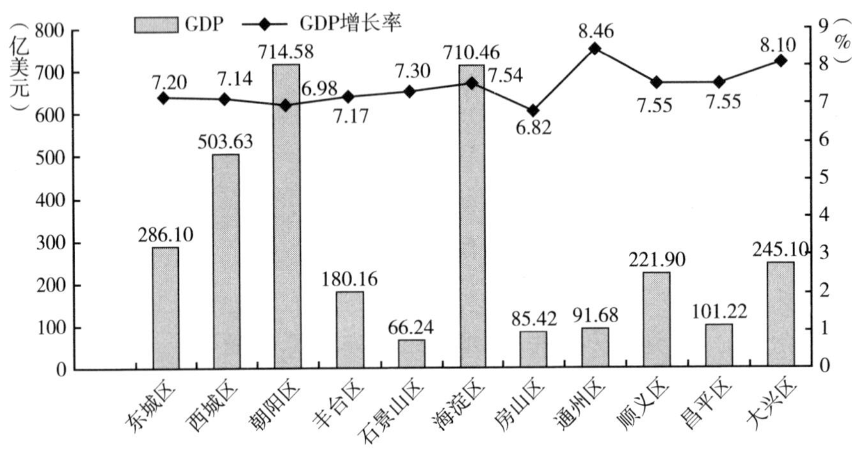

图1　2015年北京地区部分城区经济总量比较

2. 产业对人才的竞争力和吸附力不强

当前，通州区的产业竞争力不强。相关统计数据表明，2016年北京市中心城六区吸纳了586.12万人就业，而包括通州在内的其他10个市管辖区，仅吸纳163.3万人就业，中心城六区的就业人群占到总就业人口的78.15%。[①] 再以通州区北部近邻顺义区为例，同为城市发展新区，2015年顺义区GDP为221.90亿美元（约合1440.9亿元人民币），是同期通州区GDP的2.4倍。而反观同期通州区的常住人口为137.8万，比顺义区（102.1万）多了35%。分析顺义区的产业结构可以发现，临空经济、高端农业、汽车制造等聚集了很多龙头企业，包括空港股份、顺鑫农业、燕京啤酒厂、现代二厂等一批上市企业，吸引了一大批高端人才在此集聚。这也从侧面反映出通州区产业缺乏竞争优势，很多人在通州居住，却未在当地创造

① 《通州：谁的城市副中心?》，和讯网，http：//house.hexun.com/2016-06-21/184499009.html。

产值，通州的产业对人才的吸附力不强。

3. 人才总量和人才整体素质亟待提高

从人才资源总量来看，根据《北京地区人才资源统计报告（2015）》的数据，2015 年北京地区人才资源总量为 650.64 万人，其中通州区 16.93 万人，仅占全市总量的 2.6%，远远低于朝阳区（128.09 万人）、海淀区（167.15 万人）等人才强区的水平[①]（详见图 2）。

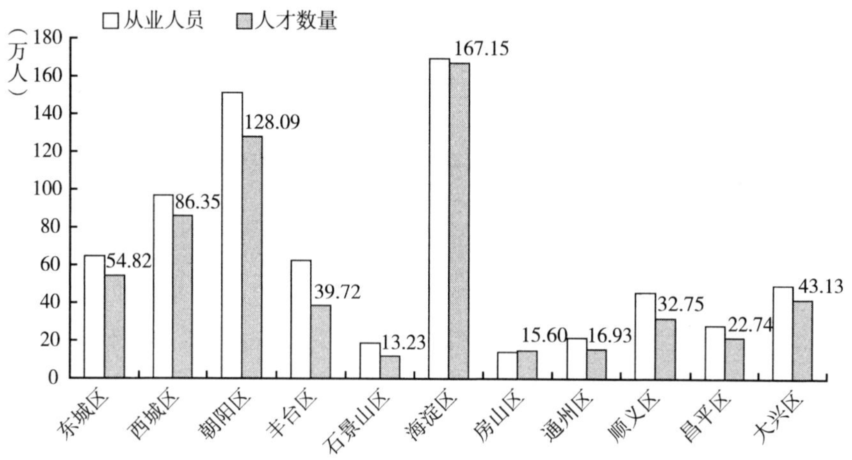

图 2　2015 年北京地区部分城区人才资源总量比较

再从人才资源增速来看，2015 年通州区人才资源的增长率为 5.24%。相比之下，通州区人才资源增速较慢（详见图 3）。

同时，从人才层次上看，全市共有国家“千人计划”入选者 1658 人，北京市“海聚工程”入选者 916 人，而通州地区目前所拥有的国家“千人计划”、北京市“海聚工程”专家共 8 人，这和城市副中心的功能定位和发展需求是极不匹配的。当然这也为未来通州人才队伍的壮大提供了极大的发展潜力。

① 资料来源：《北京地区人才资源统计报告（2015）》。

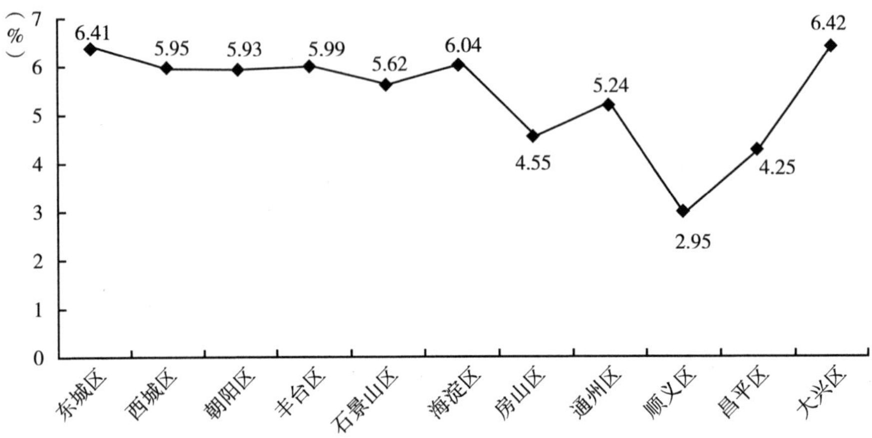

图 3　2015 年北京地区部分城区人才资源变化情况

4. 企业研发和科技创新能力有待提升

从考察企业研发情况分析，2015 年通州区规模以上工业企业 R&D（科学研究与试验发展，简称“研发”）经费内部支出为 95226.5 万元，企业研发强度仅为 1.6%。不仅自主研发规模小，而且仍然以外购技术为主。2015 年通州区技术转让成交合同 170 项，合同金额 71.8 亿元，全年申请专利量为 3900 件。而全市 2015 年合同数为 72272 项，技术合同成交额为 3452.6 亿元，通州仅占北京市的 2%。由此可见，通州区在科技创新方面还有很大的提升空间①。

二　城市副中心人才与产业融合发展匹配度分析

（一）产业结构状况分析

相关数据显示，2016 年通州区实现地区生产总值 650.3 亿元，比上年增长 8.7%。其中第一产业增加值 16.5 亿元，同比下降 14.1%；第二产业增加

① 资料来源：《北京市通州区统计年鉴（2016）》和《北京统计年鉴（2016）》。

值297.1亿元，同比增长8.7%；第三产业增加值336.7亿元，同比增长13%，其增势较快。一、二、三产业结构比例由2015年的3.2∶46.7∶50.1变化为2016年的2.5∶45.7∶51.8[①]，产业结构调整初见成效，并朝着优化升级的方向发展（详见图4）。

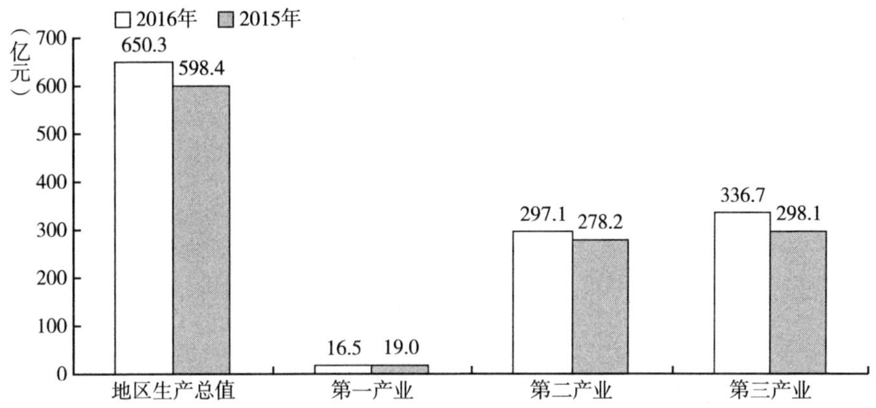

图4　2015～2016年通州区地区生产总值对比

近年来，通州新城的建设带动了房地产快速增长，这也使得通州区的产业发展过度依赖房地产业及建筑业，其他产业发展则显得不平衡，主导产业和支柱产业不突出，产业的集中度不强、关联度不高，特别是缺乏竞争力较强的优势产业和龙头企业，产业结构布局不尽合理。

相关统计数据显示，2015年通州区全年限额以上第三产业利润总额为90.0亿元，同比增长103.0%；其中，房地产业实现利润46.2亿元，占比51.3%，同比增长282.9%，而科学研究和技术服务业、金融业、租赁和商务服务业分别实现利润1.4、13.6、1.0亿元，占比分别为1.6%、15.1%、1.1%，同比增长为50.7%、-9516.0%、-29.6%[②]（详见图5）。由此可以看出，通州区当前的产业结构与新版《北京城市总体规划（2016年～2035年）》提出的城市副中心功能定位还有较大差距，特别是高端商务、文

① 资料来源：《通州区2016年国民经济和社会发展统计公报》。

② 资料来源：《北京市通州区统计年鉴（2016）》。

化旅游等功能的发展基础还比较薄弱，生产性服务业、科技服务业、商贸服务业、文化旅游业、文化创意产业发展相对落后于副中心的发展需要。

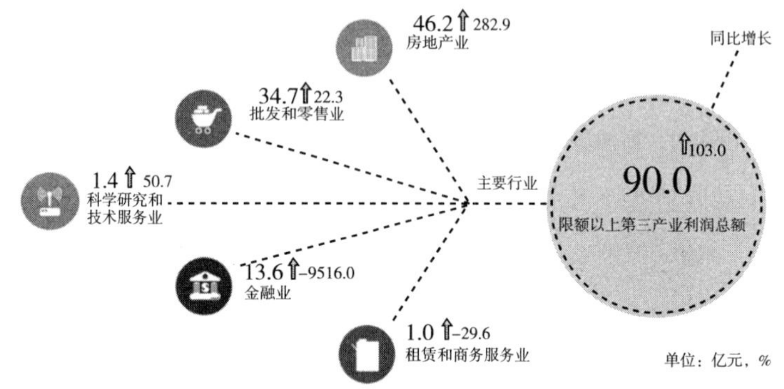

图5　2015年通州区限额以上第三产业利润对比

（二）人才资源结构分析

通州当前产业结构的不平衡发展，导致通州人才与就业的发展同样不均衡。通州区就业目前主要集中在制造业、建筑业、批发和零售业三个行业，分别占总就业总数的35.2%、13.5%、10.8%，三个行业占比总和达到59.5%。而像信息传输、计算机服务和软件业（0.5%），金融业（0.2%），租赁和商务服务业（2.7%），科学研究和技术服务业（2.6%），文化、体育、娱乐业（0.5%）等都相对较低（详见表2）。这些数据表明，通州区就业人口主要吸附在传统产业上，而知识密集型的生产性服务业就业供给明显不足，高端生活性服务业的就业供给也十分有限。

表2　2015年通州人才就业结构

行业	产业人数(人)	就业比重(%)
第二产业	110520	49.2
采矿业	0	0.0
制造业	79101	35.2
电力、燃气及水的生产和供应业	1195	0.5
建筑业	30224	13.5

续表

行业	产业人数(人)	就业比重(%)
第三产业	114142	50.8
交通运输、仓储和邮政业	9302	4.1
信息传输、计算机服务和软件业	1065	0.5
金融业	496	0.2
租赁和商务服务业	6007	2.7
科学研究和技术服务业	5870	2.6
批发和零售业	24161	10.8
住宿和餐饮业	2799	1.2
房地产业	11583	5.2
居民服务、修理和其他服务业	2517	1.1
文化、体育、娱乐业	1139	0.5
水利、环境和公共设施管理业	3338	1.5
教育	16025	7.1
卫生和社会工作	9752	4.3
公共管理、社会保障和社会组织	20088	8.9
总 体	224662	100

（三）人才与产业的匹配度概算

人才与产业匹配度反映人才与产业结构之间的相容和适合的程度，它们双向适应和协调，存在着相互影响、相互制约的互动关系。[①]

1. 人才与产业结构偏离度测算

人才与产业结构匹配，一方面表现在产业结构调整拉动人才结构调整；另一方面人才结构调整将推动和促进产业结构优化。人才与产业结构互动就是根据产业结构的现状与发展趋势，通过各种政策、机制、模式与技术，使人才行业的年龄结构、学历结构、知识结构、地域结构、职业结构、职称结构趋于合理，适应产业结构调整的需要。

① 王萍：《武汉市产业结构和人才结构匹配度研究》，《中国地质大学学报》（社会科学版）2016 年 S1 期。

资料：人才产业结构偏离度测算公式

根据“赛尔奎因－钱纳里结构变动模式”的基本思想，引入人才产业结构偏离度分析指标。不同的经济发展水平下的国家或地区，其人才与产业结构应保持合理的比例，超出这一比例的程度称为人才产业结构偏离度。

本研究借鉴王萍、杨益民等人的观点，认为人才产业结构偏离度的计算应遵循如下计算公式：

人才产业结构偏离度＝（产业产值构成比/产业专业人才构成比）－1

根据以上公式，如果偏离度为0，说明人才与产业结构完全匹配；偏离度若为正值，则说明产业产值构成比大于产业人才构成比，即该产业人才是欠缺的；偏离度若为负值，则说明产业人才过剩，存在人才冗余现象。

偏离度的绝对值越小，说明人才与产业匹配度越高；偏离度的绝对值越大，则说明人才与产业的匹配度越低。从长期动态变化来看，如果偏离度的绝对值逐渐趋向于0，说明指标间的匹配性得到改善，是相互促进的；如果偏离度的绝对值趋向于变大，说明指标间的匹配性越来越差，相互制约。

人才结构的总偏离度可以用三次产业人才结构偏离度的绝对值加总，计算公式为：

产业人才结构总偏离度＝｜第一产业偏离度｜＋｜第二产业偏离度｜＋｜第三产业偏离度｜

根据如上公式，采用通州区2008～2015年三次产业的产值数据及专业技术人才总量的数据，可相应计算出三次产业的偏离度数据（详见表3）。

表3　通州区三大产业人才结构偏离度（2008～2015年）

年份	总偏离度	各产业偏离度			各产业对偏离度的贡献		
		第一产业	第二产业	第三产业	第一产业	第二产业	第三产业
2008	7.0088	6.9029	－0.0223	－0.0836	0.9849	0.0032	0.0005
2009	5.8163	5.5653	－0.1659	0.0851	0.9569	0.0285	0.0049
2010	6.3725	6.2728	－0.0836	0.0161	0.9844	0.0131	0.0021
2011	7.5177	7.4423	－0.0714	0.0040	0.9900	0.0095	0.0013

续表

年份	总偏离度	各产业偏离度			各产业对偏离度的贡献		
		第一产业	第二产业	第三产业	第一产业	第二产业	第三产业
2012	8.5585	8.4784	-0.0762	0.0039	0.9906	0.0089	0.0010
2013	6.1452	6.0706	-0.0707	0.0039	0.9879	0.0115	0.0019
2014	4.5306	4.4056	-0.0883	0.0367	0.9724	0.0195	0.0043
2015	4.6031	4.4144	0.0804	-0.1083	0.9590	0.0175	0.0038

结果显示，通州区人才与产业间的匹配度不佳，总偏离度在4.53至8.56之间，且人才供给与需求之间出现失衡现象，人才配置还需进一步优化。参考上海市的数据，1999~2007年上海市产业人才结构的总偏离度在2.40至3.40之间①，相比而言，通州区产业人才的总偏离度较高。

再者，从三次产业各自的偏离度来看，出现了一定程度的动态差异性。第二产业和第三产业的人才偏离度接近于零，匹配程度较高，但是第二产业大多是负值，第三产业大多是正值，说明第二产业专业人才供过于求，而第三产业所需人才供不应求。第一产业的偏离度最高且呈正值，说明产业过剩，较为低端的产业也难以吸引人才的流入。

2. 人才与产业需求度测算

依据纽约、伦敦、东京等世界城市建设实践与经验，第三产业比重通常稳定在80%左右。2016年，北京市第三产业比重已经达到80%。通州区建设城市副中心，其第三产业的比重未来也应达到80%的平均水平，其第二产业占比应下降到20%。城市副中心各行业人才的需求测算将以此作为主要参照系，采用对标案例法进行测算，以通州区2015年的数据为基础进行分析和预测。

2015年，通州区二产三产行业从业人数为22.46万人（产业人数为非私营单位年末从业人数）。以此为基数，依据《北京城市总体规划（2016年~2035年）》提出的“到2020年北京城市副中心常住人口规模调控目标

① 高子平：《人才结构与产业结构协调性研究——以上海市信息产业为例》，《中国行政管理》2010年第7期。

为100万人左右；到2035年常住人口规模调控目标为130万人以内，就业人口规模调控目标为60万~80万人”的要求，先估算出各产业就业人口比重，再估算出2020年、2035年两个时期相关产业比重和就业人数，按照公式（1），进而测算出副中心未来的人才需求规模（详见表4）。

$$M_i = P * F_i \tag{1}$$

其中，M_i为通州i行业需求总规模，P为通州常住人口，F_i为规划期末预测的通州i行业就业比重。

然后，再参考各行业需求表，按照公式（2），进而测算出副中心未来的人才需求规模，估算出城市副中心2020年、2035年两个行业总就业需求人数，以及各层次、类型的人才需求等（详见表5）。

$$M_{j0} = k(M_{ij} - M_{i0}) \tag{2}$$

其中，M_{j0}为通州i行业需求总规模，k为高端人才就业人口比重（2010年北京大专以上学历人口比重为33%，估算2035年达到50%），M_{ij}为规划期通州i行业就业规模，M_{i0}为通州目前i行业就业规模。

表4　通州区各行业人才需求

行业	2015年		2020年(近期)		2035年(远期)	
	产业人数（人）	就业比重（%）	产业人数（人）	就业比重（%）	产业人数（人）	就业比重（%）
第二产业	110520	49.2	57062	35	42389	20
采矿业	0	0.0	0	0	0	0
制造业	79101	35.2	39944	24.5	31792	15
电力、燃气、水等	1195	0.5	815	0.5	1060	0.5
建筑业	30224	13.5	16304	10	9538	4.5
第三产业	114142	50.8	105973	65	169556	80
交通运输、仓储和邮政业	9302	4.1	6521	4	10597	5
信息传输、计算机服务和软件业	1065	0.5	8152	5	14836	7
金融业	496	0.2	3261	2	10597	5
租赁和商务服务业	6007	2.7	13043	8	27553	13
科学研究、技术服务和地质勘查业	5870	2.6	8152	5	16956	8
批发和零售业	24161	10.8	16304	10	10597	5
住宿和餐饮业	2799	1.2	3261	2	6358	3

续表

行业	2015 年		2020 年(近期)		2035 年(远期)	
	产业人数(人)	就业比重(%)	产业人数(人)	就业比重(%)	产业人数(人)	就业比重(%)
房地产业	11583	5.2	8152	5	6358	3
居民服务、修理和其他服务业	2517	1.1	3261	2	6358	3
文化、体育、娱乐业	1139	0.5	9782	6	21195	10
水利、环境和公共设施管理业	3338	1.5	3261	2	6358	3
教育	16025	7.1	8152	5	10597	5
卫生、社会保障和社会福利业	9752	4.3	4891	3	6358	3
公共管理和社会组织	20088	8.9	9782	6	14836	7
总体	224662	100	163035	100	211945	100

资料来源：《北京统计年鉴（2016）》《北京市通州区统计年鉴（2016）》。

表 5　通州区各类型人才需求估算

类　型	近期目标(2017～2020 年)	远期目标(2020～2030 年)
党政人才	需求总量约 5000 人,大学本科及以上学历占 95% 专业化水平明显提高,结构更加合理,总量从严控制	需求总量约 1.3 万人,大学本科及以上学历占 98% 专业化水平明显提高,结构更加合理,总量从严控制
企业经营管理人才	总量达到 1.5 万人,大学本科及以上学历占 80% 区属重点企业拥有一批高素质的国际化人才 国有企业领导人员市场化方式选聘的比例达到 50%	总量达到 3 万人,大学本科及以上学历占 90% 区属重点企业拥有一批高素质的国际化人才 国有企业领导人员市场化方式选聘的比例达到 60%
科技研发人才	需求总量达到 0.8 万人 高、中、初级专业技术人才比例为 2:4:4	需求总量达到 2.4 万人 高、中、初级专业技术人才比例为 2:5:3
专业技术人才	总量达到 15 万人 高技能人才达到 5 万人	总量达到 25 万人, 高技能人才达到 10 万人

资料来源：《北京统计年鉴（2016）》《北京市通州区统计年鉴（2016）》。

3. 人才与产业结构状况分析

通州区“十三五”规划明确提出，要构建高精尖经济结构，构建文化产业鼎式格局，促进商务产业集群共生，做大国际一流的健康服务业以及大力发展科技农业；《通州区“十三五”时期重大项目分解表》中产业发展项目也重点列举了文旅产业、商务产业和科技农业等项目。因此，确定以专业技术人才数量为核心指标分析通州区的人才产业构成状况（详见表6）。

表6 通州区各类产业专业技术人才结构估算

产业	产业细分	2009年专业技术人才(人)	2015年专业技术人才(人)	人才需求增长率(%)
文旅产业	文化艺术	77		
	广告会展	317	818	158.04%
	新闻出版	6508	5032	-22.68%
	软件、网络及计算机服务	119	803	574.79%
	旅游、休闲娱乐	1112	985	-11.42%
	其他辅助服务	9198	5174	-43.75%
商务服务业	总计	6067(含租赁)	5597	-7.75%
	企业管理服务			
	咨询与调查		451	
	广告业		566	
	市场管理		785	
	会议及展览服务		299	
健康服务产业	居民服务业			
	休闲健身活动		640	
	研究和试验发展		687	
科技农业	农副产品加工业(RD)	59	58	-1.69%

由上表可以看出，城市副中心在软件、网络及计算机服务以及广告会展方面的人才需求增长率最大，其他产业的人才需求增长率呈现负值，需要有进一步应对和激励的措施等。

三　城市副中心人才与产业融合发展的战略布局

（一）基本原则

一是坚持以产引才。通过转型升级和柔性引才的方法，用产业链布局人才链，将人才吸引到产业中来。

二是坚持以才促产。要坚持“人才优先发展”的理念，通过人才的集聚，促进相关产业领域的蓬勃发展。用“人才高地”促进“产业硅谷”的形成。

三是坚持产才融合。要坚持“人才”与“产业”两手抓，两手都要硬。大力构建以企业为主体、市场为导向、产学研相结合的技术创新体系，不断提升城市副中心自主创新能力，瞄准重点领域，加快体制机制创新、发展模式创新等，努力实现发展新突破。

（二）总体思路

1. 坚持“以人为本”的发展理念

人才与产业融合的核心是：以城市为基础，承载产业空间和发展产业经济；以产业为保障，不断驱动城市和文化更新，完善城市服务配套，为人才提供宜居宜业环境；以人才为根本，通过人才数量和质量的提升，促进城市高效运转和产业集聚，最终实现人才、产业、城市之间的有机融合发展。

2. 推动人才与产业的“空间集聚”

产业集聚作为促进区域经济发展的重要方式，在经济发展中的作用越来越重要。研究表明，产业集聚的形成过程中必然伴随着人才的集聚，同时产业集聚的形成与发展也离不开人才的集聚。未来城市副中心将重点推动文旅、商务、办公等产业与人才在空间上的集聚，并释放巨大的集聚效应。

3. 打造宜居宜业的城市发展环境

人才与产业融合发展，需要强大的城市配套功能做支撑，要为人才发展提供相匹配的环境，包括工作环境、居住环境、城市功能等。要重视人才的发展需求，不仅在个人发展上有相应的支持政策，还要根据发展实际，重点推动产业结构配置的生态化，配套发展生活性服务业，不断提升城市品质，塑造城市特色风貌和展示文化内涵。

4. 搭建人才与产业的“融合平台”

建立有针对性的人才输送体系，根据产业的发展、用人单位的需求，提供定向、委培、合作、引进等多种形式的人才输送机制；搭建各类人才发展平台载体，建立副中心人才资源交流平台，努力搭建事业平台、竞争平台、服务平台、激励平台，激发各类人才创业、创新、创效的活力。

（三）发展目标

1. 近中期：加速完善城市综合服务功能

围绕城市副中心的主导产业和重点领域，通过政策、制度、环境等的持续创新，形成副中心在人才引进、培养以及集聚方面的新优势，重点集聚一批海内外一流的高层次创新人才、领军型高层次创业人才、具有国际化水准的高级管理人才及技艺精湛的高技能人才等。

2. 中长期：产、城、人发展的良性循环

人才与产业融合发展进入良性发展轨道，产、城、人之间相互促进，人才与产业同步发展、良性循环，人才数量和质量不断提升，城市呈现优良的宜居宜业的人文环境。

（四）重点路径

根据人才与产业融合的原则与思路，建议重点从建设“人才强区”、打造“产业硅谷”、加强资源整合、完善功能配套等几个方面推进人才与产业的融合发展。其中“人才强区”战略是推动人才与产业融合的基础前提，“产业硅谷”战略是人才与产业融合的根本动力，资源整合是人才与产业融合的有效“黏结剂”，功能完善是人才与产业融合的重要路径和吸引力所在。

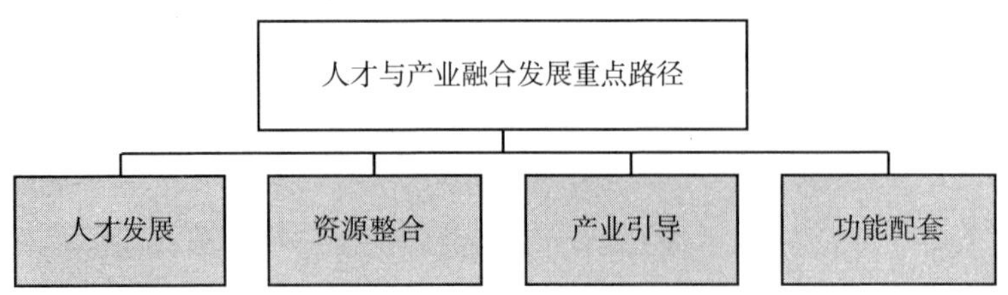

图6　人才与产业融合发展重点路径

四　融合发展的人才根基

（一）精心规划统筹，推进人才与产业的协同发展

1. 科学制定人才总体发展规划

科学合理制定人才发展的中长期发展规划。在制定城市规划与产业规划的同时，同步完善修订人才发展规划，将产业布局、产业结构、产业需求与人才布局、人才结构、人才需求统筹考虑，加强产业政策与人才政策的内在协调性。产业规划与人才规划要同步实施、同步评估。在科学预测一定时期产业发展对人才需求的基础上，合理确定人才的总体规模和结构，统筹人才队伍建设等。

2. 强化人才与人力资源规划结合

着眼于城市副中心的发展定位，保障人才与基础人力资源的合理配比，加强人力资源的区间配置。一是与京津冀地区建立人力资源合作开发机制，构建互通、互认、互联的人事和劳动政策体系，促进统一人力资源市场的形成。二是大力发展人力资源服务行业，建设人力资源服务产业园，打造人力资源产业中心，推动区域性的人力资源市场的形成。

3. 不断完善人才政策体系集成

不断优化政策体系，整合科技创新、创新创业、人才引进等有关政策，建立完整、简约、管用的 1 + N 人才政策体系，梳理绘制一张简明扼要而又内容翔实的“人才政策导图”。通过导图中的关键词，让人才和用人单位快速查找到所需要的人才政策，辅以《通州区人才政策文件汇编》，详细了解相关人才政策。建立人才政策预评估和后评估机制，实现人才政策的动态优化调整，推动人才服务工作法治化进程等。突出“高精尖缺”的导向，制定针对性强的政策，加快在教育、医疗、文化、生态治理、科技、商务、城市管理等领域推出优惠措施，加大这些方面对高端人才的吸引力度等。

（二）加快人才集聚，打造以才兴业的发展新动力

1. 丰富产学研组织，增强人才与企业合作的紧密度

一是做多做实产学研平台，继续加大中关村科技园区通州园、科研基地、各类工程技术中心、开放式实验室、研究孵化平台、企业创新中心等产学研平台建设。

二是加快产学研公共平台建设，鼓励龙头企业领办行业协会，以协会为纽带，推动行业内部的产学研平台建设；鼓励高校、科研机构、企业联建或独建更加灵活、高效的产学研组织，重点加强与中国人民大学（通州校区）、北京物资学院、北京工业大学（通州分校）等高校的合作，优化教育学科、专业、类型、层次结构等。

三是推动有条件的产学研平台法人化、实体化、市场化运行，提升产学研平台自我发展能力。

2. 打破体制壁垒，促进高端人才向副中心集聚

一是建立体制内外人才合理流动机制，集成运用国家政策，落实高校、科研院所事业单位人员离岗创业政策；二是探索建立优秀党政人才停薪留职或挂职到非公企业，支持企业发展的政策；三是改革职称评审制度，优化评价标准，推动职称评审权向企业逐步下放，支持规模较大、管理规范、人才密集的企业不受名额限制独立评审职称，高级职称需报有关部门备案。

（三）深化人才改革，激发人才干事创业的蓬勃热情

1. 加快引进培育，激发人才建设副中心的热情

围绕城市副中心的发展战略，研究制定并定期调整引进海外人才的指导目录，重点引进具有重大原始创新能力的优秀科学家、具有推动重大技术革新能力的科技领军人才、具有世界眼光和战略开拓能力的企业家以及首都经济社会发展急需的其他各类紧缺人才。依托“灯塔计划”，在产业园区、重大项目、重点企业、重点实验室等领域，引进并有重点地支持海外高层次人才及其团队创新创业；依托“运河计划”，有重点地遴选、支持有重大发明

创造、取得重要研究成果、为经济社会发展做出卓越贡献，在同行业中具有较大影响力，具有成长为世界级科学家、企业家和文化名家潜力的顶尖人才和行业领军人才创新创业，支持具有较高科技研发能力、产业转化能力、人才承载能力的高层次人才创新创业平台发展①。

2. 优化体制机制，鼓励人才为副中心发展贡献才智

一是优化分配机制，每年举行人才与产业发展大会，突出奖励做出重大贡献的各类人才；完善知识产权认定、保护、转让的系列法规，鼓励人才以知识产权投资、融资；选择部分有条件的企业，推行对人才的股权激励；细化、完善人才项目资金管理办法，以贡献为导向，向人才个体倾斜，放大分配激励效应。

二是优化服务机制，深化高层次人才绿色通道服务机制，对高层次人才发放“人才绿卡”，凭卡享受优惠便捷的生活服务、优先办理绿色通道业务，优先办理创业创新业务；高标准建设人才公寓，以现代化、国际化的视野做好功能配套；为高层次人才建立健康档案，享受免费体检，对于不同类别的高层次人才给予相应的保健待遇；结合副中心建设智慧城市需要，依托大数据、云计算建设“人才云”，提升人才服务能力，实现高层次人才的精准服务等活动，畅通人才与企业交流渠道。

五　融合发展的资源整合

加快推动政府资源、社会资源、高校资源以及土地资源的梳理和整合，推动人才与产业发展之间的良好对接和融合。

（一）加快政府资源整合

着力提高城市副中心的空间利用水平，促进存量土地资源的高效利

① 《“通州区海外高层次人才引进计划”和“通州区高层次人才发展支持计划”实施细则》（京通办发〔2017〕2号）。

用，加速腾笼换鸟进程，优化餐饮娱乐配套比重，促进优势资源向副中心集聚。

适应产业集群式进入趋势，聚焦优先补缺，进行联合招商构建统一的招商平台，促进共结项目和相互介绍招商资源，形成共赢发展的格局。针对副中心产业发展的主导方向，以数据信息的互联互通为突破口，构建面向多功能、全覆盖的城市副中心信息数据平台、数据库等，在楼宇载体、科研设施、项目招商、政策扶持等方面实现信息的有效贯通，实现副中心的信息及时共享，促进资源的互联互通，提高副中心产业协作配套能力，增强副中心产业根植性（见表7）。

表7　政府资源整合的重点内容

资源类别	资源的内涵概述
载体空间资源	文化创意园、工业园闲置空间、其他功能占用空间、零散空间
招商渠道资源	招商队伍建设、引资途径与方式、招商经验与能力
服务体系资源	“特色化、品牌化”服务模式、科技成果转化和推广服务网络、投融资服务、公共研发平台
综合信息资源	载体、科研、招商、政策等信息设施和数据库系统
管理政策资源	土地征用、基础设施建设、招商引资、公共事务管理等方面的管理职能
产业经营资源	支撑主导产业发展的企业集聚、创新支撑和人才汇聚等，以及各部门对研发创新、企业孵化、成果转化等扶持性政策

（二）加强社会资源整合

一是鼓励民间力量积极参与副中心功能平台的建设，对副中心内的重大功能平台进行精心细分和加强外部化程度建设，对某些准公共物品性的功能平台设施和机构，可交给私营企业来经营或参与经营，充分鼓励龙头或品牌民间力量参与重大功能平台的建设。

二是改善副中心各类功能平台的管理机制，针对不同平台主体设立不同的经营体制，将政府所属的研发主体改制为行政法人单位或企业法人单位，增加其灵活性，推动功能型平台逐步向企业化管理过渡，提升企业利用功能平台资源开展活动的活跃程度等。

三是积极鼓励区域内重大功能平台、重大实验室进行对接，打造研发产品、新兴技术的示范应用基地，政府通过制定价格、补贴等引导政策，加大对示范应用工程的支持力度等。

（三）加强与高校资源对接

以建设城市副中心为契机和载体，积极推动各类智力机构与副中心联动，充分集聚各方力量，加快形成产学研共同推进科研成果转化、孵化、产业化的体制机制，培育发展科技中介服务业，积极引导和支撑副中心与大学、科研机构开展多种形式的合作等。

六　融合发展的产业引导

（一）高水平规划产业发展布局

城市副中心的蓝图已经描绘，通州正处于城市功能转型的关键时期。从国内外的城市功能转型的实践来看，产业结构升级带动城市功能转型是普遍规律。目前通州迎来了产业发展的最好机遇和最好时期。在产业发展方面，要以构建与副中心功能定位相适应的“高精尖”产业结构和布局为主线，在发展动力上聚焦模式变革、效率变革、质量变革，紧紧围绕服务“四个中心”、建设“三个示范”、实现“三大定位”、打造“四大板块”，高起点、高标准、高水平做好高端功能产业发展工作，注重职住均衡，重构产业体系。

一是在行政办公区板块打造政务服务功能产业集群。以市级行政办公机构搬迁为契机，紧密围绕政务服务需求，发展智力经济，以更加开放的姿态、更加有效的办法吸引国内外一流的高端新型智库机构，推动举办一系列具有国际影响力的重要论坛或会议，建成代表最前沿、服务全北京、引领京津冀的策源地和信息发布中心。

二是在运河商务区板块打造创新金融和高端总部集聚区。以运河商务区和商务园为主要载体，着力吸引国内外顶尖的优质民企、跨国企业，具有较高成长潜力的投资与资管机构和传统、大体量的银证保信机构入驻。

三是依托大运河文化带和环球主题公园及度假区打造文化创意产业集群。以环球主题公园及度假区和大运河文化带为主要支撑，形成古今交融、中西合璧、南北联动、特色鲜明的文化创意产业集群。立足“保护好、传承好、利用好”的总体要求，以河为线、以线串点、以点带面，高起点、高标准、高水平规划建设大运河文化带。

四是在台马板块打造京津冀协同创新开发区，重点打造北京创意设计谷和科技创新产业集聚区。“创新是引领发展的第一动力，是建设现代化经济体系的战略支撑。”通州要成为新时代首都发展的新标杆，就一定要深度参与北京科技创新中心建设。以通州区现有的高端总部基地、光机电基地、金桥基地、物流基地等园区转型升级为抓手，争取产业创新中心、新型协同创新机构落户。

（二）强化内生发展动力，培养与孵化产业人才

一是丰富人才的来源渠道。针对城市副中心未来城市与产业发展的需要，有针对性地制定不同行业、不同类型企业人才的发展规划，与各高校、研究机构，以及智力服务资源建立定向的输送、培养、招聘通道等。

二是推进科技企业孵化器建设。建设科技企业孵化器和加速器，为科技型中小企业提供研发和生产空间，满足企业对发展空间、商业模式、资本运作、人力资源、技术合作、生产经营等方面的需求，促进高成长企业留在副中心；开通社会资金投资城市副中心中小企业的快速通道，鼓励以 PPP 模式为中小创业型企业的研发、科技生产、服务等提供资金支持；为高成长企业提供实验室租赁、中试、加工、测试、标准和专利等硬件设施和支撑性服务，加速助推企业发展。

三是引进人才运营机构。吸引专业化品牌众创空间、知名孵化器核心运营团队来副中心设立众创平台和孵化平台，形成有平台、有创投、有培训、

有路演、有导师的科技企业孵化器，发挥现有生产力促进中心、中小企业创业基地等机构孵化培育功能，引进培育一批科技服务机构，推动“双创”基地建设工作；开展新兴产业“双创”示范基地认证，引导社会资金支持大众创业、万众创新。研究制定对房租、用水、用能、宽带接入费用和用于创业服务的公共软件、开发工具等予以补贴支持的政策措施。

（三）培育行业领军企业，做大做强引智引才平台

世界级城市群的核心城市往往成为跨国公司总部和国内知名企业总部的重要集聚区，体现了世界级城市群的核心竞争力。如东京拥有世界500强企业总部47家，全日本30%以上的银行总部、50%的销售额超过100亿日元的大公司总部都设在东京。纽约有世界500强企业总部20家、美国500强企业42家，是美国总部企业数量最多的城市。

一是实施龙头企业培养计划。在跨国公司地区总部、知名民营企业总部，符合副中心功能定位的高端商务、文化创意等服务类企业总部中，重点吸聚并扶持培育3~5家规模大、创新强、市场好、管理优的龙头企业，树立产业标兵标杆。

二是鼓励支持龙头企业领办行业协会、行业内公共服务平台，领办行业产学研平台，探索科技企业孵化、新兴产业培育等新模式，实现创新链、资金链、产业链的有机衔接，推动行业内合作与创新。

三是发展滨水商业、文化创意、小镇经济和休闲旅游产业，重点打造国际艺术品交易中心、台湖演艺小镇、张家湾古镇、漷县古城等项目，发挥运河生态水脉、历史文脉、经济动脉的重要作用。同时，围绕环球主题公园及度假区，在周边地区初步规划发展信息技术、内容制作、文化演出和旅游商业，配套会议会展产业，在区内形成上下游完整的环球产业链条。

七　融合发展的功能配套

良好的城市环境功能配套是保障副中心城市健康发展的重要因素，也是

人才安居乐业的维系所在。其中，配套环境建设包括硬环境和软环境两大方面建设。

（一）打造融合发展示范区，推进城市生态环境升级

通州位于京津发展轴和京唐秦发展轴的北京交汇点上，城市副中心的地理位置非常重要。从通州区综合地理和生态格局的多维度考量，城市副中心需加强与上、下游区域协同治理、跨区合作，推进北运河、潮白河等主要水域的生态治理，将城市副中心打造成为生产空间低碳高效、生活空间绿色宜居、生态空间山清水秀，“产、城、景、人”和谐共融的生态城区示范区。一方面大力开展市容市貌的综合整治，形成与副中心定位相匹配的城市面貌。另一方面对照国家生态园林城市标准要求，对副中心的交通路网、重点区域、特色区域等不断进行改进，充分利用水系发达、森林覆盖率高、自然资源丰富的优势，不断扩大城市的绿色覆盖，提升城市的园林设计水平，把通州打造成为京津冀绿色休闲游憩的胜地和北京市最具特色的园林城区。

（二）规划建设人才社区，打造宜居宜业生活环境

根据产业发展趋势以及现代人才在工作、居住、生活等方面的综合要求，按照理念超前、功能多元、智能智慧、宜居宜业的总体要求，完善社区各项基础设施和服务的建设，打造国际人才社区和人才驿站，为人才提供方便快捷的“半小时生活圈”，建设适应21世纪产业人才需求的新型人才产业社区。

（三）提升公共服务水平，促进城市服务高效运转

大力推动城市副中心与中心城区及津冀地区在优质教育、卫生、文化及社会服务等方面在资源上的沟通与协作，探索通过对口帮扶、医院托管、智力合作、资源共享等多种方式，尽快补齐通州区社会事业发展存在的短板，不断增强通州区作为城市副中心的综合配套及服务功能，夯实优质的公共服

务及社会服务基础，营造便捷、舒适、国际化的生活环境，为人才在通州创新创业营造优质的宜居环境。

（四）丰富城市文化活动，打造城市副中心文化品牌

以具有特色的文化节事活动及群众性文化活动为抓手，不断强化产业人才与城市生活的互动，促进新引进产业人才与城市发展的融合与共生，不断增强新引进产业人才的城市归属感和幸福感。强化城市发展品质，以本土文化为基础，不断加强对历史文化遗留的保护和宣传，将历史人文融入城市建设、发展的环节中去，打造通州“文化之城”的品牌效应，吸引更多人才关注通州、走进通州，以文化效应吸引人才来通州创新创业。

结　语

人才是城市有机体里流动的血液，产业则是城市的筋骨脉络，二者共同构筑了城市未来发展的美好前景和宏伟蓝图。以党的十九大为标志，中国特色社会主义进入了新时代。新时代，北京城市副中心建设必须坚持以习近平新时代中国特色社会主义思想为指引，坚持世界眼光、国际标准、中国特色、高点定位，以创造历史、追求艺术的精神，以最先进的理念、最高的标准、最好的质量推进北京城市副中心规划建设。在新时代背景下，城市副中心亟须适应新的时代变化趋势，适应新的发展形态，适应新的发展环境，创新和引领城市发展新模式，走人才与产业融合的发展道路，坚持人才优先发展的理念，促进城市副中心产业结构转型升级，最终实现城市、产业、人才的相互促进、良性循环和深度融合，进一步在京华大地形成生动实践，奋力谱写北京城市副中心建设的新篇章。

专　家　篇

Report on Specialist

B.12
中关村外籍人才出入境管理政策创新发展对策研究

王辉耀*

摘　要：2016年3月，公安部支持北京市外籍人才出入境20条政策正式落地实施。在这20条政策中，其中有10条政策专门面向中关村，主要覆盖外籍高层次人才、外籍创业团队成员和技术人才、外籍华人、外国留学生四类主要群体在中关村创新创业的签证、居留等相关措施以及相关服务。经过一年多的实践，中关村面向国际人才出入境政策取得了良好的社会效

* 王辉耀，国务院参事，中国与全球化智库（CCG）理事长兼主任，西南财经大学发展研究院院长，中国国际人才专业委员会会长，中国人才研究会副会长，欧美同学会/中国留学人员联谊会副会长，商务部中国国际经济合作学会副会长，九三学社中央经济委员会副主任，中国华侨历史学会副会长，中华海外联谊会常务理事，国务院侨办专家咨询委员会专家，教授，博士生导师。

果，推动形成了外籍人才来中关村创新创业的良好国际环境和氛围，对国内其他地区的国际人才政策制定与跟进起到了良好示范辐射效应。本文主要从目前中关村国际人才总体状况、人才出入境政策改革特点以及成效出发，对政策实施效果进行分析，并根据中关村当前国际人才发展状况，提出相关政策建议。

关键词： 外籍人才　出入境政策　创新发展对策

一　中关村国际人才总体分布概况

（一）人才总体规模稳步上升

近年来，中关村以高新技术企业等用人单位为载体，不断加大人才政策创新力度，凭借政策先行的制度优势，吸引集聚了一大批国际人才。截至2016年底，中关村科技企业人才资源超过240万人，与2015年相比，增长7.6%，详见图1。其中港澳台及外籍人才数量近万人，留学归国人员数量突破3万，详见图2。

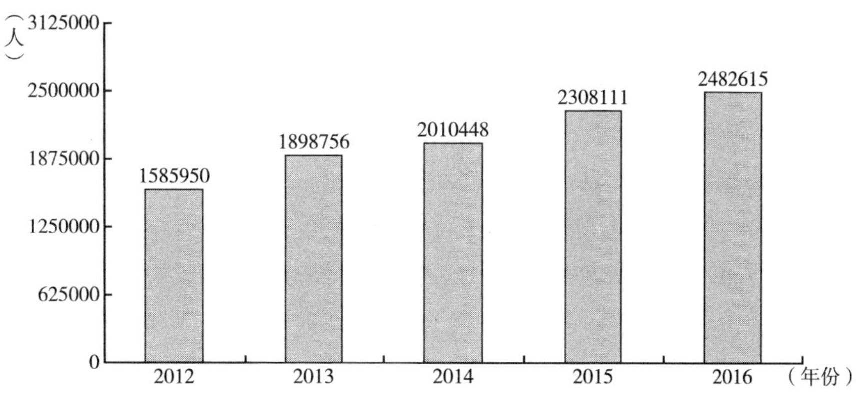

图1　2012～2016年中关村科技企业人才资源总量

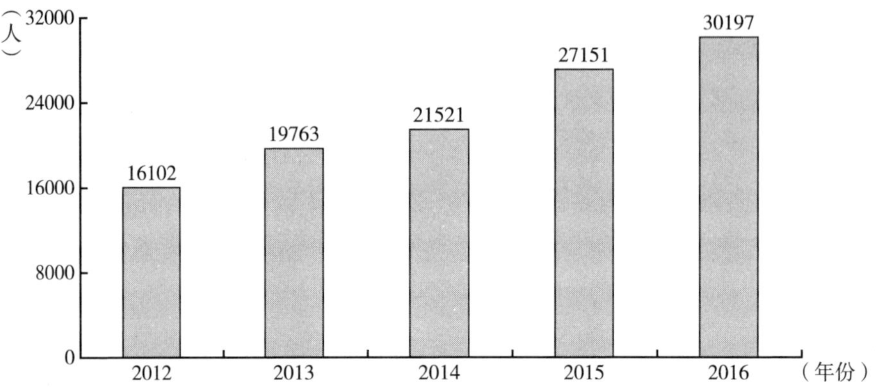

图 2　2012～2016 年中关村科技企业留学归国人员总量

（二）国际人才高学历特征明显

在学历分布上，国际人才高学历特征明显。以留学归国人员为例，2016年具有硕士以上学历的留学人员共计21346 人，其中具有博士学位（含博士后）的为 2799 人，详见图 3。

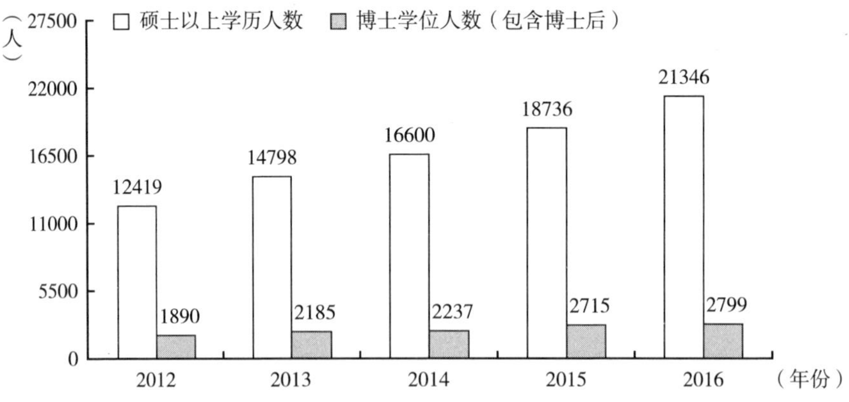

图 3　2012～2016 年中关村科技企业留学归国人员学历结构

（三）高层次人才集聚优势明显

在高层次人才方面，目前中关村聚集了全市 80% 的国家“千人计划”

入选者，超过60%的北京市“海聚工程”入选者，以及中关村“高聚工程”入选者292人（含团队），成为全市乃至全国海外高层次人才最为集中的地区，详见图4。

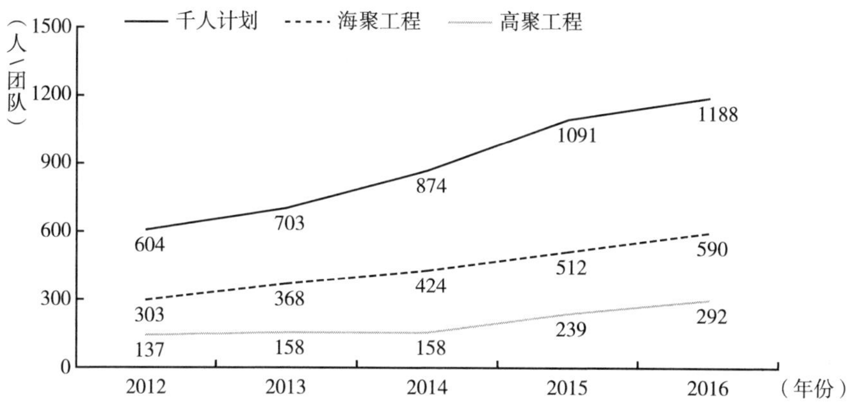

图4　2012～2016年中关村海外高层次人才计划工程入选者

二　中关村出入境政策改革特点

（一）注重人才分类，政策针对性强

2016年3月1日，公安部支持中关村在全国率先实施了10项出入境政策，针对中关村外籍人才群体进行了分类，实施不同人才政策，把外籍人才分为高层次人才、创业团队外籍成员和中关村企业选聘的外籍技术人才、外籍华人和外籍青年学生四类群体，并根据不同群体的特点制定了各有侧重的，涵盖签证、居留许可等出入境方面的便利化政策措施，详见表1。

（二）重视海外华人特殊性，实现重点突破

我国拥有6000多万海外华侨华人，他们是我国经济建设的积极参与者与见证者。特别是改革开放以来，海外华侨华人一直是我国招商引资、招商

表1　中关村外籍人才分类

人才类别	具体标准
外籍高层次人才	(1)知名奖项获得者:如诺贝尔奖(科技类)等国际知名奖项获得者或提名者; (2)外籍知名专家、学者,例如中国(或外国)科学院或中国工程院外籍院士;国家“863 计划”“973 计划”首席科学家等;英国高等教育研究机构 QS(Quacquarelli Symonds)、《美国新闻和世界报道》、英国《泰晤士报》(*The Times*)等权威性高校排名榜单发布的年度世界大学排名前 200 名高校的现职正、副教授,及以上榜单发布的世界大学排名第 201 名至第 500 名高校的现职正教授; (3)企业创新创业类外籍高层次人才等
中关村创业团队外籍成员和中关村企业选聘的外籍技术人才	(1)中关村创业团队需符合下列条件: ——公司在中关村注册 5 年以内; ——创业领域为战略性新兴产业和现代服务业等中关村大力发展的产业领域 (2)中关村创业团队外籍成员应符合下列条件之一: ——担任公司总监及以上职务; ——在公司中持股 5% 及以上 (3)中关村企业 中关村企业是指纳入中关村统计范畴的中关村高新技术企业 (4)中关村企业选聘的外籍技术人才 中关村企业选聘的外籍技术人才应为国内急需紧缺并符合下列条件之一: ——担任企业的研发总监、技术总监、高级工程师、研究院研究总监及以上级别的人才; ——担任专项技术攻关研发团队负责人
创新创业外籍华人	(1)具有博士研究生以上学历; (2)或在中关村企业连续工作满 4 年、每年在中国境内实际居住累计不少于 6 个月
外国青年学生	经北京市公安机关出入境管理机构备案的中关村企业邀请前来实习的境外高校青年学生,可以向口岸签证机关申请短期私人事务签证(加注“实习”)入境进行实习活动; 持其他种类签证入境的,可在境内申请变更为短期私人事务签证(加注“实习”)进行实习活动,期限为一年; 在京高校外国学生经所在高校同意并出具推荐函,可以申请在学习类居留许可证上加注“创业”,在中关村实施兼职创业活动

资料来源:《中关村系列先行先试政策》, http://www.zgc.gov.cn/zcfg10/zcjd_jd/zgcxxxszcjd/99837.htm。

引智的主力军。从目前的情况来看，在我国引进的“外智”中，主要也是海外的华侨华人。基于对中国文化的认同以及故土情结，海外华人往往比纯外籍人才更有来华长期发展的意愿与热情。而在海外华人群体中，有一大部分属于出国留学后，定居国外加入他国国籍的。这一群体往往具有在华发展的经历，因此在办理绿卡方面的需求与未曾在华生活发展的纯外籍人才存在一定差异。

对此，中关村瞄准海外华人群体，针对其现实需求，量身设计出入境便利化的相关政策，实现了重点群体重点突破。如“具有博士研究生以上学历且持工作类居留许可在中关村企业工作的外籍华人，持工作类居留许可在中关村企业连续工作满 4 年、每年在中国境内实际居住累计不少于 6 个月的外籍华人，可提交本人曾经拥有的中华人民共和国护照、户籍、身份证等可证实曾经具有中华人民共和国国籍的材料”（或提交北京市侨务办公室出具的外籍华人证明函件），可以直接申请在华永久居留。又如，“在中关村创新创业的外籍华人（不受 60 周岁年龄限制），提交本人曾经拥有的中华人民共和国护照、户籍、身份证等可证实曾经具有中华人民共和国国籍的材料（或提交北京市侨务办公室出具的外籍华人证明函件），可凭工作许可和聘雇单位的担保函件，申请有效期不超过 5 年的工作类居留许可”。①

（三）注重长效引才机制，形成“人才储备池”

支持外籍留学生创新创业是许多国家引进外籍人才、加强人才储备的重要措施。例如，美国为把优秀的理工科留学生留下来，解决高科技后备人才短缺问题，2016 年 3 月宣布将 STEM 专业学生的 OPT 延长期从 17 个月增至 24 个月。在新规定下，在美攻读 STEM 专业学位的国际学生，毕业后将有参加三次 H－B1 抽签的机会。再如，韩国为加强对外国留学生的就业支持，将每年一次的外国留学生招聘博览会增加至一年两次以上。同时，韩国教育部也正在研讨运营《雇佣条件型的合约学科》方案，“通过掌握计划聘用外国留学生的企业的人力需求状况，进而调整相关的学科，为留学生提供就业、打工以及生活、法律信息等”。新西兰则在留学移民政策上进行突破创新，鼓励留学生在其国内创新创业，规定：凡是取得新西兰 Level6 及以上

---

① 《中关村系列先行先试政策》，中关村，http：//www. zgc. gov. cn/zcfg10/zcjd_ jd/zgcxxxszcjd/99837. htm。

学历的外籍学生，均可以在毕业后申请1年到3年的工作签证。在工作签证的有效期内，如果找到与本人所学专业相关的工作，并且与用人单位签订1年以上的劳动合同，就有资格申请技术移民。

目前中关村也出台了类似的政策，从长远的角度规划人才引进工作，面向外国学生，出台政策支持留学生到中关村实习和创业。一方面，对在京高校外国学生经所在高校同意的情况下，支持其在中关村进行兼职创业。同时，也出台了支撑海外高校的外国学生来中关村进行实习的相关政策。这一措施为中关村的长期发展夯实了“人才”基础。

（四）推行市场化人才评价机制

如何实现市场化人才评价机制，一直以来是我国人才评价机制的“痛点”。在本轮外籍人才出入境管理改革中，中关村实现了部分重点突破，通过将工资、税收以及综合市场评价相结合，实现人才评价的“市场化”。具体政策包括：外籍人员在京已连续工作满4年、每年在中国境内实际居住累计不少于6个月，有稳定生活保障和住所，工资性年收入和年缴纳个人所得税达到规定标准，经工作单位推荐，可以申请在华永久居留。授权北京市公安局会同有关部门按照上一年度北京市人均水平倍数规定工资性年收入标准和纳税标准，报公安部批准后实施。①

与此同时，为实现梯度引才，中关村还面向创业团队外籍成员和企业选聘的外籍技术人才两类群体，实施市场化的永久居留积分评估制度。这两类人才可依据中关村外籍人才积分评估标准进行自我评分，达到一定分值或以上，即可申请在华永久居留。将市场的力量引入评估标准中，能够使人才真正适应中关村经济社会发展过程中的变化，满足用人单位的需求，提升评估的透明度与灵活性②。

---

① 《中关村首批外籍人才“坐直通车”获绿卡》，搜狐网，http：//www. sohu. com/a/76457513 _ 355034。

② 《中关村首批外籍人才“坐直通车”获绿卡》，搜狐网，http：//www. sohu. com/a/76457513 _ 355034。

（五）全面开展配套服务建设，保障政策实效落地

为与最新的外籍人才引进政策相配合，中关村进一步简化出入境办理手续，提升服务质量，有效提升了人才引进的工作效率。例如，将外籍人才办理签证居留许可由多部门审批简化为两个部门审批，办理时长大幅度缩减。

在优化服务方面，中关村通过多种宣传途径并举，不断扩大政策影响力。如开设咨询热线，由专人对出入境政策相关问题进行详细解答；通过微信、网站等新媒体多渠道发布证件办理须知和申请材料模板，方便外籍人才查阅办理；在官方网站设置人才引进专栏，从申请人的角度出发，整理了日常咨询中常见的出入境政策问题，确保认定标准、办理流程等关键内容通俗易懂。另外，及时汇总评估实施效果，跟进申请流程并针对政策实施过程中出现的问题进行了及时的调整。如推荐函在出具后即与出入境部门进行信息交换共享，使得申请人在将材料提交给中关村有关部门后，当天即可到出入境部门办理其他申报手续。此外，中关村还设立了“一站式”服务大厅，专门负责受理、审核在（到）中关村创新创业外国人有关签证、居留等出入境方面的申请与证件发放，并提供咨询服务，真正为外籍人才来中关村创新创业提供了便利化政策服务。

三　出入境政策实施情况分析

（一）吸引了一批来自发达国家的、高层次、中青年骨干来中关村创新创业

新政实施后一年内（2016 年 3 月至 2017 年 3 月），中关村通过出入境政策共吸引了 337 名高层次人才来中关村创新创业。从地区分布来看，北美洲最多，占比近 7 成，其次是亚洲，所占比例为 16.62%。欧洲紧随其后，占比为 10.09%，而大洋洲占比为 4.75%，非洲最少（仅 2 人），详见图 5。

从具体国家分布上看，美国籍人才申请者最多，占比近一半（47.77%），从第二到第五依次为加拿大、新加坡、澳大利亚、韩国，其所占比重分别为 20.18%、6.82%、4.15% 和 3.86%。此外，其他国家占比为 9.50%，有 32 人，详见表 2。

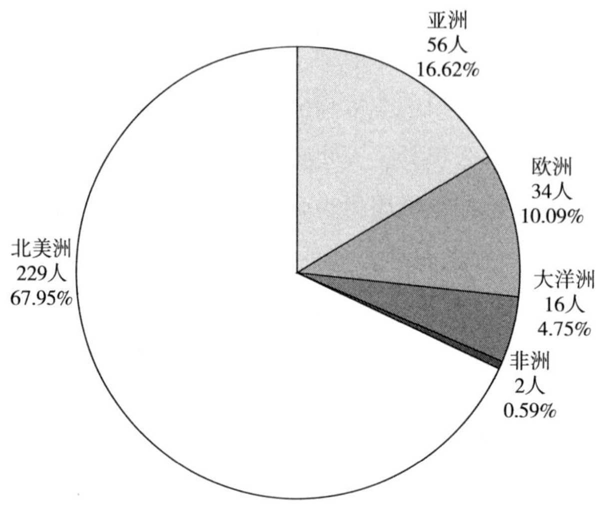

图5　中关村外籍人才政策申请者来源地分布

表2　中关村外籍人才政策申请者国籍分布

排名	国家	人数(人)	占比(%)
1	美　国	161	47.77
2	加拿大	68	20.18
3	新加坡	23	6.82
4	澳大利亚	14	4.15
5	韩　国	13	3.86
6	英　国	8	2.37
7	德　国	5	1.48
8	日　本	5	1.48
9	马来西亚	4	1.19
10	荷　兰	4	1.19
11	其　他	32	9.50

从年龄分布上看，外籍政策申请者多为中青年，且主要集中在36~65岁的年龄区间内，占比83%，46~55岁的年龄区间内人数更达到153人，占总人数的45%。相比之下，青年外籍人才数量相对较少，35岁以下的仅为47人，占比14%，详见图6。由此看出，中关村在外籍人才引进方面仍偏重对于富有工作经验的中高层次人才的引进。

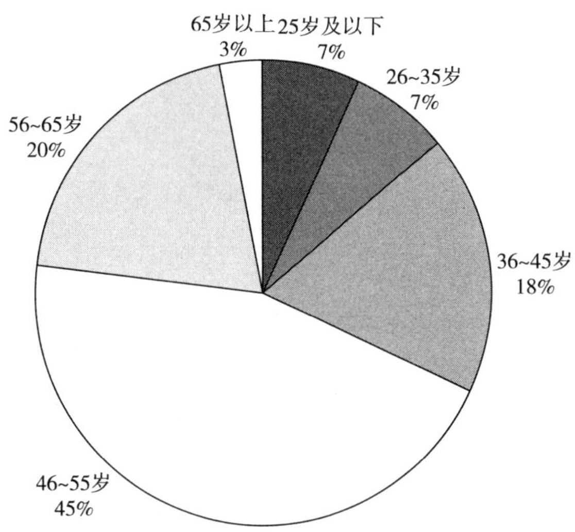

图 6　中关村外籍人才政策申请者年龄分布

（二）对信息技术、生物医药等新兴战略产业人才的虹吸效应明显

从专业上看，多数外籍人才政策申请者具有理工科专业背景，其中计算机与信息技术及生物医药类专业尤为突出，占比均超过 20%。其次分别为工程类（16.4%），物理化学类（7.9%），管理类（6.3%）以及经济类（5.4%）。剩下 1/5 的申请者专业则较为分散，涵盖艺术、心理学、会计、环境科学等二十多个细分专业，详见图 7。这一现象与中关村以高新技术产业为驱动的产业结构有着密切联系。

（三）中关村外籍人才政策创新在全国产生了较大辐射带动作用

中关村政策落地实施以后，对国内其他地区的人才出入境政策产生了重大影响，极大带动了国内其他地区人才政策的突破和创新。许多地区出台的政策，在中关村政策的大框架下，根据地方实际情况，加入了具有自身特点的“特殊”条款。如广东的外籍华人的“5 年签证”，福建的面向“台胞”的人才政策等，详见表 3。

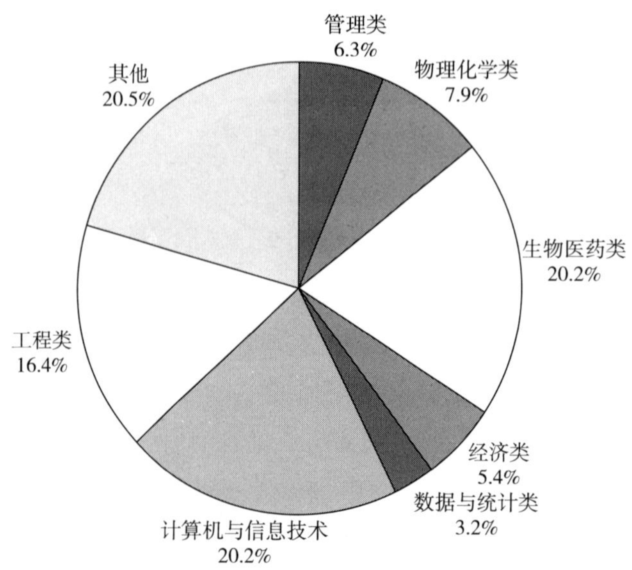

图7　中关村外籍人才政策申请者专业分布

表3　其他省市出入境改革政策一览

地区	适用人才群体	政策内容
上海	外籍高层次人才	1. 口岸:基本与中关村一致 2. 居留:基本与中关村一致 3. 永久居留:基本与中关村一致
	外籍人才	1. 口岸:基本与中关村一致 2. 居留:基本与中关村一致 3. 永久居留:基本与中关村一致
	外籍华人	1. 居留:外籍华人凭探望亲属、洽谈商务、科教文卫交流活动及处理私人事务的相应证明或担保,可申请5年以内多次入出境有效签证;在上海工作、学习、探亲以及从事私人事务需长期居留的,可按规定申请有效期5年以内的居留许可① 2. 永久居留:基本与中关村一致
	外籍学生	1. 口岸:对上海市中小学校招收的外国学生,因紧急事由来上海就读的,可凭学校录取通知书等证明函件向上海口岸签证机关申请学习(X1字)签证,入境后可按规定办理学习类居留许可;持其他签证入境的,可凭学校录取通知书等证明函件签发学习类居留许可② 2. 居留:基本与中关村一致

续表

地区	适用人才群体	政策内容
广东	外籍高层次人才	1. 口岸:基本与中关村一致 2. 居留:基本与中关村一致 3. 永久居留:基本与中关村一致
	外籍人才	1. 口岸:对持人力资源社会保障、外专部门签发的工作许可证明来广东省工作的外国人,入境后可以直接凭工作许可证明申请有效期1年以内的工作类居留许可;未持签证来华的,可以向抵达口岸签证机关申请Z字(工作)签证,入境后按规定办理工作类居留许可③ 2. 居留:基本与中关村一致 3. 永久居留:基本与中关村一致
	外籍华人	1. 居留:在广东出生或原户籍为广东的外籍华人,凭探望亲属、洽谈商务、科教文卫交流活动及处理私人事务的相应证明或担保,可以签发5年以内多次入出境有效签证;在广东工作、学习、探亲以及处理私人事务需长期居留的,可以按规定签发有效期5年以内的居留许可④ 2. 永久居留:基本与中关村一致
	外籍学生	1. 口岸:(1)境外高校外国学生(基本同中关村一致);(2)对中小学校招收的外国学生,因紧急事由来广东省就读的,凭广东省中小学校录取通知书及证明函件向广东省口岸签证机关申请X1字签证,可以按规定办理学习类居留许可。对持其他签证入境的,可以凭学校录取通知书及证明函件签发学习类居留许可⑤ 2. 居留:基本与中关村一致
福建	外籍高层次人才	1. 居留:基本与中关村一致 2. 家政服务:福建自贸区内已获得在华永久居留资格或持有工作类居留许可的外籍高层次人才、港澳台高层次人才,提供个人担保和雇佣合同的,可以为其聘雇的外籍家政服务人员申请相应期限的私人事务类居留许可(加注"家政服务"),满足境外高层次人才实际生活需求⑥
	外籍人才	1. 居留:基本与中关村一致 2. 永久居留:基本与北京市(中关村)一致
	旅台游客⑦	1. 允许福建省漳州、泉州、龙岩市为本市户籍人员的非本市户籍的配偶及未满16周岁的子女,以及符合条件的非本市户籍的就业、上学人员及其配偶和未满16周岁的子女办理赴台出入境证件 2. 非福建户籍居民经平潭赴台湾本岛团队旅游,可经有资质的旅行社向平潭公安机关出入境管理部门申请办理往来台湾通行证及团队旅游签注 3. 授权福建省公安机关出入境管理部门为临时到闽的非户籍居民赴台旅游团队办理"一次有效往来台湾通行证" 4. 授权福建省公安机关出入境管理部门为经福建乘坐邮轮赴台旅游团队的非户籍居民办理往来台湾通行证及团队旅游签注

续表

地区	适用人才群体	政策内容
四川	外籍高层次人才	1. 永久居留:基本与中关村一致 2. 子女:基本与中关村一致
	外籍人才	1. 口岸:基本与中关村一致 2. 居留:基本与中关村一致 3. 永久居留:基本与中关村一致
	外籍华人	1. 居留:对来当地探望亲属、洽谈商务、开展科教文卫交流活动及处理私人事务的外籍华人,可以签发5年以内多次入出境有效签证;对在当地工作、学习、探亲以及从事私人事务需长期居留的,可以按规定签发有效期5年以内的居留许可⑧ 2. 永久居留:基本与中关村一致
	外籍学生	1. 口岸:基本与中关村一致 2. 居留:基本与中关村一致

注:①《@外籍人士,一大波利好等着您!快来杨浦创新创业吧!》,http://www.shyp.gov.cn/Tzyp/TzypDetail/103359/3908。

②同上。

③《支持广东自贸试验区建设和创新驱动发展的16项出入境政策措施政策解读》,http://www.chinagdftz.gov.cn/zcfg/zhl/201607/t20160722_2794.html#zhuyao。

④同上。

⑤同上。

⑥《公安部出台10项出入境政策措施支持福建自贸试验区建设》,http://fjnews.fjsen.com/2016-03/25/content_17552886_all.htm。

⑦同上。

⑧《四川发布十三项出入境新政 为外籍人才在川就业定居提供便利》,http://news.youth.cn/jsxw/201705/t20170531_9931265.htm。

资料来源:课题根据各地政策整理。

四 下一步创新发展面临的问题

目前,从中关村人才队伍的发展成就以及出入境管理改革成效来看,中关村人才政策仍居全国前列,是国内其他省、区、市国际人才政策的领跑者。但其在不断自我探索创新及实施过程中仍面临一些问题,亟待进一步突破。

（一）外籍人才数量仍有增长空间，高层人才的支持措施系统性有待提升

高端人才的集聚为中关村创新创业发展提供了强有力的智力支撑，但应看到中关村对于世界顶尖人才的吸引力还不足。这主要体现在，首先，目前对于顶尖人才的专项政策支持仍处于空缺状态。大部分政策条例还需在相关部委项目中列出，在一定程度上影响了政策落地实行的及时性与精准性，经费保障持续性、稳定性不足。例如在对北京纳米能源所的调研中，单位负责人表示尽管北京市对纳米能源所的第一期支持经费支持周期已经结束，但由于院地合作协议尚未签署，后续支持经费无法到位。其次，由于顶尖人才较为稀缺，难以在区内形成同水平人才之间互相交流的氛围，而跨境交流又存在诸多限制，例如出国访问交流活动需层层申报，获得有关部门许可。此外，由于网络限制，顶尖人才难以及时获取其所在专业的国际前沿信息，这成为其来中关村创新发展的一大顾虑。

（二）高层次外籍人才的吸引和服务体系不健全

外籍人才管理信息化手段有待进一步深化。目前对于中关村外籍人才信息的采集尚依靠传统走访座谈的形式，效率较低且不利于信息的长期保存与更新。从国外引才的渠道建设来看，运营管理能力有待提升。目前，中关村主要通过在海外设立联络处来实现人才引进。从海外联络处目前的发展状况来看，主要存在以下问题：一是联络处人才队伍建设与管理滞后，缺乏有效的激励机制；二是联络处的运营模式和职能亟待升级。由于在海外没有收入来源，目前联络处主要依靠国内经费转账支持。如果单纯开展信息情报收集、人才引进工作，容易引起当地政府的注意，不可持续。

（三）外籍人才出入境便利化政策群体范围仍待进一步拓宽

尽管已经有了示范性的政策创新，但与现实需求反馈对照，政策仍有进一步创新发展空间。一是申请在华永久居留用人单位主体范围有待扩大。二

是投资类申请在华永久居留门槛可进一步降低。初创企业发展对资金具有强烈的需求，因此需要进一步在中关村聚集投资家服务园区企业。尽管中关村年初实施的出入境新政已将200万美元投资要求降到了100万美元，但该项政策落实情况并不理想，仍需要进一步放宽限制。三是中国籍高层次人才的外籍配偶及未成年子女申请永居通道政策尚不完善。现行政策给予了中关村外籍高层次人才随迁配偶子女申请中国“绿卡”直通车的政策优惠，而忽略了同样满足中关村高层次人才标准的中国籍人才的科辅人员、家政人员等申请永久居留的需求。

五　政策建议

（一）加快制定面向顶尖人才的专项支持办法，加速高精尖人才集聚

在顶尖人才引进方面，制定精准人才引进计划，针对不同人才的个性特征、需求和实际情况分别制订与其个人特点相适应的引才计划，对引进的高端人才提供个性化服务，并保障相关待遇的落实，提升外国人才引进成效。在顶尖人才支持方面，研究制定加快引进顶尖人才团队的实施细则。目前中关村已出台“1+4”政策体系，在《关于精准支持中关村国家自主创新示范区重大前沿项目与创新平台建设的若干措施》中提出，支持世界级顶尖人才及团队创新发展。面向前沿技术领域，每年给予世界级顶尖人才及团队最高不超过3000万元的资金支持，连续支持不超过5年。资金主要用于人才及团队引进、国际交流与合作、项目研究和管理、仪器设备购置与维护、产业化及中试、办公场地运营维护等方面。需要加快引进技术在全球范围内具有前沿颠覆性的（在中关村示范区注册企业进行科技成果转化的诺贝尔奖等国际知名奖项获得者、近三年全球学科排名前三名的科学家）及其他急需紧缺的世界级顶尖人才，加快完善相关细则。

（二）关注外籍高层次人才必要随行人员，提供便利条件

对于外籍高层次人才的科研辅助人员、家政人员来不及办理工作许可的，应允许其凭邀请函在北京口岸签证机关申请签发私人事务类签证。同时，入境后可凭工作许可和高层次人才担保函件直接申请与聘期相同的工作类居留许可。对于中关村区域内高等院校、科研院所、企业就职的外籍人才的子女，可以借鉴上海的相关政策。另外，下一步中关村还可以放宽绿卡持有人家属享受相关出入境便利政策的年龄限制。

（三）试点“海外华人身份证”制度

尽管我国海外华人归国创新创业的政策环境不断开放，但由于我国是少数实行单一国籍制度的国家，加上永久居留证申请门槛仍然较高、永久居留证含金量也有待提高等原因，绝大多数海外华人在顺畅地回流中国、顺利地在华创就业、顺心地安居生活等方面均有诸多障碍和不便。如在人才流动方面，海外华人便利出入境政策在全国的普惠度还不够；在投资创业方面，注册侨资企业无异于外资企业，相较于内资企业限制过多，程序相对复杂，导致许多华人回国后均以亲属代持股份的形式创业，给日后公司股改、上市、董事会决议等都造成诸多不便；在安居生活方面，子女入学、医疗等方面均缺乏保障，阻碍了华人参与祖国的经济建设。因此，建议在中关村试点推出“海外华人身份证”，让已经加入外国国籍的原中国公民能重新获得在中国居住、生活、工作等“准国民”待遇，清除海外侨胞在国内外流动、投资、工作、生活、学习等各方面的障碍。

（四）加大对外籍青年人才引进力度

青年人才作为人才队伍构建的重要储备，有利于为创新创业发展提供持续稳定的智力支撑。相比上海等地，目前中关村在青年外籍人才相关出入境政策安排上还有较大的突破空间，这主要体现在外籍青年人才留华工作的学历限制上。建议以中关村为试点，进一步放宽外籍应届毕业生在华工作学历

要求至本科。中关村企业聘雇的境外高校学士及以上学位应届毕业生，凭高校学位证书和中关村企业聘雇合同（聘雇意向），可以申请私人事务类签证入境。持其他种类签证入境的，可在境内申请变更为工作类签证。

（五）提升外籍人才管理服务水平，优化创新创业生态链

全面优化海外人才运营和管理模式。一是加快建立各驻外联络处的常态化合作与信息共享机制。二是强化人才管理队伍建设，建立以引才为导向的人员评估与激励机制。三是构建与国际接轨的可持续的商业运营模式。为外籍人才再就业提供缓冲期。对于在中关村企业连续就业 2 年及以上的外籍人才，可允许其在就业证（外专证）终止后，凭中关村企业或相关机构担保函件，申请短期私人事务类签证（停留期限从 30 天延长至 60 天）。建设外籍人才信息数据库。强化人员信息的采集与更新机制，建立和完善人才信息归集和共享机制，进一步促进外籍人才信息的集成、使用和共享，推动全覆盖、一体化的人才信息平台建设。打造外籍人才一站式服务平台。建议进行试点，在中关村创业大街的创业会客厅设立专门的外籍人才服务窗口，授权中关村创业大街挂牌“中关村外籍人才服务窗口”，联合海淀区政府及市级有关部门，采取“政府公共服务 + 市场专业服务”的模式开展工作，更好地服务外籍人才创新创业项目落地。服务窗口可以提供包括企业注册、财务服务、税务服务、人力资源、知识产权、法律服务、投融资服务、孵化服务等在内的一系列专业服务，打造快捷、高效、优质的一站式外籍人才创新创业服务平台。

参考文献

[1] 中关村科技园区管理委员会：《中关村国家自主创新示范区人才管理改革试验区发展报告（2016）》，北京出版社，2016。

[2] 任文硕：《中关村人才特区建设向纵深发展》，《中国国情国力》2014 年第 1 期。

[3] 宋丰景：《努力打造创新创业人才成长发展的良好环境——中关村人才特区的实践与思考》，“中国人才发展论坛暨2012年全国人事人才科研年会”论文，2012。
[4] 马宁、饶小龙：《创新驱动：中关村人才特区的发展之路》，“全国人事人才科研年会”论文，2011。
[5] 王辉耀：《国际人才竞争战略》，党建读物出版社，2014。
[6] 王辉耀、苗绿主编《中国留学发展报告（2013）》，社会科学文献出版社，2013。
[7] 王辉耀、苗绿主编《中国留学发展报告（2014）》，社会科学文献出版社，2014。
[8] 王辉耀、苗绿主编《中国留学发展报告（2015）》，社会科学文献出版社，2015。
[9] 王辉耀、刘国福主编《中国国际移民发展报告（2012）》，社会科学文献出版社，2012。
[10] 王辉耀、刘国福主编《中国国际移民发展报告（2014）》，社会科学文献出版社，2014。
[11] 王辉耀、刘国福、苗绿主编《中国国际移民发展报告（2015）》，社会科学文献出版社，2015。
[12] 王辉耀主编《中国区域国际人才竞争力报告（2017）》，社会科学文献出版社，2017。

B.13
习近平人才制度思想对北京市人才发展体制机制改革的启示

陶庆华*

摘　要：制度建设是习近平总书记人才系列思想的重要篇章。本文深入解析了习近平总书记人才制度建设思想的起源、发展，对当今人才工作的指导意义，并从法治思维、开放理念、改革创新、区域合作四个方面就北京建设世界人才之都提出了相关举措建议。

关键词：人才制度　法治思维　开放理念　改革创新　区域合作

制度优劣决定环境优劣，环境优劣又制约人才发展。习近平总书记的人才思想体系中，制度建设是其重要篇章。2014 年 8 月 18 日，习近平总书记在中央财经领导小组第七次会议上指出，要通过各项人才制度，实现人才各尽其能，用制度化的力量，既要体现用人的人性化，同时又要体现待遇的公平性，营造尊重、关心、支持人才创新创业的良好氛围。① 2016 年 5 月 6 日，在学习贯彻《关于深化人才发展体制机制改革的意见》座谈会上，刘云山同志传达了习近平总书记的重要指示："要加大改革落实工作力度，把《关于深化人才发展体制机制改革的意见》落到实处，加快构建具有全球竞

* 陶庆华，北京市人大常委、北京市侨联副主席、北京华夏国际人才研究院院长，工学博士，研究员。

① 张锋：《习近平新时期人才治理思想述论》，《观察与思考》2016 年第 6 期。

争力的人才制度体系，聚天下英才而用之。”习近平总书记针砭时弊，一语道出人才制度建设的重要性。将人才制度建设作为人才发展体制机制改革的关键问题，既是着眼于我国实施人才优先发展战略、建设人才强国的根本要求，也是北京建设世界一流人才之都的迫切需要。

一　习近平人才制度建设思想的历史沿革

习近平总书记关于人才制度建设的思想，早在担任正定县委书记之时就有诸多体现，其形成和发展根植于他丰富的中国经济社会治理实践。1982年，改革开放的春风伴随习近平同志的到任吹到了正定县。上任伊始，习近平同志就对正定县的知识分子进行了大普查，建立“人才账”、刊登“招贤榜”、[①] 畅通“人才路”，引进与培养并重、使用与激励并举，不断根据“人才账”从基层选拔优秀人才合理安排工作，打破了80年代唯资历论、唯年龄论、唯学历论，为人才成长开辟了通道，这与当下习近平总书记所倡导的“要不拘一格、慧眼识才，放手使用优秀青年人才，为他们奋勇创新、脱颖而出提供舞台”是一脉相承的。其中“招贤榜”的9条支持措施中，不仅给予技术人员按比例分配利润或一次性总付酬的经济奖励，还为各种科技人员制定了晋级、记功、办理农转非等优惠政策，为正定县量身打造了一套系统的人才制度。与此同时，习近平同志还在县委、县政府的门口挂上了“人才技术开发公司”的牌子，先后聘请省内外55名专家、教授、工程师成立了顾问团，其中不乏全国知名教授、学者，如数学家华罗庚、经济学家于光远、眼科专家张晓楼等，这也就是当下“柔性引才”制度的雏形。而眼科专家张晓楼从1983年起就为正定群众服务，普查群众30112人，实施复明手术2139人，为此正定县还被评为1987年全国7个防盲先进县之一。习近平同志早就洞察人才对经济社会发展的引领推动作用，深刻认识到人才

---

① 《媒体揭秘习近平当县委书记三年经历：开创正定模式》，和讯网，http：//news. hexun. com/2014 - 12 - 25/171779160. html，2014年12月25日。

制度建设是解决地方人才短缺、用好用活人才的关键。在担任正定县委书记期间，他重点就人才制度建设开展了一系列新的探索，念了一本绝好的“人才经”，为正定县经济社会的腾飞积聚了内生动力，仅“招贤榜”就帮助正定县在一年多的时间内招来了257名科技人才及其他各类人才46名。正是在中国基层经济社会的治理实践中，习近平同志以敢于破旧立新的勇气，大胆推动县域人才工作的改革创新，以新思路、新举措、新方法引领正定县的人才制度建设，在实践过程中形成了他人才制度建设思想的雏形。

二 习近平人才制度建设思想的初步实践

放眼世界，全球化进程持续加速，第四次科技革命一触即发，国家间的人才争夺战趋于白热化。立足国内，到2020年实现全面建成小康社会的目标，“四个全面”战略布局，“一带一路”、京津冀协同发展等国家重大战略和倡议，都迫切需要人才的引领与支撑，迫切需要“聚天下英才而用之”。正如习近平总书记在欧美同学会成立100周年庆祝大会上所指出的，“当前我国比历史上任何一个时期都更接近实现中华民族伟大复兴的宏伟目标，也比历史上任何时期都更加渴求人才”。

面对国情、世情的深刻变化，习近平总书记立于时代之巅以及我国发展之全局，提出了关于人才制度的系统论述，为我国人才工作指明了方向，其人才思想展现出丰富的内容、深刻的内涵与开放的胸襟，彰显中国在全球人才竞争中的大国自信、大国气度与大国精神。习近平总书记指出，“要树立强烈的人才意识，寻觅人才求贤若渴，发现人才如获至宝，举荐人才不拘一格，使用人才各尽其能”①。这就要求我们必须坚持“以用为本”的原则，以人才充分发挥作用为目标，建立符合人才成长规律、有利于人才发挥创造活力、有利于人才脱颖而出的制度环境。而当前，束缚我国人才发展的体制

① 《树立强烈的人才意识》，新华网，http://news.xinhuanet.com/hr/2013-08/19/c_125197158.htm。

机制障碍，其产生的原因就在于，我们的人才制度与人才发展要求不相适应，一些陈旧的体制机制甚至还在严重阻碍人才作用的发挥。2016 年 3 月，中央出台《关于深化人才发展体制机制改革的意见》，以解决问题为导向，强调精准施策，通过体制机制改革发挥具有中国特色的人才制度优势。习近平总书记就《关于深化人才发展体制机制改革的意见》做出了重要指示，“要着力破除体制机制障碍，向用人主体放权，为人才松绑，让人才创新创造活力充分迸发，使各方面人才各得其所、尽展其长”。习近平总书记还指出，“深化人才发展体制机制改革，是构筑人才制度优势、实现更高质量更高水平发展的战略之举”。这是我国人才发展史上具有划时代意义的一次改革，直面问题、勇于破旧、积极立新，不仅为人才发展体制机制改革指出了明确的方向，还体现出党和国家推动人才发展体制机制改革的决心。

自此，我们的人才发展进入了一个全新的阶段，全国各地以此为指导，大胆为人才解绑、大胆探索人才新政，力促形成不同类型的人才百花齐放、百舸争流的局面。北京出台了《中共北京市委关于深化首都人才发展体制机制改革的实施意见》，推出建立京津冀人才一体化发展机制、支持科研人员在职创业或离岗创业、优化人才创新创业生态、绘制全球高端人才分布地图等 30 条人才新政，着力落实用人单位自主权、释放市场的决定性力量、完善政府人才管理职能，为人才的发展破除了一批体制机制性障碍。上海、深圳、杭州等城市也相应出台了关于人才发展体制机制改革的实施意见，在外籍人才出入境管理、人才流动、人才培养、人才评价、创新创业激励等方面提出一系列改革举措，在全国范围内形成了一股人才发展体制机制改革之风，力度之大前所未有，对于我国进一步集聚和用好人才发挥着重要的作用。

三　制度变革是引领人才发展的必由之路

根据 Adecco 集团、英士国际商学院（INSEAD）和新加坡人力资本领导能力研究院（HCLI）联合发布的 2017 全球人才竞争力指数，在 118 个被纳入的国家中，中国的人才国际竞争力排名第 54 位，相比美国（第 4 位）、澳大利亚（第6位）、加拿大（第13位）、新西兰（第14位）、德国（第17位）、日本（第22位）[①] 等发达国家还存在较大的差距。而差距背后涉及的诸多要素中，人才制度之间的较量是关键。

国内外实践表明，人才制度建设是打造人才竞争力的核心。战国时期，秦国商鞅建立了一套保证人才得以重用的制度，即军功爵位制度，其不论出身、不论贵贱、按作战功劳的大小授给爵位，一定的爵位具有相应的政治和经济地位，《商君书·赏刑》曰："利禄官爵专出于兵，无有异施也。"正是由于论功行赏的人才制度，助推秦国走上了一统天下的道路。放眼海外，美国之所以能够在世界范围内延揽大量人才，其根本就在于成熟的人才制度，尤其是开放、稳定的移民政策，成为美国吸引人才的招牌，吸聚着全球人才追寻"美国梦"。尽管特朗普上台后美国移民政策有所收紧，但他也一再强调，"不欢迎无证移民，但是欢迎合法移民，尤其是那些有才华（highly skilled）的移民，是不拿福利的移民"。因而，可以预见，美国未来仍然会对全球人才敞开大门。

应该看到，我国近年来的人才工作取得了很大进展，如国家"千人计划"等在全球产生了一定的影响力，迄今已引进7000多名专家。但正如香港科技大学中国跨国关系研究中心主任David Zweig给美联社的一封邮件里所提到的："我认为千人计划取得了一定的成功，从海外招募而来的全职人员普遍优于本土人才，不过最优秀的人才尚未回到中国。"这也从侧面反映了我国当前人才发展的瓶颈，世界级顶尖人才仍然短缺。我们缺乏在全球范围内具有原创引领性、能够取得开创性成果的科学家、企业家，直接导致了我国原始创新能力相比发达国家还存在较大差距。

以多年来国人一直热议的诺贝尔奖为例，截至2016年，911名诺贝尔奖得主中仅有14位华人，其中仅有两位是由我国自主培养的，其他12位均为外籍华裔。而发达国家的诺贝尔奖得主数量又如何呢？美国有324位，英

① 《Adecco集团发布2017全球人才竞争力指数，中国领跑金砖国家》，《参考消息》2017年1月17日。

国116人，德国103人。就连国土面积只有北京大小的以色列，也在20年的时间里培养出10位诺贝尔奖得主。这一巨大落差形成的根本原因，很大程度上在于我国人才制度的欠缺所引起的人才发展生态的不稳定性、不平衡性，进而导致人才在发展过程中心浮气躁。比如，以论文数量定职称、以僵化的科研制度控经费等现象，使人才的精力浪费在如何应付考评、如何使用科研经费等问题上。2017年4月20日，世界著名学术机构斯普林格出版社（Springer）宣布撤回旗下医疗期刊《肿瘤生物学》（Tumor Biology）于2012年至2015年发表的107篇学术论文，撤回理由是这批论文涉及同行评议造假。而该声明所附的撤稿名单显示，被撤回的论文全部与中国医疗研究机构相关。这一事件引起了国内关于医疗卫生人才评价考核体系的思考，是时候撤掉“论文”这个职称评审的“紧箍咒”了。正如马克思在资本论中所提到的，人朝什么方向发展，怎样发展，发展到什么程度取决于社会条件。其内涵反映了人的发展对社会条件的要求，而制度建设的重要意义也就不言自明了。

我们必须清醒地认识到，人才制度建设是国家发展到一定阶段的产物，是从以往探索与实践中抽丝剥茧构筑人才发展价值体系的必然选择，也是人才发展意识流系统化、普适化的结果。新时期，我国正在实现从人口红利向人才红利的转变，在人才引进、培养、使用、评价、激励等各个工作环节的探索与实践中取得了诸多成效，但制度化的环境尚未形成，人才发展体制机制改革还需深入推进，“要着力破除体制机制障碍，向用人主体放权，为人才松绑，让人才创新创造活力充分迸发，使各方面人才各得其所、尽展其长”。① 简而言之，要实现建设世界人才强国的目标，以制度变革引领人才发展势在必行。

四　世界人才之都建设必须厚植制度优势

面向全国，首都北京资源禀赋和发展优势明显，却不是国内最具竞争力

① 《让人才创新创造活力充分迸发》，《光明日报》2017年1月11日。

的城市。根据中国城市竞争力研究会公布的2016年全球竞争力排行榜，中国最具竞争力的城市为上海，其次分别为香港和深圳，而北京位列第4。根据2014年以来的数据，北京从2014年的第6位上涨为第4位，而上海则超越香港位列第1。长三角、珠三角城市的快速崛起不可避免地对北京形成人才竞争压力，北京建设世界人才之都的道路任重道远。

立足自身，北京正迈入全面贯彻落实“四个中心”的首都城市战略定位、加快建设国际一流的和谐宜居之都的关键阶段。全面落实党和国家的战略部署，深入推进京津冀协同发展战略，引领经济新常态，都迫切需要层次更高、结构更合理的人才队伍引领支撑。习近平总书记的人才制度建设思想，为北京的人才工作提供了根本遵循。北京建设世界一流的人才之都，就必须抓紧人才制度建设，以一流的制度、一流的服务、一流的环境，打造一流的人才发展生态，使北京不仅成为人才的向往之都，更成为人才的聚集之都、人才的发展之都。

新时期，无论是参与人才竞争，还是推动自身长足发展，北京都迫切需要以人才制度建设奠定人才发展的优质生态。北京应深刻领会、贯彻落实习近平总书记关于人才制度建设的思想，深入推动人才发展体制机制改革，大力破除阻碍人才发展的各种藩篱，形成有利于人才发挥最大效能的制度环境。马克思关于人的自由全面发展理论，就是既摆脱了环境的限制，实现自身的意志与行动自由，同时也达到了一种人与人、人与社会、人与自然关系的和谐，实现人的自由而全面的发展，是一种自觉、自愿、自主的发展状态。而这正是我们所倡导的最优的人才发展环境。因而，北京应着手推动人才制度建设，在破与立、放与管、扬与弃的制度变革中推进各项人才发展体制机制改革与创新，使人才的发展与环境的建设相互适应、相得益彰，使北京真正成长、成为世界一流的人才之都，成为世界人才的向往之都、人才的发展之都。

以法治思维引领人才制度建设。习近平总书记强调，“环境好，则人才聚、事业兴；环境不好，则人才散、事业衰”。党的十八届四中全会审议通过的《中共中央关于全面推进依法治国若干重大问题的决定》，要求全面推进依法治国。作为人才环境的组成要素，法治环境的打造至关重要，是人才制度建设中最具有执行力的部分，也是最有效率的人才保障环节。综观美国、英国、德国、日本等发达国家，其高度发达的现代法律法规及制度体系为人才成长提供了优越的环境，因此也吸引着来自全世界的人才。北京建设世界一流的人才之都要聚焦欧美发达国家及地区的人才制度建设经验，学习借鉴、消化吸收、转化创新。北京支持人才发展的政策自 2008 年以来陆续出台，“海聚工程”人才引进计划及诸多人才新政，不断为人才发展营造良好环境，近年来取得了显著成效。但政策相比法规而言，一是稳定性不足，二是执行力度不够。因此，为保障一些好的经验、政策、举措等能够进一步得到实施，北京还需抢占人才工作制度建设的制高点，大力推进人才立法工作。一是加快《北京市人才发展促进条例》的立法进程，既要总结促进人才发展实践中的成功做法和经验，将行之有效的政策措施通过立法固定下来，形成长效机制，也要通过立法突破影响人才发展的体制机制障碍，对人才投入及人才发现、评价、培训、推荐、咨询等做出明确规定；二是进一步研究探索专项法的制定，针对人才工作的特定领域、人才发展的特定支持，有重点、有步骤地推动相关法条的逐步推行，成熟一项就推出一项，以切实起到促进人才发展、保障人才权益的作用。

以开放理念优化人才制度环境。随着北京国际化发展步伐的不断加速，建设国际一流的和谐宜居之都要求北京以更大力度集聚国际化人才，打造一个适应国际化人才发展、与国际接轨、具有一定国际竞争优势的人才制度环境。按照国际大都市的惯例，至少应有 5% 以上的常驻外籍人口，而这一指标无论是北京、上海还是深圳、广州等都没能达到。据北京市政府外事办公布数据，截至 2015 年底，北京常住外籍人口达到 6.5 万人，占常住人口总数的 0.3%，与东京、巴黎、纽约、伦敦等国际大都市相比在人口多元构成方面仍有较大的差距，这在一定程度上反映北京对于国际人才的吸引力仍然有限。进一步推进人才国际化发展，北京迫切需要以更加开放的理念不断优化制度建设环境，培育有益于国际人才创新创业的制度土壤。一是建议进一步推动外国人出入境管理制度改革，理念上由“管理”向“服务”转变，工作内容从前端向后端转移，由当前的出入境制度建设逐步向打造适宜外籍人才创新创业的制度化服务转变，从出入境、就业、创业、生活服务、社会保障等多个环节入手，形成覆盖外籍人才出入境及工作、生活、学习的全流程式创新创业生态，让外籍人才引得进、留得住、用得好。二是建议建立与国际接轨的人才评价制度。人才评价与国际接轨，不仅有利于避免因标准不对接导致海外业务受阻，也有利于形成适宜国际人才自由流动的制度体系。北京应积极融入国际人才评价体系，尤其在工程机械、电子设备、建筑设计、食品安全等专业技术领域，在继承与发扬的基础上率先突破；在人才评价模式上，摒除以僵化的指标体系作为标准的评价方式，积极采取国际同行评议、市场化评价等世界通行的评价模式。

以改革创新重塑人才制度优势。习近平总书记指出，“中国将实行更加开放的人才政策，不唯地域吸引人才”[①]。北京要“聚天下英才而用之”，必须建立兼具开放性与灵活性的人才制度，“广开进贤之门”。人才制度的建立，首先要改变政府包办一切的人才管理思路，厘清在人才工作中，哪些是政府应当做的，哪些应交由市场运行。一是要切实按照中央所规范的强化政府人才宏观管理、政策法规制定、公共服务、监督保障四大职能，建立政府人才管理清单，将政府在人才管理过程中的权利、义务、责任等以明确的规章形式呈现，确立政府新的职能定位，构建新型人才管理制度体系。二是大力发展和培育人力资源市场，切实发挥市场在人才配置中的决定性作用。目前国家人社部已批准建设8个国家级人力资源服务产业园，尤其是上海人力资源服务产业园，仅2014年营业收入高达200亿，税收高达6.66亿，集聚了大批国际、国内著名人力资源企业入驻，不但创新了行业发展模式，使产业园成为上海新的经济增长点，也使上海成为全国的重点人力资源服务枢纽。北京作为首都所在地，经济社会的高速发展蕴含着大量的人力资源服务需求，而目前人力资源服务业整体规模偏小、服务供给不足、行业竞争力偏

① 《读懂习近平的人才思想》，中国网，http：//www.china.com.cn/cppcc/2016-06/28/content_38763216.htm，2016年6月28日。

弱等问题普遍存在，制约着北京的人力资源服务业发展。因而在“十三五”时期，建议北京市着力发展人力资源服务业，政府应充分发挥宏观调控职能，给政策、做引导、严监督、实保障，着力为人力资源服务业的发展提供良好的制度环境，进而推动人力资源管理职能更多地向人才市场、人力资源服务机构、人力资源行业协会等转移。

以区域合作打造人才制度特色。雄安新区的推出，是深入推动京津冀协同发展战略实施的重大部署，意在通过雄安新区的崛起打造河北经济增长极，形成在经济社会发展上互补融合的京津冀发展新格局。北京正在全力配合中央部署，推进非首都功能在雄安新区落地。而作为京津冀协同发展战略的重要支撑，京津冀人才一体化发展逐步深入推进，北京应进一步将区域人才合作的探索与实践纳入制度建设轨道，打造北京人才工作的3.0版本。一是建议北京联合雄安新区打造新型人才综合管理改革试验区，着手就人力市场培育、人才发展体制机制改革进行广泛而深入的合作，比如伴随一些医疗、教育等公共服务向雄安新区转移，可考虑通过双方合作推动专业技术人员选拔、任用、评价、激励等机制的改革；再比如一些在北京难以突破的人才发展体制机制问题，包括全面试行居住证制度、探索个税改革等，可以在雄安先行先试，形成开放、包容、创新、灵活的人才制度环境，进而推动相关政策逐步向北京覆盖。二是建议建立北京对雄安新区的智力支持机制，充分发挥北京地区高端智力资源集聚的优势，定期组织两院院士、国家“千人计划”专家、国家“万人计划”专家及知名企业家等赴雄安新区开展智力对接活动，促成一些项目落地雄安，鼓励社会资本参与雄安建设，全力为雄安新区的建设与发展提供支持。三是建议北京与雄安新区建立科技创新人才联合培养机制，一方面促成一些高校资源、科研资源向雄安新区辐射与转移，另一方面以北京的高校、科研院所为依托建立科技人才培养基地，可通过定向培养的模式，为雄安新区提供科技人才储备。

习近平总书记站在时代的高度，以全球化的视野对人才制度建设进行了系统、深刻的阐述，涉及引才、育才、用才等人才发展的各个环节，用辩证的方法科学阐释了如何识人、用人，形成了具有中国特色的人才工作理论，

丰富了马克思主义理论宝库，释放出强烈的“开放引才”信号，彰显了中国作为东方大国在聚才、用才上的博大胸怀，其气度、眼界、魄力前所未有。进入新时期新阶段，北京正在加快建设国际一流的和谐宜居之都、世界一流的人才之都，贯彻落实习近平总书记人才思想体系，建设具有国际竞争力的人才制度。

B.14 具有全球竞争力的人才制度体系研究

赵永乐*

摘 要： 中国人才制度是中国特色社会主义制度体系的重要组成部分。加快构建具有全球竞争力的人才制度体系是实现全面深化改革总目标的一项重要任务，要以人才培养为基础，以全球吸引配置为突破口，以发挥市场决定作用为导向，以实现价值为核心，深化人才发展体制机制改革，完善和发展中国特色人才制度体系，全方位强化人才制度的全球竞争力，为经济社会发展提供坚强的人才制度支撑。

关键词： 全球竞争力 人才制度体系 体制机制改革

2016年5月6日，党中央召开了学习贯彻《关于深化人才发展体制机制改革的意见》座谈会。习近平总书记在会前专门做出的重要指示中要求，加快构建具有全球竞争力的人才制度体系，聚天下英才而用之。我国的人才制度体系是什么样的？怎样才能具有全球竞争力，达到聚天下英才而用之的效果？厘清这一系列问题，不但具有深刻的人才理论意义，而且具有深远的人才战略意义。

---

* 赵永乐，水利部人力资源研究院副院长，河海大学教授，博士生导师。

一 重要性与紧迫性

（一）提升全球竞争力的现实要求

2016年，世界经济虽然缓慢复苏，但增长乏力。尽管在中国杭州举办的G20峰会将“构建创新、活力、联动、包容的世界经济”设为主题，但全球性竞争的基本局面没有得到改变。保护主义抬头，贸易摩擦不断，金融危机隐伏，增长动力不足，投资持续低迷。各国都在寻求解围之道，目光不约而同地集中到战略性创新资源的开发和争夺上，人才成为全球竞争的焦点，而人才竞争的背后则是制度的较量。毫无疑问，谁拥有优质健全的人才制度，谁就能抢占先机占领人才争夺的制高点。

当前，美国的人才制度无疑最具有全球竞争力：获得诺贝尔奖人数最多，超过诺贝尔奖获奖总数的1/3；争夺的优秀人才最多，特别是从中国、印度吸引人才为最。而我国获得诺贝尔奖人数寥寥，只有美国的零头；优秀人才流失也最多，大部分流向美国，由此可以判断我国的人才制度在很长一段时间里尚不具有全球竞争力，或者说全球竞争力较弱。

近年来，我国在人才制度建设方面开展了大量工作，比如，2008年国家实施的“千人计划”不仅在很大程度上提升了我国的人才竞争力，而且作为一项先进制度在世界上也被誉为了不起的创举。但是也必须看到，当前的人才制度竞争力与我国大国地位并不相称，远远不能满足我国改革开放发展的需要，与美国相比，不论是强度还是成熟度都有较大差距。面对全球范围内愈演愈烈的人才竞争，我们还不具有相应优势。以高层次人才引进为突破口，建设世界上最先进、最具竞争优势的人才移民制度，构建具有全球竞争力的人才制度体系，这是摆在我们面前非常急迫的必须抓紧完成而且要做好的作业。

（二）全面深化改革的目标要求

党的十八届三中全会提出，全面深化改革的总目标，就是完善和发展中国特色社会主义制度、推进国家治理体系和治理能力现代化。习近平总书记指出，摆在我们面前的一项重大历史任务，就是推动中国特色社会主义制度更加成熟更加定型，为党和国家事业发展、为人民幸福安康、为社会和谐稳定、为国家长治久安提供一整套更完备、更稳定、更管用的制度体系。中央印发的《关于深化人才发展体制机制改革的意见》在指导思想中提出要求，构建科学规范、开放包容、运行高效的人才发展治理体系，形成具有国际竞争力的人才制度优势。到2020年，我国在人才发展体制机制的重要领域和关键环节上要取得突破性进展，人才制度建设必须紧紧跟上，人才发展治理体系和治理能力现代化水平必须提高。要通过深化人才发展体制机制改革，达到两个方面的效果：对内要能够很好地服务国家发展大局，实现人才发展与经济建设、政治建设、文化建设、社会建设、生态文明建设深度融合；对外要能够满足扩大人才开放的需要，增强全球竞争力，主动参与国际人才竞争，使我们的人才培养、吸引和使用机制更加开放、更加灵活，更大程度地吸引各国优秀青年到中国来学习、工作和创新创业，使我国成为世界人才仰慕之地，聚天下英才而用之。

（三）加快建设人才强国的战略要求

早在2003年，中共中央、国务院就指出，新世纪新阶段人才工作的根本任务是实施人才强国战略。实施人才强国战略是党和国家一项重大而紧迫的任务，要把人才作为推进事业发展的关键因素，把我国由人口大国转化为人才资源强国，大力提升国家核心竞争力和综合国力，完成全面建设小康社会的历史任务，实现中华民族的伟大复兴。2010年发布的国家中长期人才发展规划纲要在战略目标中提出，到2020年，我国要确立国家人才竞争比较优势，进入世界人才强国行列。经过多年的努力，实施人才强国战略的任务已经获得了多方面的实质性成效，但是确立国家人才竞争比较优势的制度体系还有很多工作需要我们去做。“十三五”时期是加快建设人才强国的关键时期，要从战略的高度加快推进人才发展体制和政策创新，有机整合与人才发展密切相关的教育（人才培养）资源、科技（科研创新）资源和产业（人才使用）资源，形成与社会主义市场经济体制相适应、人人皆可成才、人人尽展其才的政策法律体系，构建有国际竞争力的人才制度优势，提高人才质量，优化人才结构，加快建设人才强国。

二　特色与优势

（一）中国特色社会主义制度体系的重要组成部分

新中国成立 60 多年来，我国形成了中国特色社会主义制度体系。这个制度体系涵盖政治、经济、文化、社会等各个领域，包括人民代表大会的根本政治制度，中国共产党领导的多党合作和协商制度、民族区域自治制度和基层群众自治制度的基本政治制度，以公有制为主体、多种所有制经济共同发展的基本经济制度，中国特色社会主义法律体系，以及建立在基本政治经济制度上的其他政治制度、经济制度、文化制度、社会制度。人才制度也是中国特色社会主义制度体系中不可或缺的重要组成部分。

进入新世纪以来，我国人才事业蓬勃发展，人才规模跃居世界首位，人才体制改革持续深化，人才制度体系建设不断推进，人才活力和效能愈加彰显。到今天，覆盖人才发展和人才治理全方位的具有中国特色的人才制度已初步确立，在人才的培养、吸引、流通、使用等各领域基本形成了一整套系统全面、衔接有效的制度体系。我国人才制度集中体现了中国特色社会主义的性质、特点和优势，坚持党管人才原则，服务发展大局，成为我国人才事业发展和建设人才强国的根本制度保障，对我国人才事业的发展、改革、开放乃至全国经济社会的发展都起到了保驾护航的作用。

（二）中国特色是我国人才制度的鲜明特点

众所周知，“人才”一词为中国所特有，“人才学”是改革开放初期我国独创的一门新兴学科，“人才强国战略”是新世纪以来中国共产党确立的并写进党章的三大国家战略之一。与中国特色社会主义制度一样，我国人才制度的最大特点也是中国特色。我国不能照搬世界上发达国家现成的人才制度，中国的人才制度必须植根于改革开放土壤，这是历代中国共产党人和全国人民在长期人才发展实践过程中，坚定不移高举中国特色社会主义伟大旗帜，坚持和拓展中国特色社会主义道路，坚持和丰富中国特色社会主义理论体系，坚持和完善中国特色社会主义制度，对人才理论、人才制度进行审慎选择的结果。可以说，中国特色人才制度是中国历史的选择，是中国人民的选择，是中国人才的选择。

新中国成立以来，我国人才制度建设在实践探索中经历了正反两个方面艰难曲折的探索。成立之初，我国实行的是与计划经济相匹配的人才制度，人才的计划调配和集中使用对当时的国民经济恢复和社会主义建设曾起到相当程度的积极作用。但是随着时间推移，这种人才制度的弊端显露无遗，人才资源配置低效，单位所有制滋生，人才积极性遭受严重压抑。改革开放之初，人才流动的巨浪无情地摧毁了传统的人才制度，伴随着经济体制改革的不断深化，与社会主义市场经济体制相适应的新的人才制度从无到有、从散到全、从弱到强。当前，已经形成了符合我国国情、涵盖人才管理体制，涉及人才培养、评价、流动、激励、引才用才、发展保障等的一整套人才制度雏形，党管人才领导体制和工作格局逐渐制度化，政府人才管理职能正在发生转变，用人主体自主权逐步得到保障和落实，人才创新创造创业活力得到激励和释放，人才服务体系市场化、社会化程度不断提高，人才法制建设不断加强。当然，具有中国特色、符合时代要求的人才制度体系构建时间还不长，还不够成熟和定型，在人才治理体系和治理能力方面还有许多亟待改进的地方，在增强制度的系统性、规范性、全球竞争性和实施有效性等方面还需要下更大气力。

（三）党管人才是我国人才制度的最大优势

党的领导是中国特色社会主义制度的最大优势，也是中国人才制度的最大优势。改革开放初期，邓小平同志就敏锐地提出："我们要实现现代化，关键是科学技术要能上去。""没有知识，没有人才，怎么上得去？"他要求："一定要在党内造成一种空气：尊重知识，尊重人才。"多年来，党中央高度重视人才工作，将人才工作逐步提升到战略高度。一些经济比较发达的省份，已经在探索通过人才（知识分子）工作领导小组的制度形式来实现党管人才。2003年5月，中央政治局会议提出了人才强国战略和党管人才原则，决定成立中央人才工作协调小组，加强对全国人才工作的宏观指导。经过十多年努力，党管人才的内涵逐步清晰，党管人才工作体系自上而下得以建立，党管人才工作运行机制不断完善，党管人才工作的实践取得丰富的经验，中央确立的人才工作基本思路和宏观布局初步实现，党管人才的原则逐步深化。2012年中央印发了《关于进一步加强党管人才工作的意见》，对党管人才工作的背景意义、指导思想、总体要求、领导体制、工作格局、运行机制等做了进一步明确和深化，标志着党管人才工作制度逐渐成熟。

党管人才既是我国人才发展和人才工作必须坚持的根本原则，也是包括领导体制、工作格局和运行机制在内的人才工作行之有效的形式和体系，更是我国人才工作基本制度的核心。党管人才原则的提出和贯彻实施，为充分发挥党的思想政治优势、组织优势和密切联系群众的优势，保证党管人才工作的指导思想、总体要求顺利实现和党管人才工作领导体制正常运转，做好人才工作和更好实施人才强国战略，提供了坚强的政治保证和组织保证。党管人才，就是要发挥党委总揽全局、协调各方的领导核心作用，加强党对人才工作的统一领导，切实履行好管宏观、管政策、管协调和管服务的职责。党委统一领导，组织部门牵头抓总，有关部门各司其职、密切配合，用人主体作用得到切实发挥，社会各方面力量参与人才工作积极性得到广泛发挥，包括科学决策、分工协作、沟通交流和督促落实四大环节的党管人才工作运行机制逐步健全。坚持党管人才原则，加强和改进党管人才工作，不仅强力地推进了人才强国战略的实施，在很大程度上确立了国家人才竞争比较优势，而且巩固和扩大了党的执政基础，提高了党的执政能力。

三　全球竞争力分析

（一）全球的人才竞争

总部设在日内瓦的世界经济论坛近年来发布的年度《全球竞争力报告》

一直都强调，在决定世界最具竞争力的经济体方面，创新、人才开发和制度保障继续发挥着决定性作用。瑞士连续多年稳居榜首，主要得益于学术研发机构与商业界紧密合作而带来的巨大创新能力。对于排名 28 位、继续领跑金砖国家的中国，报告认为，中国正在成为更具创新性的经济体，但还不是创新强国，中国的竞争力在一定程度上得益于其良好的创业与创新环境，受益于该国创新生态系统有所改善，高等教育、创新以及商业成熟度总体表现都有所提升。美国名列新加坡之后，排位第 3。十年前遭受次贷危机引发金融风暴的美国名次曾持续下跌，今天之所以东山再起，与其制度框架和创新所获得分数的支持密切相关，美国的社会结构特点使其经济卓有成效。

一个国家要想占据全球竞争战略制高点左右竞争态势，仅靠一般性人才是远远不行的，必须拥有一支由在全球范围内称得上超一流人才组成的顶级人才队伍。多年来美国在全球范围内网罗了大批的超一流科学家和企业家，依靠这些超一流顶级人才占据了全球竞争经济科技的各个战略制高点，使得美国能够长期站在世界之巅，成为世界人才强国。改革开放以来，我国保持了 30 多年持续快速发展，特别是近十多年，我国实施科教兴国战略和人才强国战略，培养汇聚了一大批顶级的科学家和企业家，综合国力迅速提升，经济总量位居第二，多个高新技术领域领先世界，华为、阿里等一大批企业成为世界范围内行业的龙头老大。但我国拥有的超一流人才数量还是偏少，占领的经济科技战略制高点不多。

从中美具体对比来看，美国是当代第一大经济体、第一科研大国，中国则是后起之秀、当代第二大经济体、第二科研大国、最大货物贸易国。美国凭什么称霸世界？当然靠的是超一流的顶级人才。那么，美国是如何拥有超一流的顶级人才呢？无疑是美国的人才制度系统使然，人才移民制度只是其中之一。美国的人才制度系统包括一套以四个“高”为标志的成熟的具有美国特色的人才价值制度模式，即高普及性的高等教育与社会培训体系、高门槛的人才移民政策、高竞争的市场配置机制、高效率的企业用人制度。建立高普及性的高等教育与社会化培训体系和实施高门槛的人才移民政策两个并列的制度组成了人才价值获取制度体系，高竞争的市场配置机制和高效率的企业用人制度组成了人才价值实现制度体系。美国就是靠这个人才制度而成为当今世界的第一人才强国。相比之下，在这四个方面中国还存在相当大的差距，尤其是制度成熟度上差距尤甚。

（二）中国人才的全球竞争力

中国特色的人才制度为充分发挥国家的组织优势提供了不可模拟复制的充要条件。国家的组织优势集中体现在国家“千人计划”和“万人计划”的实施上。自2008年国家“千人计划”启动以来，截至目前，共有7000多名海外高层次人才回国（来华）工作，仅2015年一年就有1028名海外高层次人才入选“千人计划”。“千人计划”的实施引发了前所未有的海外人才回国、来华创新创业热潮，彻底扭转了海外留学人员归不敷出的局面。与“千人计划”并行的国家“万人计划”实施以来，已有2521名国内高层次人才入选，极大地激发了本土人才潜心研究和创新创业的热情。在国家“千人计划”和“万人计划”的带动下，各地各部门纷纷出台实施了各自的人才计划或工程，形成了覆盖全国各区域领域各层次的人才计划网络，为大批的海内外高层次人才创新创造创业提供了良好的平台和环境。

在充分肯定优势的同时，也必须充分认识我国人才制度的劣势。我国人才制度的最大短板是市场机制作用发挥不够。虽然我国初步形成了与社会主义市场经济体制相适应的中国特色人才制度体系，但由于与人才相关的市场经济体系还不健全、现行人才发展方式还带有明显的粗放痕迹、人才市场发育还不充分，特别是政府和市场关系还有待进一步理顺等原因，我国人才制度短板突出，体系也有疏漏，导致市场在人才资源配置中作用的有效发挥受到诸多制约。“政府热、市场冷”的局面没有得到根本性扭转，人才服务尤其是能够为高端人才创新创造创业提供的服务还没有形成产业，用人主体和人才的活力未充分激发出来。这种状况既表现为我国人才制度的欠缺，也限制了人才制度的完善，使得我国的全球竞争力大打折扣。

四　构建具有全球竞争力的人才制度体系

构建具有全球竞争力的人才制度体系基本思路是：坚持中国特色，贯彻落实五大发展新理念，努力扩大对外开放，借鉴发达国家的先进经验，吸收包括资本主义在内的世界各国制度的先进因素。以人才培养为基础，以全球吸引配置为突破口，以发挥市场决定作用为导向，以实现价值为核心，深化改革，巩固优势，补齐短板，引领创新驱动，为经济社会发展提供人才制度支撑。

（一）培育和加强人才生产的全球竞争力

一个国家的人才生产指的是通过一次生产和再次生产，大规模地培养能够满足国家经济社会发展人才需求的过程，人才生产（培养）制度在中国特色人才制度体系中处于基础地位。我国大批量培育人才资源的主体渠道在教育，我国教育是否具有全球竞争力直接决定了人才生产的全球竞争力。经过 30 多年的改革与发展，我国的教育特别是高等教育有了长足的进步，近年来我国大学在世界的排名也一直在上升，就连美国前总统奥巴马都提出要学习中国的教育。但必须承认，我国人才培养的竞争力和发达国家相比还是落后一定的距离。在充分肯定我国人才培养成绩的同时，要认真寻找差距，借鉴发达国家培养人才的先进经验，努力强化和提升我国人才培养的全球竞争力。一是创新人才培养理念，开启人才培养新模式，分门别类培养学术人才、工程师人才和技师人才，培养大批具有高素质涵养、有创新意识和创新能力的一代新人。二是推动高等教育大众化和人口现代化，努力扩大就业人员中受过高等教育的人员比例，提高就业人员平均受教育年限和提升高等教育毛入学率，开创人人皆可成才、人人尽展其才的生动局面。三是加大教育投资力度，提高教育投入占 GDP 的比例，使之逐步达到世界较高水平。四是加快人才供给侧结构性改革步伐，加大教育改革力度，创新教育培养模式，调整高等教育专业结构，培养能够满足经济社会发展需要的具有全球竞争力的人才资源。五是提高中国大学对各

国学生的吸引力，鼓励外国学生来华留学、实习、创新创业，使中国成为亚洲乃至世界各国青年求学的首选之地。

（二）凝聚和增强人才吸引的全球竞争力

能否在全球范围内集聚一流人才，是判断我国人才制度是否具有全球竞争力的试金石。吸引外国的优秀人才到中国来工作，省去了培养环节，是低成本扩大高价值人才规模的捷径，不仅壮大了自己的高层次人才队伍，而且削弱了对方的人才竞争力。树立全球视野和战略眼光，提高人才对外开放水平，开创人才对外开放新局面，吸引海外高层次人才回国或创新创业和工作。一是当前当务之急，继续实施“千人计划”和相关政策，吸引留学海外的学子回归创新创业报效祖国。二是抓紧制定并出台中国移民法案，整合人才签证、居留、国籍、社保、教育等相关政策规定和法律制度，大批量吸引外国高层次人才和紧缺人才到中国工作定居，加入中国国籍。三是吸引国外优质教育资源、科研资源到中国落户或设立分支机构，创新中外合作办学、合作科研模式，借此引进高层次教育、科研专家来华工作。四是建立国际人才虚拟集聚平台，推进全球网络空间中的协同创新、离岸创业和柔性流动，采用各种灵活方式柔性吸引、汇聚高层次专家来华工作、讲学、交流、合作科研攻关、创新创业。五是探索制定引进创新创业人才团队办法，团队中只要有一定比例以上符合引进条件，其余人员可以放宽准入门槛，不受学历、职称、年龄等条件限制。六是走出去，通过在海外设立办学机构、研发机构、工作站、人才寻访机构等网罗当地优秀人才为我所用。

（三）塑造和提升用人主体和高层次人才的全球竞争力

习近平总书记在谈到把《关于深化人才发展体制机制改革的意见》落到实处时一针见血地指出，要着力破除体制机制障碍，向用人主体放权，为人才松绑。放权松绑的目的就是让人才创新创造活力充分迸发，使各方面人才各得其所、尽展其长。用人主体和人才是运行于人才市场上的供需主体，放权松绑是突出市场导向的标识。用人主体缺失用人自主权，人才被捆住了手脚，怎么会有创新创造活力？何谈全球竞争力？为此，一是政府要转化职能，有关行政部门要进一步简政放权，放开用人主体手脚，充分保障企事业单位编制管理、人员聘用、职称评定、绩效工资分配以及激励等方面的用人自主权。二是遵循社会主义市场经济规律和人才成长规律，积极稳妥地培育和健全人才市场体系，从广度和深度上推进人才市场化改革，突出市场导向，推动人才资源配置依据市场规则、市场价格、市场竞争实现效益最大化和效率最优化，激发各类人才的创造活力和各类用人主体的用人活力。三是鼓励和引导中国的企业、高校、科研院所走出国门，以宽眼界、强决心和大气度积极参与全球人才竞争，采用柔性流动等方式在全世界范围内选才和配置人才，在竞争中培养人才、锤炼人才和提升人才使用效率。四是保障人才个人的成才权、流动（择业）权和创业权，鼓励人才在国际环境中提炼素质和能力，引导高层次人才参与国际竞争与合作，提高创新创业的效率和成功率。五是扶持壮大高端人才服务业，引进国际知名的人才服务机构和企业，培育和扶持国内的现代人才服务机构，为人才和用人单位提供国际化的中介服务或为人才创新创业提供全要素组合与孵化的服务。

（四）推进人才治理体系和治理能力现代化

应该看到，相比国家经济社会发展和人才发展的要求，相比当今世界日趋激烈的国际竞争，相比国家整体的制度建设和治理体系构建，我们在人才治理体系和治理能力方面还有许多不足，有许多亟待改进的地方。这是摆在我们面前的一项重大历史任务，要推动中国特色人才制度更加成熟更加定型更具有全球竞争性，在人才治理体系和治理能力现代化上形成总体效应、取得总体效果，形成科学规范、开放包容、运行高效的体系优势，就要持续深化人才发展体制机制改革。推进人才治理体系和治理能力现代化，必须完整理解和把握全面深化人才发展改革的总目标，既要充分认识推进人才治理体系和治理能力现代化的重要性和紧迫性，又要充分认识完善和发展中国特色人才制度的长期性和艰巨性。一是提升政府人才治理能力和水平，限制政府的权限，调整政府的管理方式，严格控制政府有关部门拓展管理边界的冲动，建立人才发展与经济社会发展适应机制，保证人才安全，推动简政放权，突出市场导向，激发用人主体用人活力和人才创新创造创业活力，强化法治意识，改进治理方式，运用科学治理手段，推进社会治理精细化。二是增强社会服务功能，完善基层社区人才治理体制，在各类园区因地制宜地建设海外人才开放创新集聚试验区、人才服务产业集聚区、人才特别社区和人才管理改革实验区，改善创业、居住、学习和工作环境，提供国际化的公共服务、便利服务和一站式服务。三是发挥社会组织作用，培育人才自治新组织，健全法人治理结构，建成自主、自为、自律主体，承接政府转移职能，起到政府和市场都不能起到的综合监督、信息流通、资源整合、自我协调和自我服务等作用。四是以法治保障来完善和发展中国特色人才制度、推进人才发展治理体系和治理能力现代化，加快制定《人才促进法》，适时出台单项人才法律法规和相关法，推进立法进程，加大执法力度，确保人才制度具有全球竞争力。

参考文献

[1] 孙学玉：《构建具有全球竞争力的人才制度体系》，《光明日报》2016 年 6 月 22 日。

[2] 徐泽洲：《加快形成更加开放更有国际竞争力的人才制度优势》，《党建研究》2015 年第 10 期。

[3] 程卫凯：《对加快形成具有国际竞争力的人才制度优势的思考》，《中国人才》2013 年第 7 期。

[4] 王通讯：《人才制度优势“优”在哪?》，《光明日报》2012 年 12 月 27 日。

[5] 王振：《构建具有国际竞争力的人才吸引政策研究》，《国家行政学院学报》2016 年第 3 期。

[6] 赵永乐：《人才管理政府与市场关系研究》，《国家行政学院学报》2016 年第 3 期。

[7] 吴江：《开启迈向人才强国的决胜阶段》，《光明日报》2016 年 4 月 12 日。

[8] 余兴安：《党管人才旨在爱才兴才聚才》，《光明日报》2016 年 3 月 29 日。

特邀报告

Invited Report

B.15

高端人才成长规律研究报告

北京市人力资源研究中心课题组*

摘　要：　高端人才是各类人才队伍中综合素质较高、专业技术拔尖、社会贡献突出的人才群体。本报告在对高端人才进行理论界定的基础上，深入剖析高端人才成长的基本规律，并基于所发现的高端人才成长规律，有针对性地提出培养与使用高端人才的对策建议。

关键词：　高端人才　成长规律　工作环境　伯乐

---

* 课题组组长：刘敏华，北京市委组织部人才工作处处长、北京市人力资源研究中心主任、北京专家联谊会秘书长。课题组成员：穆桂斌，河北大学教授；罗圣华，北京市委组织部人才工作处副处长；李晓霞，北京市人力资源研究中心副主任；刘开君，中国人民大学公共管理学院在职博士生；王选华，北京市人力资源研究中心副调研员；申奥蕾，河北大学在读硕士研究生；黄蕊，北京专家联谊会干部；呼可佳，北京市专家联谊会干部。

一　前言

（一）研究背景

中央印发的《关于进一步加强人才工作的决定》和《国家中长期人才发展规划纲要（2010～2020年）》等文件中提出，要把培养和造就人才队伍作为国家、行业人才发展的总体目标。2016年5月，习近平总书记在全国科技创新大会上指出“要建设世界科技强国，关键是要建设一支规模宏大、结构合理、素质优良的创新人才队伍”。中央做出的创新驱动发展战略决策，其实质就是人才驱动发展。因此，充分发挥好人才特别是高端人才在创新驱动发展战略实施中的引领带动作用，就成了当前人才工作中的重要任务。

那么，究竟哪些人是高端人才？高端人才的成长有哪些普遍的规律可循？我们如何才能快出人才、出好人才，为国家的创新驱动发展战略提供人才支撑？对这些问题的研究和回答，就成为摆在人才理论研究和实践工作者面前的重要课题。

（二）研究目的

本研究的目的在于：通过文献分析、人物访谈、问卷调查等手段，对高端人才进行理论界定，继而深入剖析高端人才成长的基本规律，并对这些规律进行系统梳理和归类，并基于所发现的高端人才成长规律，有针对性地提出高端人才培养与使用的对策建议，以期从理论上丰富人才学的基本内容，从实践上破解高端人才培养、使用和激励的难题。

本研究的价值在于：从理论层面，深入探讨高端人才成长规律，对丰富人才学和人才工作理论均具有重要拓展意义；从工作实践层面，探索高端人才成长规律，对于更好地培养、引进、用好高端人才，推动实施创新驱动发展的国家战略，具有重要的现实意义。

（三）研究方法

1. 文献研究

课题组通过收集、整理、阅读有关高端人才研究的各类文献，梳理出了对高端人才成长可能产生影响的系列因素，诸如成才动机、教育背景、成才环境、实践锻炼、人才激励、人才流动等相关因素。同时，通过阅读中组部人才局编写的《百名专家谈人才》、北京海外学人中心主编的《北京海归纪实》、北京市人力资源中心主编的《北京人才蓝皮书》系列报告等资料，比较全面地梳理了专家对高端人才问题的真知灼见，熟悉了首都人才发展和人才工作推进情况。这些文献研究为后续问卷设计、实地访谈等工作奠定了理论基础。

2. 问卷调查

在文献研究的基础上，课题组成员进行多轮深入研究与循环讨论，从“个人动机、教育背景、工作环境、伯乐赏识、多岗位历练、项目历练、荣誉激励、专业对口、合理流动”九个维度设计了调查问卷，并在小规模的预测试后进行了修订完善，修订后的问卷由9个维度40道题目构成。

课题组通过北京市专家联谊会、北京市海外学人中心分别向北京市属单位的两院院士以及国家“千人计划”、国家“万人计划”、北京学者、北京市“海聚工程”、北京市“高创计划”、北京市有突出贡献的科学、技术和管理人才等重点项目入选对象发放调查问卷700份，回收有效问卷149份，有效回收率21.3%。

3. 实地访谈

为了掌握鲜活、充分的第一手资料，课题组还对部分高端人才进行了多对一的结构化访谈。课题组于2016年12月集中访谈了10名高端人才典型代表，其中“两院”院士2人、国家“千人计划”入选对象4人，北京市“高创计划”系列中的科技领军人才、“四个一批”人才工程、百千万人才工程和青年拔尖人才各1人。平均每位高端人才访谈时间2小时。通过案例解剖，部分地修正了根据文献研究提炼出来的高端人才成长规律理论假设，

同时从访谈中提炼出了“图钉式人才”、单位“小生态系统”、“关键人才一定会在重大项目中涌现”、“在重点工程、关键岗位上培养领军人物”等重要人才理念、思想。

二　高端人才界定

（一）高端人才的界定

《国家中长期人才发展规划纲要（2010～2020年）》开篇即对人才做出了经典定义：“人才是指具有一定的专业知识或专门技能，进行创造性劳动并对社会做出贡献的人，是人力资源中能力和素质较高的劳动者。”

结合课题组对高端人才的访谈及相关文献研究，本课题组将高端人才界定为：具有高尚的职业道德和职业精神，能力突出、社会责任感强，主要进行创造性工作，并为社会做出较大贡献的人才。我们据此认为，高端人才就是各类人才队伍中职业素养、能力素质、创造性和社会贡献较突出的人才群体，是各类人才队伍中的“塔尖”部分。

1. 职业素养高

职业素养包括职业道德、职业精神、职业行为、职业态度等。高职业素养是高端人才的重要特征，他们“干一行、爱一行、钻一行”，在各自的专业领域里长年深耕不辍，具有高尚的敬业精神、吃苦精神、合作精神，能恪守职业道德与学术规范，并能引领团队、服务社会发展。他们作为人才队伍中的“塔尖”部分，对其他人才具有强引领示范效应。

2. 个人能力强

能力主要包括智力、专业能力、创造力、学习能力、适应能力、管理能力等，特别是高智力水平和强专业能力，是高端人才的核心突出特征，也是判断高端人才的主要标准。

3. 社会责任感强

一个国家的强大，与其国民的社会责任感是分不开的。社会责任感强是高端人才的又一个主要特征，他们能够以国家的富强、民族的复兴、社会的进步为己任，并愿意为之付出不懈的努力。

4. 社会贡献大

根据马克思主义人才观，只有在化解生产力与生产关系之间的矛盾、满足社会需求中做出贡献的人方能被称为高端人才。因此，高端人才的社会贡献比一般人才更加突出。

中国工程院院士、原铁道部常务副部长孙永福将高端人才形象地比喻为“图钉式”人才，即高端人才是在广泛学习掌握相关领域乃至其他领域科学知识的基础上，持续深耕一个专业领域的人才。国家自然科学基金委副主任沈岩院士则用通俗、接地气的语言诠释了什么是高端人才，他认为：“能干活的就是人才，能干别人干不了的就是高端人才。”在人才工作实践中，高端人才是一个动态性、比较性、区域性的概念，在不同国家、不同地区、不同领域，高端人才的评价标准会存在一定差异性。

（二）高端人才成长相关研究

大量国内外研究学者结合社会发展历程和行业发展特点，从不同角度、不同层次对人才成长规律进行了研究。经梳理，课题组将现有文献分为对人才成长规律内涵的理论归纳和对某一特定行业人才或者某类型人才成长规律的研究两大方向。在人才成长规律内涵的理论归纳方面，比较有代表性的观点有王通讯提出的8条人才成长规律，即师承效应规律、扬长避短规律、最佳年龄规律、马太效应规律、期望效应规律、共生效应规律、累计效应规律和综合效应规律①；叶忠海提出的4条人才成长规律②，即系统培养规律、实践培养规律、容错培养规律、激励培养规律；李维平提出的3条人才成长规律③，即时势造就规律、竞争选择规律、优势积累规律。在行业或某类型人才成长规律研究方面也已触及多个领域，例如薛永武在拔尖创新人才成长

① 王通讯：《人才成长的八大规律》，《决策与信息》2006年第5期。

② 叶忠海：《科技领军人才的价值、成长特点和开发对策》，《第一资源》2012年第6期。

③ 李维平：《人才成长的共同规律》，《中国人才》2006年第4期。

规律方面提出研究拔尖创新人才成长的特殊规律，需要研究拔尖创新人才特立独行的性格、超凡的价值观念和独特的人际交往方式、奇特的发散性思维方式等内源性因素[①]。季伟苹在分析当代著名中医药专家成才规律时结合行业特点，谈到成才期较长与需要大量实践经验积累是中医药专家成才的特殊规律[②]。朱明荣在分析汽车行业成才规律时认为交通运输行业高层次人才成长具有明显的时代性与周期性特征[③]。

现有研究为我们探讨高端人才普适性成长规律提供了重要理论参考，但这些研究有两方面不足，一是对高端人才概念未做明确界定。概念界定不严谨，不利于理论积累与学术交流，容易造成自说自话、难以形成理论共识。二是指导不足。现有研究大多采用文献综述或问卷调查法，对高端人才成长规律进行了总结归纳，但就如何促进高端人才成长缺少深入剖析，为政府部门做好人才工作提供可借鉴的对策建议不足。

三　高端人才成长规律

（一）内驱律：强大的内生动力是高端人才成长的内驱规律

唯物辩证法认为，事物的内部矛盾（内因）是事物自身运动的源泉和动力，是事物发展的根本原因。这个原理也同样适用于高端人才的成长。个人强大的内生动力是决定个体成才特别是成长为高端人才的首要决定因素，我们称之为内驱律。结合深度访谈和问卷调查结果，本课题认为，高端人才的内驱规律主要包括四个方面。

1. 成才动机

人类绝大部分行为都是有动机的，特别是对于成长为高端人才这样的具

① 薛永武：《拔尖创新人才成长规律与培养模式研究》，《山东高等教育》2014 年第 9 期。

② 季伟苹：《当代著名中医药专家成才规律浅析》，《上海中医药杂志》2008 年第 10 期。

③ 朱明荣：《中国汽车行业高层次创新型人才成长规律研究》，《第二届中国人才发展论坛获奖论文集》。

有相当难度的事件而言，如果背后没有强烈的成才动机支撑，则基本是小概率事件。本课题将个体的成才动机区分为内源性动机和外源性动机。其中内源性动机包括2项：做出突出贡献、不断挑战自我；外源性动机包括7项：实现家庭幸福、获取更多财富、改变自我境遇、赢得社会声望、获得赏识认可、获得社会地位、获得更高荣誉。

在问卷调查中，我们请被访的149位高端人才对上述9项要素，按照激励自己的重要程度“从重到轻”进行排序。结果显示，第1位到第9位分别是：做出突出贡献、不断挑战自我、获得更高荣誉、实现家庭幸福、获得社会地位、赢得社会声望、获取更多财富、改变自我境遇、获得赏识认可。不难发现，“做出突出贡献和不断挑战自我”这仅有的两项内源性动机位居各项动机之首，入选比例分别是46.8%和31.7%。

进一步分析排位第1的入选要素发现，共有68人认为“做出突出贡献”最为重要，36人认为“不断挑战自我”最为重要，这两项内源性动机占比之和为71.7%；分析排位第2的入选要素发现，46人认为“不断挑战自我”第2重要，41人认为“做出突出贡献”第2重要，两项内源性动机共计占比63.9%。无论是整体排序结果，还是内部结构数据均表明，内源性动机是激励高端人才成长的第一动力。

结合访谈也发现，高端人才大都有不断挑战自己、突破自我的强烈意愿和服务社会、做出贡献、实现自身价值的强烈动机。当然，我们也不能忽视外源性动机对高端人才成长的巨大推动作用。

2. 内在品质

除了个人动机，优秀的内在品质是高端人才的又一核心特征，是驱动其能够成才的深层次动因。正如我们在访谈国家“万人计划”入选者、清华大学电子工程系的陈巍教授时所获及的，“高端人才是有理想、有目标、有情怀、有信念、有事业心的人”。最终能够成长为高端人才的人，不仅具有良好的智力和较高的禀赋，其内在品质也十分突出。他们不仅人品端正、厚德爱国，而且大都有着好学善学、谦虚谨慎的学习精神，善于发现和提出问题的探索精神，坚毅执着、力出一孔的钻研精神，板凳坐得十年冷的专注精神，一丝不苟、精益求精的求是精神，独立思考、敢于挑战、不盲从权威的科学精神，能经受住挫折失败的抗压精神，兼容并包、敢于创新的学术精神。正是这些优秀的内在品质，成就了高端人才所达到的常人难以企及的高度。

3. 勤奋努力

坚持不懈的努力是高端人才成长的根本保障。高端人才的成长，不仅依赖强烈的成才动机和良好的内在品质，而且需要持之以恒的毅力和坚持不懈的努力，“动机 + 行动”才能促使高端人才不断成长。访谈发现，高端人才均具有强烈的成才欲望和事业驱动意识，并且能坚持不懈地为之付出努力。国家自然科学基金委副主任沈岩院士，曾经到陕北插队 10 年，在极端艰苦的环境中顽强地汲取所能接触到的各种知识，1979 年因病返回北京后的 10 余年内依然如饥似渴坚持学习，最终从一个没有接受过正规大学教育的工人成长为中国科学院院士。国家电力科学研究院高压所电磁室副主任刘元庆参加工作后，为了求得安静的实验环境，两年间坚持每天深夜独自到实验室做实验，两年后取得了突破性进展。昆曲第三代传人、北京市“四个一批”工程人才、国家一级演员周好璐将学习和传承昆曲、弘扬优秀传统文化视作自己的人生信仰与追求。在问及她的成才秘诀时，她说用一句话就能总结，那就是“36 年专注做一件事”。

4. 优势积累

高端人才的成长大体都经历了从量变到质变这一普遍过程，尽管有的人才成长路径呈现出火箭式上升态势，有的呈现出螺旋式上升态势，路径有差异，但其成功的背后都缺少不了长期的优势积累。很多高端人才对事业的追求甚至达到了如痴如醉的程度。特别是对于从逆境中成长起来的高端人才来说，成长道路上的阶段性成就积累不断强化着他们自我实现的动机，从而能将所遇到的挫折转化为愈挫愈强的前进动力。

事实上，在高端人才成长过程中，一般需要经历孕育期、成长期、成熟期、全盛期四个阶段，要想从一个有希望的好苗子成长起来，最终实现跨越式突破、赢得社会认可，必须要付出不懈的努力，进行长期的优势积累。被访高端人才普遍反映，在技术领域摸爬滚打 5 至 6 年，他们才成长为能够独当一面的高技术人才，而从技术领域过渡成为能力更高的领军人才，还需要更长的时间积累。问卷显示，53.8% 的高端人才认为，在成长过程中至少需要 6 至 10 年的专业积累才能获得社会认可，37.2% 的高端人才甚至认为需要 10 年以上的专业积累才能获得社会认可。问卷还显示，63.5% 的高端人才从未更换过专业领域，26.2% 的高端人才更换过 1 ~ 2 次专业领域；86.9% 的高端人才认为专业对口对人才成长重要。由此可见，在专业领域长期的积累耕耘和优势积累，是驱动人才成长的又一必备要素。

（二）教育律：良好的教育背景是高端人才成长的教育规律

在人才成长过程中，良好的教育背景和经历是促使其成才的重要因素，也是普遍规律。家庭教育、基础教育、高等教育在高端人才成长的不同阶段分别发挥着重要作用。同时，师承效应也是助力高端人才成长的教育律中的重要内容。

家庭教育对于高端人才的性格养成、兴趣培养、发展路径等均具有基础性、方向性影响。父母往往通过言传身教的方式，潜移默化地影响孩子的人格、兴趣爱好、职业志向等。良好的家庭环境和文化熏陶，有助于子女成才。问卷显示，50.3% 的高端人才出生于教师、医生等知识分子家庭和干部、军人家庭。访谈也发现，家庭教育对高端人才日后职业发展方向的影响比较显著，特别是在科技、人文、艺术等领域的影响更加突出。被访谈的高端人才中，30% 的受访者受家庭影响明显，其兴趣爱好与发展方向在青少年时期就已经确立。

学校教育是高端人才成长的关键。其中，良好的中小学教育是高端人才成长的重要阶梯，问卷显示，所调查的 149 位高端人才，有 118 位的中小学阶段是在教育较为发达的东中部地区度过的，占比 79.2%，基础教育阶段在西部地区度过的只有 19 人，占比 12.8%。

从接受高等教育的状况来看，绝大部分高端人才在其青年阶段，都接受过系统的大学教育和学术训练，如图 1 所示。其中具有硕士及以上学历的占比为 77.9%。

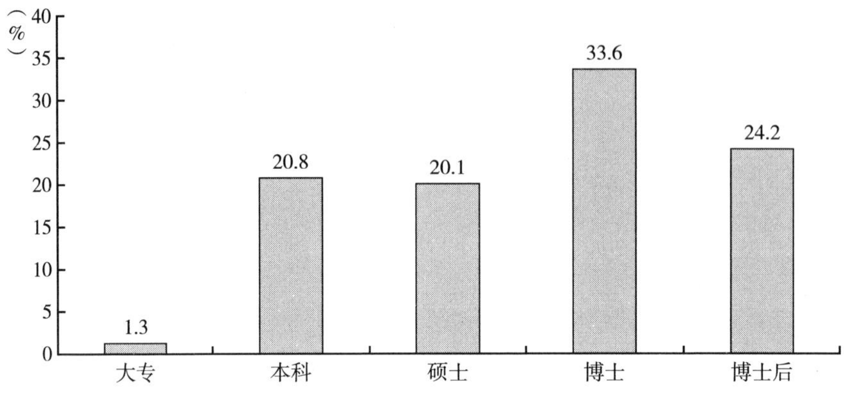

图1　高端人才结构样本

其中，具有国内名校（“985 工程”或“211 工程”）教育经历的高端人才占比 82. 1%，他们中在国内名校受教育 5 年以上的又占 64. 7%；具有海外留学经历的高端人才占比 34. 7%，其中 17 人海外经历 5 年以上；在高等教育阶段，直接跟随过海内外知名学者的有 68 人，占比 45. 6%，其中 39 人追随海内外知名学者达 3 年以上；从参与课题经历来看，50. 4% 的人在研究生阶段参与过国家级课题研究，参与过 2 项以上的有 43 人，占 30. 5%；42 人具有海外知名实验室或者国际性研究、交流项目的经历，占比 29. 8%。

从上述数据可以看出，进入国内外知名学府、跟随名师求学，是高端人才成长过程中的又一普遍规律。高等教育阶段的学习和塑造，对有潜力的好苗子日后顺利成长起来有至关重要的影响。在访谈中，前铁道部副部长孙永福院士谈道，本科阶段的学习，只是把学习者带入未来可能从事的专业领域，其掌握的专业知识是有限的，日后也会变得陈旧，这个阶段的重要性在于，在打牢基础的同时，一定要注意独立思考意识的培养和学习能力的训练；研究生阶段，特别是博士阶段教育主要训练学习者的问题意识、研究方法与科学精神，它是在培养未来的科研人才，真正的人才要善于发现问题、提出问题并能够创造性地解决问题。为此，要有科学精神，不盲从权威，敢于坚持自己的主张。而这些，都要以自己广博的知识结构和精深的专业钻研为基础。孙院士还形象地指出，高端人才应该是“图钉式”的，知识结构宽、专业业务精。

另外，在教育规律中，师承效应表现得也比较突出，所谓名师出高徒，古今中外概莫能外，特别是“高精尖”领域高端人才的涌现更需要名师的悉心栽培。访谈和问卷调查均表明，几乎半数的高端人才都有追随海内外知名学者的求学经历。进入职业生涯后，名师引路依然很重要，无师自通的天才不仅罕见，而且也可遇而不可求。除了师承效应，海外学习经历对高端人才的成长也有重大影响作用。数据显示，超过1/3的高端人才具有海外学习经历，并且29.8%的高端人才有过海外知名实验室或者国际性研究、交流项目的经历。这些海外经历对于我们的本土人才打开国际视野、进入学术前沿、提升科研实力都有着不可替代的巨大作用。

（三）时代律：进取的社会大风气是高端人才成长的时代规律

人才的成长是自身条件和外界因素共同作用的结果，人们所处的大的时代背景和社会风气是首要的外部因素，它直接左右着人才的个人命运和机遇。政局动荡、战火不断的社会，也许会涌现出很多的政治家或军事人才，但很难造就出大批的高端科学人才。二战期间，许多优秀的科学、技术人才避难移民到美国，在和平、进取、崇尚通过努力实现个人梦想的美国社会，通过不懈的付出，日后取得了斐然的成就，其中不乏诺奖获得者等成名成家者，这很好诠释了高端人才成长背后的时代规律，即在和平、进取的社会大环境和大风气下，各个领域才能不断孕育出高端人才来。

宏观人才环境越优越，高端人才成长的空间就越大。时势造英雄正是这一规律的经典描述和诠释。正如杂交水稻之父袁隆平所指出的：“一个社会只有形成尊重劳动、尊重知识、尊重人才、尊重创造的风气，才是有利于人才成长的环境和条件，才能使更多的创新型高端人才脱颖而出。”前铁道部副部长孙永福院士也形象地指出：“革命战争年代多出将军，而改革开放日新月异的今天，却是技术人才和管理人才的天下。”

国家自然科学基金委副主任沈岩院士在接受我们的访谈时也指出：“国

家的需要、社会的发展是个人成才的基础，自己的研究要跟上社会的需要。只有这样，当机会来临的时候，才能抓得住。”沈院士还告诉我们，他从荷兰访学回来时所做的基因研究工作，正是当时国家需要的热点研究领域，他在欧洲的国际科学大环境中的熏陶，使得自己提前有了充足的知识储备。回国后当国家需要相关的基因研究时，他便很快脱颖而出了。因此沈院士非常感谢国内日益重视科学研究的大风气，并有见地地指出：“人才的自身素质决定了其能力的大小，社会环境决定了人才的创造力发挥到何种程度。回报社会、为社会做出更大贡献，也就成为高端人才功成名就之后继续奋斗的动力源泉。”

（四）环境律：良好的工作环境是高端人才成长的环境规律

时代与社会等宏观层面的环境，是个人无法选择和超越的，除此之外，人们每天所处的工作环境，这一中观层面的因素也会对人的成长产生深远的影响。良好的工作环境是高端人才得以成长的又一普遍规律。

人才所赖以生存的工作环境可以分为硬环境和软环境。硬环境包括单位提供的工作平台、科研条件的配套、资金项目的支持、交流进修的支持等；软环境则包括单位的科研水平、学术氛围、管理机制、领导关怀、人际关系等方面。上述这些工作环境的软、硬方面共同构成了一个组织的“小生态系统”，这个“小生态系统”对高端人才的成长和涌现具有关键性影响。

问卷数据也显示，被调查的高端人才大都在成长过程中获得过来自工作环境的支持。首先，在工作单位主动提供工作平台和资源方面，有 79.8% 的高端人才获得过支持（见图 2）。

在资金方面，共有 107 人获得过工作单位程度不同的资金支持，占比 71.8%，其具体获资助状况如图 3 所示。

另外，参加工作后，有 83 人获得过工作单位提供的海外著名大学或研究机构的研修机会，占比 55.7%。其中，有 28 人有过 3 次及以上的海外研修经历，占比 18.8%。有 22 人在海外研修时间累计达到 3 年以上，占比 14.8%。被访谈的高端人才也普遍认为，工作单位是否重视人才，能否积极

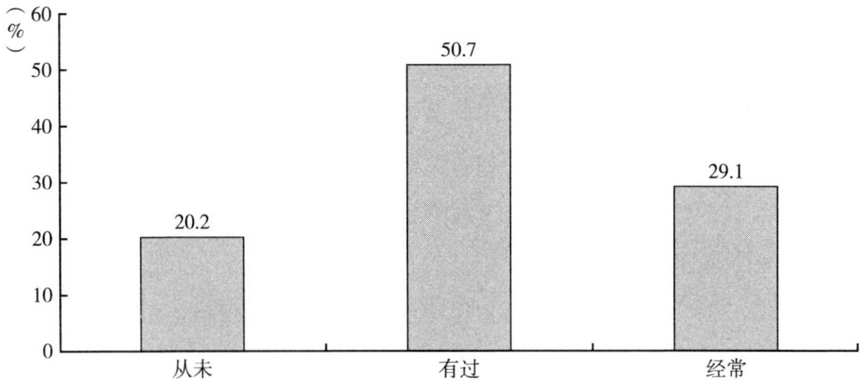

图 2　工作平台与资源支持

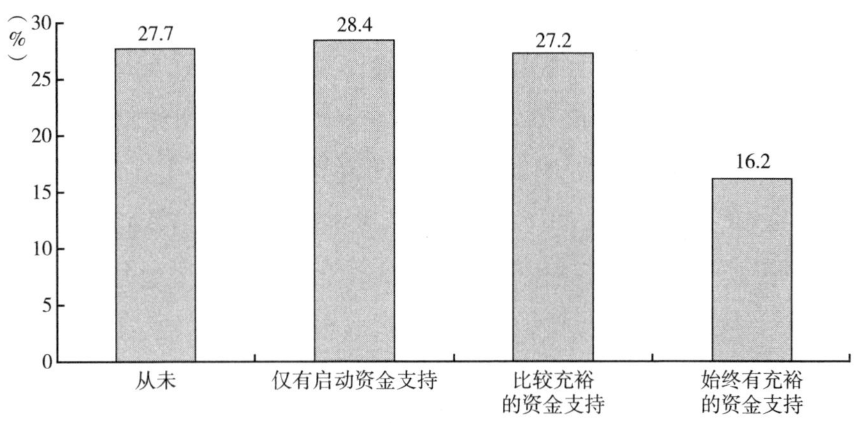

图 3　工作单位的资金支持

为人才成长提供条件、搭建平台对高端人才的成长至关重要，没有单位的重视和推荐，很多有潜力的人才难以出类拔萃。

除了硬件环境，软件环境的构建对高端人才成长也很关键。良好的科研水平和氛围、公开透明的激励机制、领导关怀及和谐的人际关系，都对高端人才成长有重要促进作用。问卷数据显示，76.9% 的高端人才获得过单位的荣誉激励，其中 57 人获得过 3 次以上的荣誉激励，占比 38.3%；66.2% 的高端人才在生活方面获得过工作单位的帮助，其中 37 人的生活困难得到单位妥善解决，占比 24.8%；当高端人才遇到更好的发展机会或平台时，47.2% 的原工作单位给予了支持甚至促成人才的流动。从数据不难看出，和谐的单位软环境对人才的成长作用巨大。

高端访谈也支持了课题组的观点，他们指出："及时有效的激励对人才成长益处很多，这不仅是对他们阶段性成就的一种认可，更重要的是能够激发他们继续奋斗的信心与勇气。并且，相较于物质激励，高端人才更加看重精神激励。"孙永福院士就指出："在成长过程中，里程碑式的奖励很重要，让自己很受用。在那个年代，组织没有给予任何物质奖励，而一个又一个精神奖励却成为继续奋斗的加油站。"

（五）历练律：多岗位大项目的经历是高端人才的历练规律

"玉不琢不成器"，古今中外，但凡成大事者，都是在风雨的砥砺下、反复的磨炼中成长起来的。高端人才只有在多岗位、大项目的历练中才能发现和培养出来，这是高端人才成长的又一重要规律。

诸多实例证明，使用和历练才是对人才最好的培养。注重在多个岗位上、大型项目中历练人才，具体说来，就是要依托项目发现人才，依靠人才推动项目，最终凭借项目成就人才。

1. 依托项目发现人才

是金子总要发光，用人单位要大胆放手，在重大项目或任务中充分吸纳人才参与，让人才各显神通，给人才独立解决问题的机会、展现才华的平台。通过项目，发现人才。

2. 依靠人才推动项目

充分发挥人才在项目中的主观能动性，营造"能者上、平者让、庸者下、劣者撤"的良好氛围。同时，加强多个重大项目之间人才的交流使用，让人才交叉任职、多岗位历练，增强人才的适应能力。实现人才成长、项目发展"两不误、两促进"。

3. 凭借项目成就人才

人才的脱颖而出需要合适的载体。在重大项目中攻坚克难，取得标志性的成果，一定可以成就一批人才。正如袁隆平攻克了杂交水稻技术，而杂交水稻也成就了袁隆平；郎平帮助中国女排获得了五连冠，中国女排也成就了郎平。

课题组对多名院士、千人计划学者等高端人才的访谈也证实，参与国家重大工程、重大项目、重要平台的实践锻炼对日后受访人才成名成家具有重大影响。前铁道部副部长孙永福院士指出："要在重大工程、关键岗位上培养领军人物，越是困难复杂的环境越能培养锻炼人才。青藏铁路工程、京九铁路修筑的过程中都成长起来了一大批高端人才。"

问卷调查也证实了上述访谈的结论。数据结果显示，71.1%的高端人才有两个以上（含两个）单位的锻炼经历，28人在三个以上单位得到过锻炼，占比18.8%（见图4）。

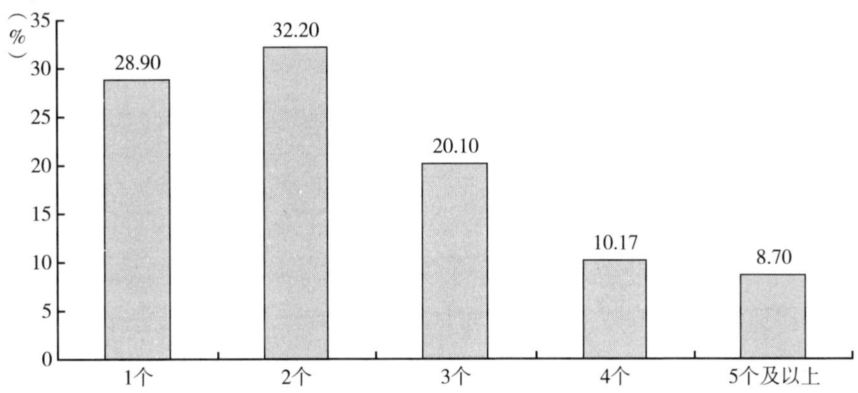

图4　单位锻炼经历占比

问卷结果显示，61.7%的高端人才有三个以上（含三个）岗位的锻炼经历，53人在四个及以上单位得到过锻炼，占比35.5%（见图5）。

调查结果还显示，65.1%的高端人才有过主持国家级科研项目的经历，其中，主持过3项及以上国家级科研项目的，占比32.2%（见图6）。

另外，高端人才都获得过人才项目的资助，其中培养类资助和奖励类资助比例最高，分别是38.6%和27.6%（见图7）。

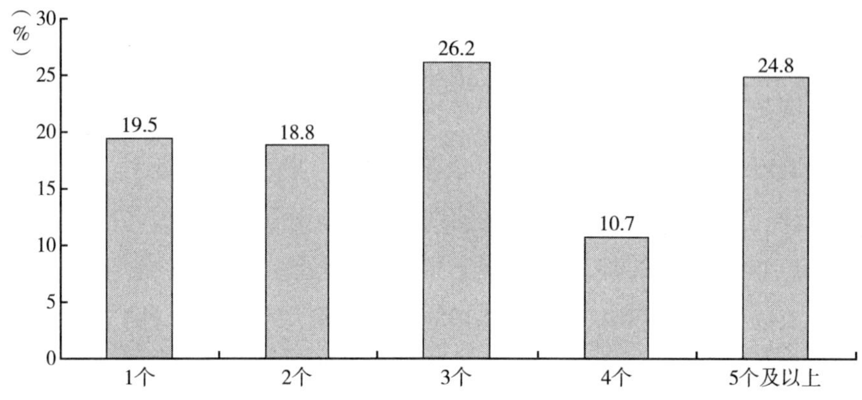

图5　多岗位历练经历

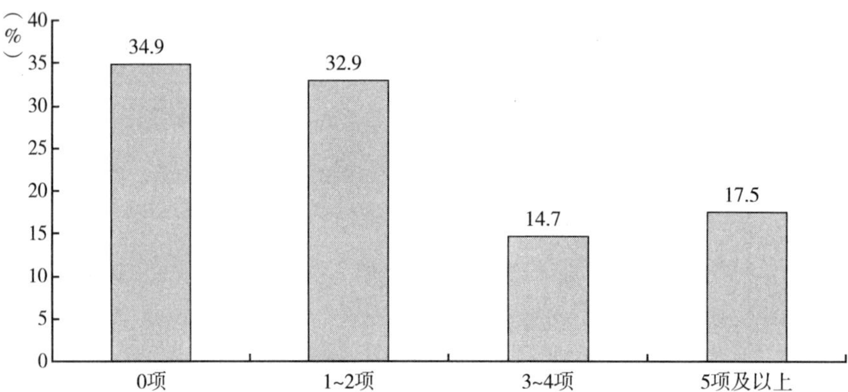

图6　国家级科研项目主持经历

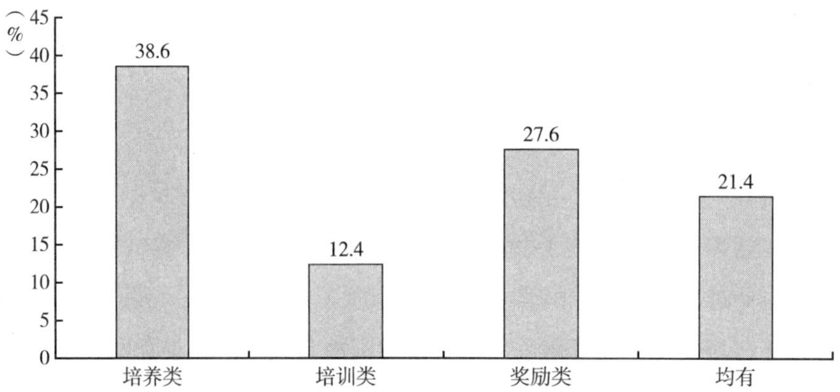

图7　获得人才资助项目情况

在高端人才成长的周期方面，问卷结果显示，64.4%的高端人才在本领域从业6年以上后才得到了社会认可，其中56人是在从业10年以上才获得社会认可，占比37.6%（见图8）。

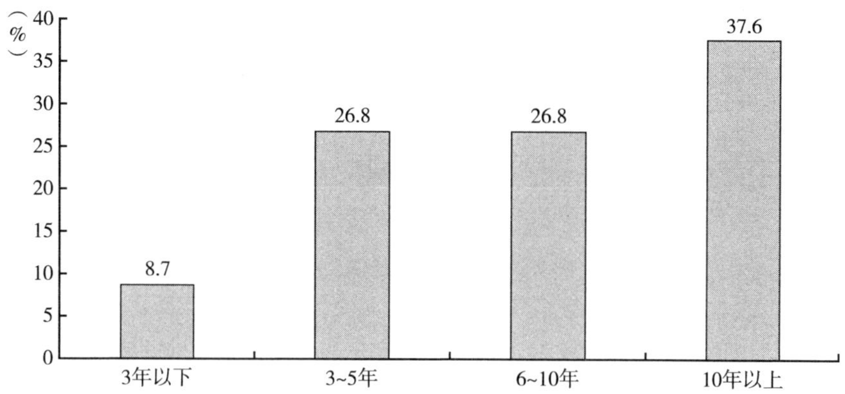

图8　高端人才得到社会认可的从业年数

中国空间技术研究院院长袁家军也指出："从事科研工作，凡成大器者，必须在某一专业领域长期磨炼和摔打。要成为领军人才，一般需要10年至15年的不断积累，要经受反复挫折的考验，在实践中反复锤炼，才能逐渐成长起来。"

（六）伯乐律：名导师、好领导的知人善任是高端人才的伯乐规律

古人云："千里马常有，而伯乐不常有。"良将能才需要有伯乐的鉴别赏识才能有机会驰骋千里。换言之，伯乐对高端人才的成长起着重要的方向引领和激励助推作用。只有站在巨人的肩膀上，才有可能触碰到科技发展的前沿，才有可能摘下尖端领域的明珠。古往今来，但凡成就一番事业的人才，大多遇到过伯乐的指引与点化，这是又一条造就高端人才的规律。我们的问卷调查也显示，87.3%的高端人才在成长过程中得到过伯乐的指引与帮助，其中有的人才还不止遇到一位伯乐（见图9）。

访谈中，北京凯悦宁医药科技有限公司董事长吴洪流告诉课题组，他在美国学习和工作15年，他的老师中有3位后来获得诺贝尔奖，师承泰斗级老

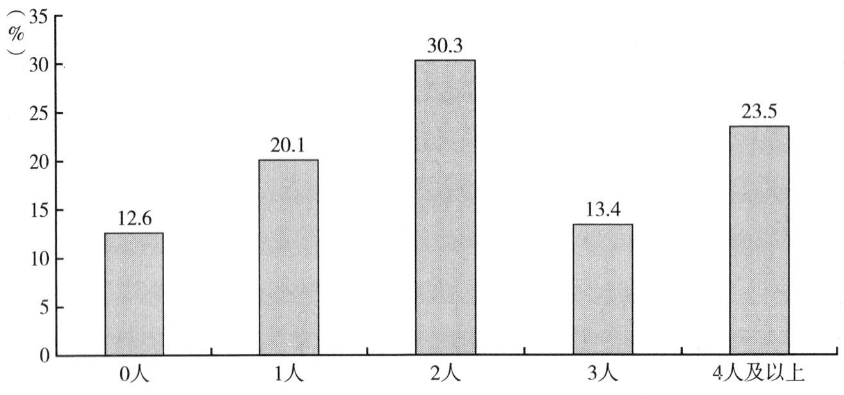

图9　高端人才知遇伯乐状况

师，不仅让他收获了专业知识、获得了国际认可，还培养了他的科学精神，最终成长为世界一流的人才，并于2006年回国创业。访谈中，吴洪流坦陈，国际知名机构中由于大师云集、学术水平拔尖和氛围浓厚，人才成功的概率更大。

伯乐不仅包括人才成长道路上的专业良师，也包括职业生涯过程中遇到的赏才识才的好领导。作为伯乐，首先是具有独到的眼光，能够把有潜在禀赋的人才识别出来。除了识才鉴才，伯乐还要爱才育才。奇才大器往往个性鲜明、瑕瑜互见，专家型的伯乐一定要有博大的胸怀，为人才提供一个宽松、平等、自由的学术环境，并为人才创造攻坚克难的机会，让人才在重大科研项目和任务中成长、涌现。领导型的伯乐则要能够知人善任，对人才在政治上爱护、工作上支持、生活上关心，充分尊重人才的个性，对人才给予足够的信任理解，委以重任，助推人才成长和脱颖而出。

四　促进高端人才成长的建议

（一）激发人才的内生动力

1. 以精神激励为核心，激发人才的内生动力

一是激发成才渴望。坚持以人为本，从尊重人性的角度出发，不断强化对有潜力人才的正向激励，充分肯定其能力价值，充分激发个体成才的渴望，使其产生充分调动自身资源禀赋的内心动力，最大限度地发挥自身潜能，产生强烈的成才动机。

二是及时支持鼓励。不断培养有潜力人才成为“领头羊”“主心骨”的意识，鼓励其在感兴趣的专业领域长期磨炼和摔打，用大风大浪对个人意志和能力进行考验，在遇到挫折，产生自我怀疑时，组织上要不断给予认可鼓励，及时提供各种资源支持，使有潜力人才能够在实践中反复锻炼，在挫折中逐渐成长。同时以事业发展引导人才坚持正确的人生价值取向，淡泊名利、甘于寂寞、潜心钻研、严谨治学，树立远大目标，做大学问，出大成果。

三是适时荣誉激励。当有潜力人才在专业领域取得阶段性科研产出或具有里程碑意义的攻关成果时，要给予充足的荣誉认可，扩大其知名度和影响力，并在进行表彰宣传时，加强对人才标志性成果的宣传，以提高大众对其成果的了解度，提升其职业威望，增强其工作热情和归属感、荣誉感，强化成就激励。

2. 以物质激励为依托，激发人才的内生动力

一是加快改革步伐。从利于调动科研人员创新积极性角度，进行人才收入分配制度改革。在各种人才计划和重大项目的经费管理中，加大人员经费的使用比例；加强知识产权保护，鼓励企业以利润分享、技术、管理以及其他智力要素参与收益分配吸引人才加入；支持高校科研人员到产业领域兼职，推动科研成果转化，并享有约定收益。

二是提高物质奖励。切实重视高端人才在创新驱动发展战略中的关键作用，为高端人才提供有竞争力的薪资、政策性住房、子女就近入学、就医绿色通道、落户优先办理、出国学术交流不受限制等必要生活、工作保障，实现一流人才、一流贡献、一流待遇。

（二）提供优质的教育资源

1. 家庭教育

树立正确家庭教育观念，倡导父母不做“虎妈狼爸”，不盲目报班，改变急功近利思想；在教育方式上倡导言传身教，平等沟通；把孩子品格教育、性格养成与兴趣爱好培养作为家庭教育重点。

2. 基础教育

下大力气提高教育工作者的业务水平，深化基础教育改革，倡导在教学内容上，提升科普教材的趣味性，增强可读性；在教学目标上，努力培养学生创造性，保护好奇心；在教学模式上，鼓励采用体验式教学，增强学生动手能力，在体验成功中获得自信，激发求知欲望；把素质教育与全面发展作为基础教育阶段的教育重点。

3. 本科教育

更新本科教育观念，鼓励各大院校扩大不分专业、进行通识教育的招生规模，培养“宽口径、厚基础”、知识结构丰富的优秀人才；改革本科生培养方式，倡导为有科研潜力的学生在本科阶段配备导师，使学生更早参与课题研究，提高有潜力人才培养的精准性，倡导“大师”走进本科生讲台，充分发挥示范带动效应，激发学习兴趣，启迪学生智慧，播下有志深耕专业领域的种子；创新教学方法，鼓励采用探索式、启发式教学，培养学生研究兴趣、团队精神、独立思考能力；把掌握学习方法、培养学习能力作为本科生教育的重点。

4. 研究生教育

强化科研能力培养：系统掌握研究方法，鼓励学生多参与具体科研项目，建立多层次、多渠道的青年项目资助体系，鼓励博士独立承担研究项目，把博士推到科研第一线，从凝练科学问题、开展科学研究、讲解进展报告等方面加强实践锻炼；强化科研精神培育：引导学生不惧困难、勇于尝试、严谨认真、敢于质疑、挑战权威，不断加强对未知世界的探索；改革管理机制，不单纯以课题、文章数量评价导师，使导师能够真正静下心来研究，潜下心来育人，强化导师与学生人格平等理念，尊重学生人格，限制导师带学生数量，保障指导时间，提高指导质量；将培育科研精神与提升科研能力作为研究生教育的重点。

（三）营造尊知重才的社会风气

1. 营造尊重人才氛围

努力转变大众观念，提高专业技术人才的社会地位，着力破除当下各个行业、领域“行政化”“官本位”为主导的思想，扭转专业技术人才“学而优则仕”的发展观念，建立更加合理的收入分配机制，切实提高科研教学人员收入水平，使潜心研究科研的专业技术人才在物质上不吃亏，精神上有荣耀。

2. 树立典型加强宣传

发动各行各业积极寻找本领域德艺双馨的高端人才，挖掘其成长背后的故事，做好典型宣传，用高端人才成长过程中的鲜活事例与贡献成就，感化群众，使尊重知识、尊重人才的思想深入人心。

3. 吸纳人才参政议政

积极搭建各类平台邀请高端人才在推动经济社会发展、支持国家重大战略工作中主动建言献策，在国家各项大政方针制定过程中，更多地用好专家资源，使其更好地发挥智库作用，提升社会大众对高端人才的认可度与敬重度。

（四）构建优良的工作环境

在单位内部，强化党政领导干部队伍建设，配强班子，充分发挥领导班子推动人才工作发展的关键作用。

1. “硬环境”建设

建立人才优先发展保障机制，加大多元投入力度，积极为高端人才成功提供必要条件，改善办公条件和硬件设备；积极为高端人才团队争取各种平台资源、项目资源与资金支持，为高端人才潜心研究、出大成果提供物质保障。

2. “软环境”建设

要不断致力于提升单位整体业务水平培育科研氛围，以一流的单位管理体制机制设计与一流的产出效益，吸引一流的人才加入。

一是“软环境”要宽松。在单位管理体制机制设计上，注重发挥领导班子的带头示范作用，在单位内部为高端人才营造宽松的“软环境”，大力提倡自由探索、追求真理、宽容失败、鼓励争鸣、不唯权威、提倡求异的科学精神与学术风气，并制定具体制度加以保障落实。

二是“软环境”要宽容。对在创新道路上遭遇挫折甚至失败的人才要给予更多组织上的关心、支持与鼓励，给予他们客观的评价，认可劳动价值，使单位上下形成人人争做科研、人人不惧失败的向上氛围。在人才选拔上，不拘一格选人才，破除论资排辈的陈旧观念，充分信任人才，倡导从主流和大节上去看人才，不以偏概全，求全责备。

三是“软环境”要宽厚。完善党委联系专家制度，从情感上给予高端人才更多关心与帮助，不断认可高端人才取得的工作成就，让高端人才真正感受到组织的温暖与爱护，增加高端人才的情感联络。在科研团队管理上，积极推进项目负责人制度管理科研团队，一方面健全项目、经费和用人管理制度，规范团队高端领军人才的职责、权力和行为，防止个人凌驾于团队之上，另一方面要信任高端领军人才，为他们合理调配团队资源充分授权，更好发挥团队效能。

（五）提供多岗位、大项目历练

为国家发展提供不竭的创新动力，需要大量的高端人才进行智力支撑，为此要鼓励各级人才管理部门、各类人才集聚单位的领导、学术导师、科研团队负责人当好“伯乐”，知人善任，为高端人才提供多岗位、大项目的历练，为人才搭建脱颖而出的渠道和平台。

1. 解放思想，主观上愿当“伯乐”

要坚持党管人才原则，系统地做好学术导师、科研团队负责人的思想工作，激发他们的爱才之心、识才之智、容人之量、用才之术，愿当成就千里马的“伯乐”，积极发现并培养有潜力人才。

2. 完善机制，客观上要当“伯乐”

建立人才举荐的有效机制，倒逼各级人才管理部门、各类人才集聚单位领导重视科研团队的培养，将人才梯队建设、人才培养数量、质量与各种重大资助项目挂钩，将发现和培养人才的压力层层传导到学术导师、科研团队负责人，引导他们在深耕专业的同时，要当成就千里马的“伯乐”。

3. 压担示范，过程中善当“伯乐”

拓宽人才培养平台和渠道，引导“伯乐”积极支持鼓励有潜力人才参与重大项目研发、重大工程的研制和基础学科的研究，积极安排参与多岗位历练，并赋予他们相应的责任和使命，做到“早发现，早培养，早压担，早成才”，善当成就千里马的“伯乐”。

引导有潜力人才把个人命运和国家发展联系在一起，在不断克服困难，取得阶段性成就的过程中，坚定自己的道路选择，塑造正确的人生观价值观，争取更大的科研突破，同时通过“伯乐”们“学高为师、身正为范”的示范带动作用，促进高端人才成长起来之后，自愿加入“伯乐”的行列中来，为国家培育更多后继人才，形成良性循环。

五　结论

基于文献梳理、问卷调查、深度结构化访谈，本课题组得出如下结论。

高端人才是指具有高尚的职业道德和职业精神，能力突出、社会责任感强，主要进行创造性工作，并为社会做出较大贡献的人才。他们是各类人才队伍的“塔尖”成员。

从事物发展变化的内外因原理出发，课题组将高端人才的成长规律主要划分为内生规律和外促规律，其中内生规律包括“内驱律和教育律”，外促规律包括“时代律、环境律、历练律和伯乐律”。其概括性含义为：强大的内生动力是高端人才成长的内驱规律；良好的教育背景是高端人才成长的教育规律；进取的社会大风气是高端人才成长的时代规律；良好的工作环境是高端人才成长的环境规律；多岗位、大项目的经历是高端人才的历练规律；

名导师、好领导的知人善任是高端人才成长的伯乐规律。

基于上述规律，本课题组建议从以下五个方面促进高端人才的成长：一是着力激发人才成长的内生动力，包括成才动机开发、激励制度设计；二是为人才成长提供优质的教育资源，特别是优质的高等教育资源；三是在全社会大力营造积极进取、尊知重才的社会风气；四是构建高端人才所需的优良工作环境，包括软硬件建设；五是为人才提供多岗位、大项目的历练，识才爱才、委以重任。

B.16
朝阳区实施国际化人才战略的创新举措

朝阳区实施国际化人才战略的创新举措课题组*

摘　要：朝阳区是首都对外交往的重要窗口，是国际化人才聚集的高地。近年来朝阳区结合区域发展的特点和需求，围绕如何加强吸引、聚集及培养海外人才，实现人才国际化，先后推出了“凤凰计划”和“海外学人创业大会”（OTEC）等重要举措，推进了国际高端人才发展建设，从制度设计、人才评定、平台搭建以及服务环境营造等方面全面探索创新，并取得了积极成效。本文重点探讨了朝阳区国际化人才战略中的创新举措以及近年来取得的成效，最后提出了下一步提升朝阳区国际化人才战略水平的重点举措。

关键词：朝阳区　“凤凰计划”　海外学人创业大会　国际化人才

* 课题组组长：何明，北京市朝阳区委常委、组织部部长，博士，教授。课题组成员：刘静，北京市朝阳区委组织部副部长，博士；董庆前，全球化智库人才研究部总监，中国社会科学院政府政策与公共管理系博士研究生，研究员；洪岩，北京市朝阳区委组织部人才科科长，硕士；戚璟，北京市朝阳区委组织部人才科副科长，硕士，助理政工师；肖振祥，北京市朝阳区海外学人中心主任，大学本科；高歌，北京市朝阳区海外学人中心副主任，硕士；王秋实，北京市朝阳区海外学人中心副主任，大学本科；吴菲怡，全球化智库助理研究员，硕士。

一　朝阳区实施国际化人才战略的意义

（一）实施国际化人才战略是当今世界发展的趋势

当今世界，科学技术突飞猛进，科技创新能力在综合国力竞争中的地位日益提高。同时，科学技术的发展也使人力资本对经济增长的贡献远远超过了物质资本，人才成为各国提高综合实力的重要战略资源。为了应对这一时代发展趋势，各国纷纷制定了国际化人才战略，如 2014 年 6 月日本政府宣布在“国家战略特区”新设窗口，为外国创业者提供政府和民间所规定手续的统一办理渠道。2016 年 2 月，加拿大联邦移民部长提交了一份新的移民法修订案，计划缩短获得加拿大公民身份前所需在加拿大全年居住的时间，从现在的 6 年里住满 4 年，调整为 5 年里住满 3 年。美国则于 2016 年 5 月实施 STEM 专业 OPT[①] 延期的新法案。各国改革措施的频繁发布，都在向我们传递着一个信号：加快本国人才国际化、积极引进国际优秀人才已经成为提升国际竞争力的重要手段。我国积极应对世界形势，从 20 世纪 90 年代起就陆续推出了一系列措施，吸引国际人才。尤其是 2008 年国家提出的“千人计划”，将我国的国际化人才战略推向了新高度。北京是我国的首都，作为实施创新驱动战略的重要载体，以建设国际一流的和谐宜居之都为目标，近年来北京市持续深入推动国家“千人计划”落实、实施北京市“海聚工程”，同时各地区也因地制宜推出了具有区域特色的海外引才计划，如中关村“高聚工程”、经济技术开发区“新创工程”、海淀区“海英计划”等。从国际到国内再到北京，可以看出，国际化人才战略已成为世界各国、各地区的重要发展战略，国际化人才已成为全球争夺的重要资源。

---

① STEM 专业是指与科学（science）、技术（technology）、工程（engineering）、数学（mathematics）相关的各个专业；OPT 是 Optional Practical Training 的缩写，也就是美国 F1 签证学生毕业后的实习期，通常为 12 个月，STEM 专业学习时间为 29 个月。

（二）引进和聚集国际化人才是朝阳区推动经济社会发展的必然选择

朝阳区作为中国涉外第一区，区内云集了除俄罗斯外的全部驻华使馆，集中了全市90%的外国驻京新闻媒体，80%的国际组织、国际商会，70%的跨国公司地区总部，65%的外资金融机构，全市超过50%的外籍人口居住在朝阳区。突出的国际化资源优势，使朝阳区成为首都对外交往的桥头堡和经济发展的加速器，形成了独特的区位优势。同时朝阳区也是北京市的经济大区，多年来各项重要经济指标均位于全市各区前列，区域内的金融业、现代服务业、文化创意产业、高新技术产业发展迅速，已成为朝阳区的四大支柱产业，对全区财政收入的增长贡献率达到68.5%。朝阳区自身的区位优势和产业发展特点迫切需要来自全球的优秀创新创业人才，特别是能够参与打造创新研发的国际化发展高地的海外高端人才。这既是朝阳区实现更高层次发展的切实需要，也是朝阳区适应首都城市战略定位、服务国家重大发展战略的现实要求。

（三）“凤凰计划”与“海外学人创业大会”等成为新时期朝阳区推进人才国际化战略的重要实践

2009年，朝阳区委区政府为了适应推进国际化发展战略的需求，对接国家“千人计划”和北京市“海聚工程”，结合朝阳区高度国际化的特征，制定并实施了引进海外高层次人才的“凤凰计划”。计划用5～10年时间，在CBD、电子城、奥运重点功能区和储备区，聚集一批由科技领军人才领衔的高科技创业团队；引进并有重点地支持100名左右海外高层次人才来朝阳创新创业。① 为了保障“凤凰计划”的顺利实施和人才引进后作用的有效发挥，朝阳区配套实施了一系列从人才发现到引进后持续跟踪的政策措施，

---

① 《“凤凰计划”介绍》，朝阳国际人才港，http：//www.tocbd.gov.cn/phoenix－plan/index.shtml。

形成了一整套以“凤凰计划”为核心的海外人才引进、集聚和培养体系。同时，为了贯彻中央提出的经济发展“双引擎”之一“大众创业、万众创新”精神，朝阳区积极打造海归创新创业的服务平台，推出了朝阳海外学人创业大会（OTEC），通过创业辅导、创业大赛、项目路演、项目展示、论坛对话、创投对接等方式，集合“人才、项目、技术、产品、资本、市场、政策、空间、服务”等要素为海外人才创新创业打造一站式综合服务平台。除了以上两个品牌工程之外，近几年，朝阳区又积极探索推进国际高端商务人才发展区建设、国际人才社区建设、大力推进“国际交往中心建设”、不断完善区域国际化教育、医疗等配套服务，取得了一系列积极成效。

二　朝阳区国际化人才战略创新举措及特点

（一）制定全面、系统、延展的制度体系

在制度体系设计方面，朝阳区全面覆盖人才个人、用人单位和引才中介三类社会主体以及各类目标群体，全面对接朝阳区重点发展产业。以“凤凰计划”为例，目前采用“1+2+3”的资助项目体系，即引才中介资助项目（猎头组织）、两类人才资助项目（创业类人才和工作类人才）和三类用人单位资助项目（初创企业、创业企业团队和引进留学归国人员的用人单位），涵盖了主要的人才引进主体，资助的群体和目标十分明确。在评审认定中根据朝阳区当前产业结构特点，设立金融、现代服务、科技、文创、社会事业五个专业评估小组，使项目更好地对接产业发展需求。在申报过程中，围绕产业需求和用人单位需要，由主管工委或产业的主管部门进行推荐，并且为地区发展急需、紧缺的人才开辟个案研究的引进通道。

同时，朝阳区十分注重人才制度的系统性。以“凤凰计划”为例，通过建立“1+2”政策体系（即《朝阳区关于大力推进海外学人工作的实施意见》《朝阳区鼓励海外高层次人才创业和工作暂行办法》《朝阳区优秀海

外人才引进资助暂行办法》），系统设计了海外学人工作的指导思想、基本原则等方面的纲领性方案，并对人才评定及资助进行了详细规定。在资助内容上，除资金支持外，还对人才的教育医疗服务、后续发展补助、政治参与与区内产业园区、市级国家级人才计划兼容性等都做了系统性的规定。同时为了有效支撑“凤凰计划”的实施、推进，搭建了“五位一体”的服务体系（海外学人工作联席会、海外学人党支部、海外学人俱乐部、国际人才专属服务窗口和 CBD 国际人才港），并创立了旨在对创业者进行辅导的“凤凰学院”等机构。从外围来看，“凤凰计划”上承国家“千人计划”和北京市“海聚工程”，下接朝阳海外学人创业大会，注重与功能区的互动和基础服务衔接，实现了与区域外围创新创业环境的无缝对接（见图 1）。

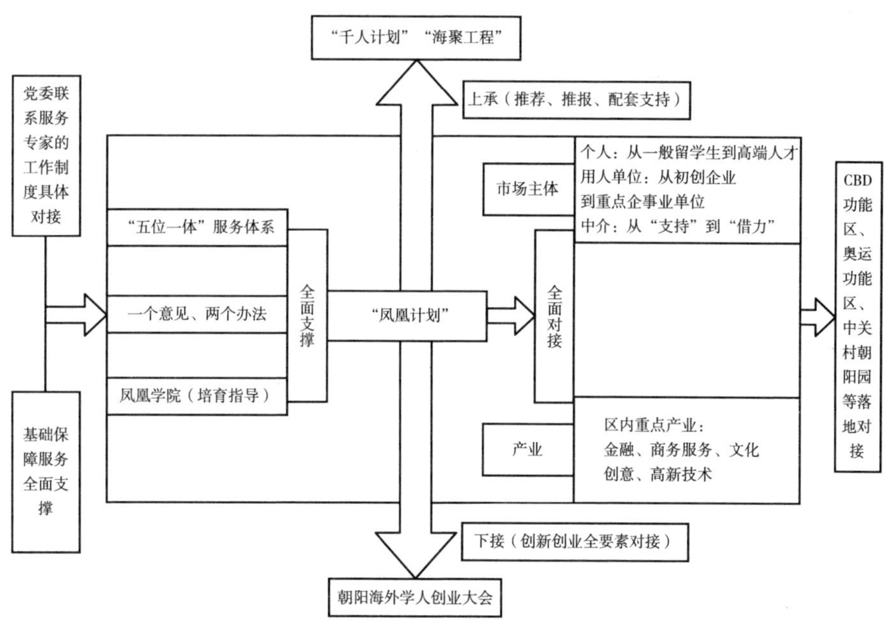

图 1　朝阳区吸引聚集海外人才的基本制度体系设计

延展性同样是朝阳区人才制度体系的重要特点。朝阳区的“凤凰计划”从区级层面配合国家“千人计划”和北京市“海聚工程”，一方面，加大力度引进海外高层次人才来朝阳区工作、创业，积极引进和培育国际高端人才；另一方面，对于区内符合标准的高层次人才，积极推荐、推报各类人才项目，如国家“千人计划”、北京市“海聚工程”等，并结合自身实际，提供相应的人才配套支持政策。如对于区域内入选国家“千人计划”和北京市“海聚工程”的高层次人才，可直接授予朝阳区“凤凰计划”海外高层次人才的荣誉称号，并享受除一次性奖励资金外的其他优惠政策。通过朝阳海外学人创业大会这一品牌（包括创业大赛、创新峰会、国际创业聚、创业发布、创业成果展、海创中国行、海归招聘会七大板块），落实了资金支持、创业培训、创业支持服务等政策措施，使得人才政策能够“开花结果”。与此同时，CBD、中关村朝阳园、奥运功能区建设等，让人才、团队、项目引进朝阳后有发展的空间。这些举措，都使得朝阳区的国际化人才战略延伸到人才培育的后端，即人才使用、项目落实环节。

（二）建立国际化、市场化、社会化的人才评价体系

朝阳区在人才的评价体系设计中，注重引入市场主体评价人才，突出国际化、市场化和社会化特征。在国际化方面，无论是在“凤凰计划”、国际高端商务人才评选认定，还是朝阳海外学人创业大会的申请资格条件中，都明确突出人才的海外背景、人才的海外工作学习经历，突出人才在国际同行业中的专业水平和素养。例如，在“凤凰计划”评审中，专家组成员必须有一定比例的具备国际化视野的专家、行业代表或领军人物；海外学人创业大会创业大赛要求参赛的核心团队必须有留学归国人员或国际人才。在市场化方面，以“凤凰计划”为例，在人才、团队评估环节，主要侧重从社会经历、项目前景、企业战略、经营团队、产业关联等市场相关要素进行评估。在海外学人创业大会创业大赛的项目筛选中，针对创业的特点，引入创投机构，实现由创投机构来评价项目。高端商务人才评定团队的专家，也都是从知名人力资源机构和企业等市场主体领域挑选的行业专家和资深人士。同时在朝阳区相关人才政策制定、交流培训等方面，鼓励市场主体积极参与，充分发挥了市场在人才战略实施过程各个环节中的重要作用。在社会化方面，积极鼓励各种国际化组织参与进来，引入全球化智库、朝阳人才咨询

服务机构协会（“猎头联盟”）等社会组织参与人才评定体系的标准制定、人才培训以及各类交流活动。

（三）搭建基于资源整合、注重沟通合作的高端平台

搭建高层次人才资源交流、互动、提升的平台，是朝阳区国际化人才创新举措的重要特色，海外学人创业大会就是一个典型代表。其充分发挥政府引导作用和市场在资源配置中的决定性作用，聚集新型创业服务机构和支持机构，整合各类市场化资源，促成创新创业要素的全面对接，为海外学人创新创业提供全方位支持。经过七八年的发展，海外学人创业大会已经成为朝阳区国际化人才战略的重要平台和载体。同时，还通过成立“朝阳海外学人俱乐部”、“国际高端商务人才俱乐部”以及“海外知名高校北京校友会人才联盟”等，促进人才交流合作，并邀请有关部门与人才、团队面对面交流，讲解创业、产业政策等来提升人才的综合素质。此外，还依托各功能区，举办、承办各种国际文化交流活动，加强文化、体育、旅游、会展、商务服务等领域的国际项目交流协作，详见表 1。

表 1　朝阳区海外人才交流合作的高端平台

序号	平台/机构名称	相关内容
1	海外学人创业大会	聚集新型创业服务机构和支持机构，整合各类市场化资源，促成创新创业要素的全面对接，为海外学人创新创业提供全方位支持
2	朝阳海外学人俱乐部	促进会员之间分享成功经验、共享生活乐趣，提供一个互动交流和服务咨询的平台
3	国际高端商务人才俱乐部	以国情研修、联谊交流、建言献策、公益服务等活动形式，积极促进高端商务人才之间相互交流合作
4	海外知名高校北京校友会人才联盟	搭建人才引进储备网络，通过举办联谊会、论坛、沙龙等活动，增进沟通联络，吸引优秀人才回国工作创业，形成人才储备池
5	朝阳青年精英见习计划	为外国留学生提供实习机会，提升其专业技能，不仅扩充了国际人才储备，也能适应区内企业的发展需要

续表

序号	平台/机构名称	相关内容
6	依托各功能区开展的交流活动	奥运功能区,举办、承办国际体育赛事和国际文化交流活动;CBD 功能区,举办北京 CBD 创新发展年会(前身为 CBD 商务节)和各类高端峰会等活动,围绕国际国内重大议题,邀请国际知名研究机构、世界商务区联盟、国际商协会、跨国公司、世界 500 强等国际组织和企业参加,搭建国际交往高端平台
7	其他	举办中外联合办学、选送专业人才出国深造、开展国际经贸科技合作等形式丰富的活动,为区域人才境外工作、考察和交流提供服务,促进国际交往的深入发展

（四）打造“专业类”和“基础类”相结合的服务体系

朝阳区为使人才引得来、用得好、留得住，不断完善创新创业的要素市场，为人才提供优越的发展环境、宜居宜业的生活环境、开放包容的人文环境、安全稳定的社会环境。目前，朝阳区对国际人才的服务主要有两种：一是专业类服务（以“凤凰计划”和望京留创园为代表），二是基础类服务。

在专业类服务方面，“凤凰计划”结合自身特点，构建了以人才为中心的“五位一体”服务体系，即通过海外学人工作联席会、海外学人党支部、海外学人俱乐部、国际人才专属服务窗口和 CBD 国际人才港网站（www. tocbd. gov. cn）为核心的五个服务主体开展人才服务工作。其中，海外学人工作联席会主要负责确保各项政策有效落实；海外学人党支部在组织人才、凝聚人才等方面发挥核心领导作用；海外学人俱乐部通过活动联系会员，为海外人才融入朝阳，以及分享创业经验、生活乐趣、交流信息提供平台。同时，在 CBD 国际人才港网站设立海外学人专区、开设热线咨询电话等各类人才服务专门机构和窗口，为海外学人提供便利的服务。以望京留创园为代表的功能区服务方面，主要注重人才需求服务，包括融资、中介、信息等。

在基础类服务方面，主要涉及出入境、营商环境、文化融入以及配套服务等。配合朝阳区服务业扩大开放试点工作，新建外国人出入境服务大厅，简化出入境流程，为外籍人才出入境、停留居留提供高效便捷的“一站式”服务。改善外籍人才在朝阳创新创业的营商环境，进一步降低外资在商务、科技、信息文化、金融、生活服务等方面的准入门槛。为帮助人才融入朝阳，举办了“北京朝阳国际风情节”“中外邻居过大年”“望京国际文化艺术周”等各类国际文化交流和体育赛事活动，增进了国际人才对中华文化的认识与了解，营造了多元融合的国际化人文环境。在配套服务方面，主要完善国际教育、国际医疗、国际人才公寓等，如积极打造中医药、西医综合两类医疗机构群，打造以高端专科、高端健康管理和高端社区卫生服务为特点的国际高端医疗服务体系，为在朝阳区工作生活的国际友人提供优质医疗服务。在教育服务方面，扩充国际学校数量，对接落实人才子女接受教育需求，为其子女入学提供绿色通道，解决引进人才后顾之忧，详见表2。

表2　朝阳区海外人才主要服务类型

<table>
<tr><th colspan="3">服务类型</th><th>具体职能</th></tr>
<tr><td rowspan="11">专业类服务</td><td rowspan="5">以“凤凰计划”“五位一体”服务体系为代表</td><td>海外学人工作联席会</td><td>对“凤凰计划”的申报和评审进行联合把关，并围绕海外高层次人才工作的开展，沟通信息、交流情况、研究问题，协调落实</td></tr>
<tr><td>海外学人党支部</td><td>发挥领导核心作用，为海外学人中的党员提供党务服务，定期开展组织生活，加强和海外学人党员的联系</td></tr>
<tr><td>海外学人俱乐部</td><td>海外人才交流平台，让海外学人在各类公益沙龙、座谈、培训等活动中互动起来</td></tr>
<tr><td>国际人才专属服务窗口</td><td>提供政策咨询服务，开通海外学人创业企业工商注册绿色通道</td></tr>
<tr><td>CBD 国际人才港网站</td><td>提供信息发布、“凤凰计划”申报入口等</td></tr>
<tr><td rowspan="6">以望京留创园为代表</td><td>基础服务</td><td>公共服务区（政策、法律、财务、人力等）；交流休息区（虚拟注册）；孵化办公区（与众创空间合作）等</td></tr>
<tr><td>人才服务</td><td>招聘会、创业讲堂；知识产权工作站等</td></tr>
<tr><td>培训服务</td><td>政策宣讲、法律讲座、财务培训、人力资源、项目申报等</td></tr>
<tr><td>融资服务</td><td>与银行、担保公司和风投机构合作</td></tr>
<tr><td>中介服务</td><td>律师事务所、知识产权事务所、技术检测机构、技术评估机构等</td></tr>
<tr><td>信息服务</td><td>数字化图书馆等</td></tr>
</table>

续表

服务类型		具体职能
基础类服务	出入境便利	设立外国人出入境服务大厅，为朝阳区外籍高层次人才创业团队及企事业单位选聘的外籍管理和技术人才、外籍华人、外籍青年学生办理外国人员签证、中国“绿卡”等提供便利
	营商环境	在全市率先试行外资审批登记一体化，建设“外资企业一体化”窗口；推进服务业扩大开放试点（如降低投资性公司、人才中介机构的外资准入门槛，探索中国内地律师事务所与外国及港澳台地区律师事务所业务合作方式与机制；允许新设或改制成立的外商独资银行或中外合资银行在提交开业申请时同时申请人民币业务）等
	文化环境	探索建立国际人才社区，组织、引导外籍人士参与社区自治和社区文化活动；推动涉外管理服务工作的语言环境重点场所实现双语覆盖；举办“北京朝阳国际风情节”“中外邻居过大年”等交流活动
	配套服务环境	国际医疗：建设“一体两类三高端”的国际医疗卫生服务体系（以和睦家医院为主体，打造中医药、西医综合两类医疗机构群，以高端专科、高端健康管理和高端社区卫生服务为特点的卫生与健康国际高端服务体系）；国际教育：充分发挥区域内国际化教育资源优势，建设高端优质的国际学校；居留住宿：建设国际公寓等

三　朝阳区国际化人才战略取得的成效

（一）实现了海外高端人才快速集聚

朝阳区共有486人获得中央、市、区海外高层次人才称号，其中国家“千人计划”特聘专家142人，北京市“海聚工程”特聘专家187人，在北京市各区中处于领先地位。据不完全统计，近几年所有留学归国人员中，到北京就业、创业的超过60%选择了朝阳区。近两年，朝阳区留学人员数量增长很快，仅2014年，就有8万余名归国留学生来朝阳区工作、创业，而这一数字在2015年已增加到近10万①。从“凤凰计划”实施情况来看，

① 资料来源：《留学》杂志总第62期。

2017年申报信息的数量达到591条，是2011年的6.72倍，详见图2。“凤凰计划”实施七年以来（截止到2017年8月），已资助海外高层次人才创业企业56家、工作类高层次人才99名；资助优秀海外学人初创企业178家、归国人才创业团队11支以及168家引进海外学人的企事业单位，引进了海外硕士研究生2121名，海外博士研究生141名①，详见表3。在OTEC举办的5年中，共吸引了来自美国、英国、荷兰、以色列、澳洲、韩国以及新加坡等20多个国家和地区的18000名创业者，4000多个项目参与其中。

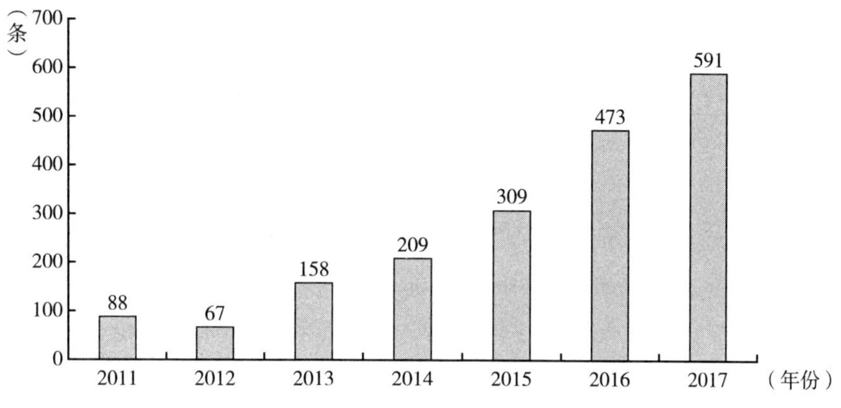

图2　2011～2017年“凤凰计划”申报情况

资料来源：《“凤凰计划”汇聚高精尖人才》，《朝阳报》2017年9月22日。

（二）引进人才与产业结构高度契合，有效促进区域经济快速发展

朝阳区注重引进人才和产业发展相结合。从人才的所学专业和所从事的专业领域看，与目前朝阳区的金融、现代服务、文化创意和高新技术四大支柱产业高度契合，产业政策与人才国际化形成了互为呼应、互相促进的格局。从“凤凰计划”来看，无论引进的创业类人才、工作类人才还是初创企业几乎都涉及金融、现代服务、文化创意与高新技术等重点产业，与朝

① 《“凤凰计划”汇聚高精尖人才》，“北京凤鸣朝阳”，http：//mp. weixin. qq. com/s/MGrwG_ 0LrAeNp4XJDOYyOw。

表 3 “凤凰计划”资助的人才和企事业单位情况

项目类别	资助人才/企业数量（2010～2016 年）	人才来自全球排名前 50 位高校的比例*（2012～2016 年）
创业类 海外高层次企业	58 家	22.1%
工作类 海外高层次人才	99 名	18.2%
初创企业	178 家	26.8%
创业团队	11 支	28.8%
引进留学归国人员的企事业单位	168 家	——
引进海外高层次人才企事业单位		

注：* 按照 2018 年 QS 世界大学综合排名统计。

阳区的经济结构、未来产业发展规划的需求基本匹配（见图 3～5）。同样从国际高端商务人才入选者来看，在“商务精英”和“青年英才”两个类别中，可以明显看出，人才的比例分布与目前朝阳区的产业结构也较为契合（见图 6～7）。

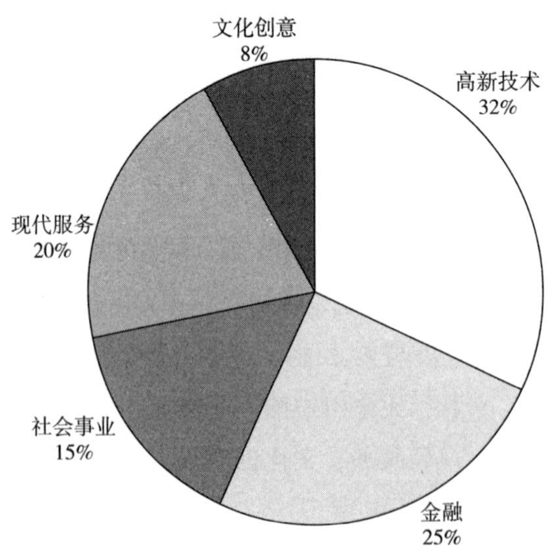

图 3 “凤凰计划”工作类高层次人才行业分布（2010～2016 年）

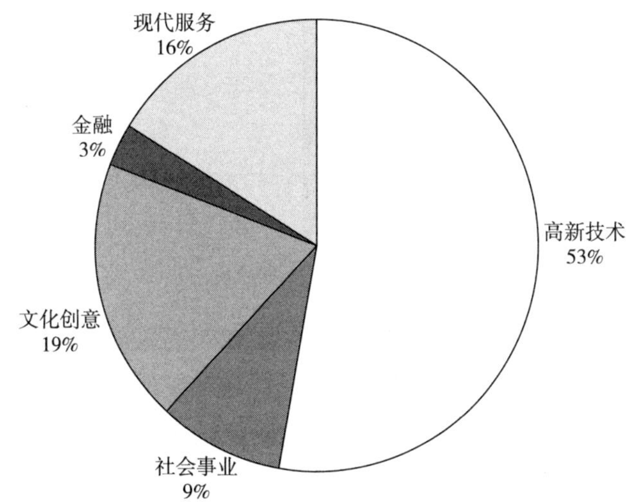

图 4 “凤凰计划”创业类高层次人才行业分布（2010～2016 年）

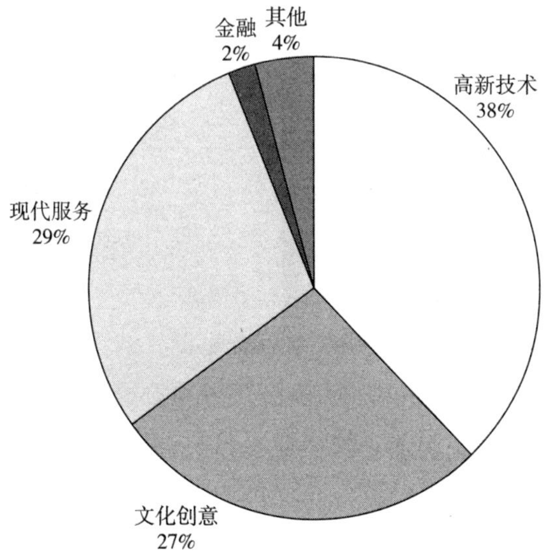

图 5 “凤凰计划”资助初创企业行业分布（2010～2016 年）

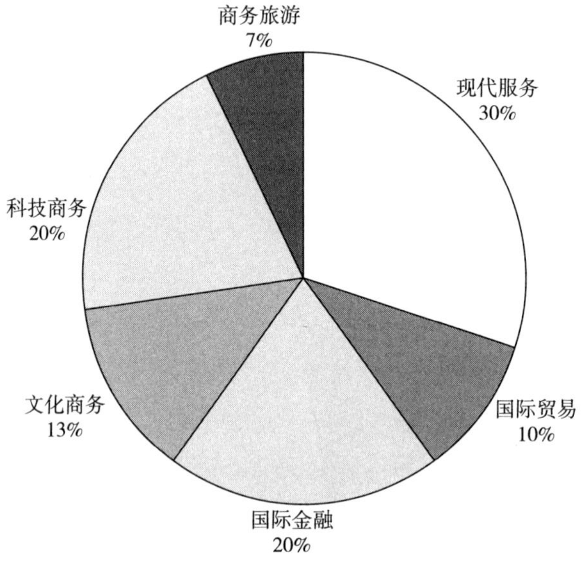

图 6　国际高端商务人才（商务精英类）行业分布（2015～2016 年）

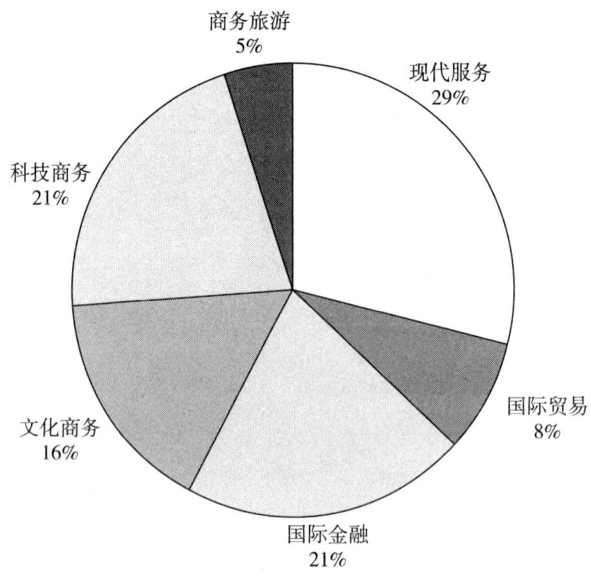

图 7　国际高端商务人才（青年英才类）行业分布（2015～2016 年）

（三）高层次人才形成引领作用，带动行业快速发展

从目前引进人才的行业类别来看，其呈现“高层次”的特点，普遍具有较大的行业影响力（见表4）。不少人才来自中国国际金融股份有限公司、德意志银行、普华永道、中意人寿保险公司等国际金融、现代服务业企业核心管理层；以精进电动、海湾环境、释码大华为代表的高层次人才创业企业大多拥有自主知识产权，科技创新水平较高、研发能力较强；在医疗卫生领域，既有在公立医院工作的技术权威，又有具备国际视野的中医专家，还有利用国外的先进技术和理念创业的学人精英，涵盖了传统中医、西医、健康产业、社区医疗、养老各个方面，推动朝阳区相关行业的快速发展。海外学人创业大会每年举行的创业大赛的获奖创业项目，也很好地体现出这一特点（见表5）。

表4　部分引进海外高层次人才团队的主要成就

高层次人才团队	入选“凤凰计划”年份	主要成就
赵勇 格灵深瞳	2014年入选“凤凰计划”“初创企业资助”，2015年入选“凤凰计划”创业类高层次人才	2017年入选第13批国家“千人计划”。公司自主研发的深瞳技术在人和车的检测、跟踪与识别方面居于世界领先水平
王晓鹏 释码大华	2012年入选“凤凰计划”创业类高层次人才	入选国家“千人计划”、北京市“海聚工程”特聘专家、北京市“科技新星”、中关村“十大海归新星”等。70%以上团队成员拥有硕士及以上学历，60%以上曾就职于世界500强，公司拥有完全自主知识产权和算法、核心专利60余项
魏巍 海湾环境	2011年入选“凤凰计划”创业类高层次人才	公司连续四年荣登福布斯中国潜力企业排行榜；2015、2016年度全球清洁技术100强；2016国家环境保护科学技术奖；2012年入选朝阳区“凤凰计划”海外人才团队
余平、蔡蔚 精进电动	2010年入选“凤凰计划”创业类高层次人才	余平、蔡蔚，国家“千人计划”专家。蔡蔚主持和参加的国家“863”和新能源汽车创新工程等项目多达10余项，省部级科研和产业化项目20余项，蔡蔚为第一发明人的发明专利有10余个，其他专利有10余个。两人和团队一起创办了精进电动科技（北京）有限公司，只用短短3年即让公司成为国内新能源汽车电机领域的佼佼者

表5　海外学人创业大会之创业大赛典型获奖项目（2014～2017年）

获奖年份(年)	获奖项目	所在领域	发展情况
2014	优车诚品	社会服务、O2O	2016年12月,获得真格基金数百万天使投资,一个月后又拿到了IDG资本近千万美元A轮融资。第一家旗舰店自5月份开业之后,3个月的时间已经达到了月均100多辆的销售量,并以月均30%的速度递增
	特赞(Tezign)	企业服务、创意、科技	积累了16个国家、74个城市的10000+位优秀设计师,服务了4000+企业客户,重新定义了未来企业和创意人才的合作方式。在2016年4月获得红杉资本中国基金领投的数千万级人民币A轮融资
	速来网(小劳易管)	人力资源、O2O	目前,小劳招聘App注册求职者人数超过600万,每月新增的用工企业超过1000家,为大量农民找到了适合的工作,也为众多企业解决了招聘低端人员难的问题
2015	黑土麦田	公益、扶贫、创业	黑土麦田是在国家民政部备案的人才培养与精准扶贫公益项目,旨在通过持续输送杰出青年人才到贫困乡,以开办农民专业合作社的方式,整合政府、社会组织、企业等多方资源,开展产业扶贫和社会服务,为中国农村创造可持续的发展动力
	多少男装	商业营销、消费升级	LESS & MORE依托强大的产业链整合、标准化管理,与移动互联网合作,让更多男士享受到精湛的手工西装技艺,成就超高顾客满意度。2016年,完成1200万人民币A轮融资
2016	BioCellection	环境保护、能源	两位创始人获得价值3万美金的帕尔曼大奖,还从沃顿商学院获得包括沃顿社会影响奖在内的4个大奖。加拿大资深科评委员会评估,项目市场价格高达4907.5万加元
	DeepCare	人工智能、医疗、大数据	在医学影像当中引入人工智能,通过深度学习、机器视觉等技术,实现对医学影像的智能分析判断,仅肺部CT影像就已收集超过百万个完整数据。2016年完成600万人民币天使A轮融资
	史克浪体育	文化娱乐、体育	2016年9月完成2400万人民币A轮融资,引入"泥泞跑"泥地障碍越野跑项目,已吸引超过10000多名运动爱好者参与,在国内细分领域的市场占有率排名第一
	曩源科技	新材料开发	创始人陈曦,国家"千人计划"专家,曾获美国青年科学家总统奖(PECASE)、美国国家科学基金会给青年学者的最高奖励(CAREER)以及ASME和SES两个权威协会的所有三项青年力学科学家大奖(SNNA、YIM、THYIA)。团队目前已经获得洪泰基金、真格基金近千万元的联合投资

续表

获奖年份(年)	获奖项目	所在领域	发展情况
2017	顶峰科技	基因检测、大数据	创始团队均来自牛津大学和哈佛大学等知名高校。创始人暨 CEO, Dr. Tim Xiaoming Hu, 在 *Nature Method* 以及 *Development* 等顶级科研杂志上在单细胞基因领域发表多篇文章,是单细胞基因分析的资深专家
	考拉阅读	K12 教育、人工智能	2017 年 8 月完成数千万元 Pre - A 轮融资,目前已与国内 200 余所小学建立了合作关系
	Brightway Vision	机器学习、计算机视觉、虚拟现实	Brightway Vision 为以色列门控显像传感企业,成立于 2011 年,目前已完成 A 轮融资。传感器技术全球独有,所处 ADAS 行业前景广阔,市场巨大

(四)加强了与区域内国际资源的交流和合作，国际化品牌效应明显

近年来，朝阳区与区域内国际资源联系越来越密切，国际化品牌效应明显增强。具体体现在以下三个方面。首先，与区内众多使馆联系日益紧密。连续多年与区域内美国大使馆科技处、环境处、健康处，法国大使馆商务处（商务参赞）和文化教育处，爱尔兰大使馆商务处，瑞士大使馆科技处，加拿大大使馆文化教育处，英国大使馆文化教育处，丹麦大使馆，芬兰大使馆，以色列大使馆，以及中国美国商会、中国澳洲商会、欧盟中小企业中心、意大利教育中心等区域内涉外机构开展合作，加大外籍人才参与“凤凰计划”申报力度。其次，引进人才的外籍比例较高。从 2010 年到 2016 年“凤凰计划”引进人才/团队的国籍构成来看，创业类人才中外籍人才比例达 21%、工作类人才中外籍人才比例达 37%、人才团队中外籍成员有 37%。《中国国际移民报告（2015）》数据显示，目前在硅谷，36.4% 的人口出生于国外。伴随着“凤凰计划”的不断深入推进，国籍背景更加丰富。除了美国、英国、加拿大等发达国家，还吸引到了智利、马来西亚、菲律宾等新兴发展中国家的人才与团队，详见图 8、图 9、图 10。最后，创新创业平台的国际影响力越来越强。2014 年，第二届海外学人创业大会创业

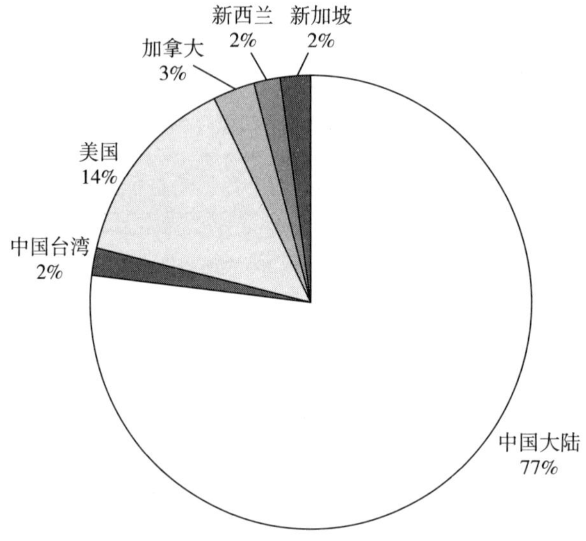

图 8 “凤凰计划”引进创业类高层次人才国籍情况（2010~2016 年）

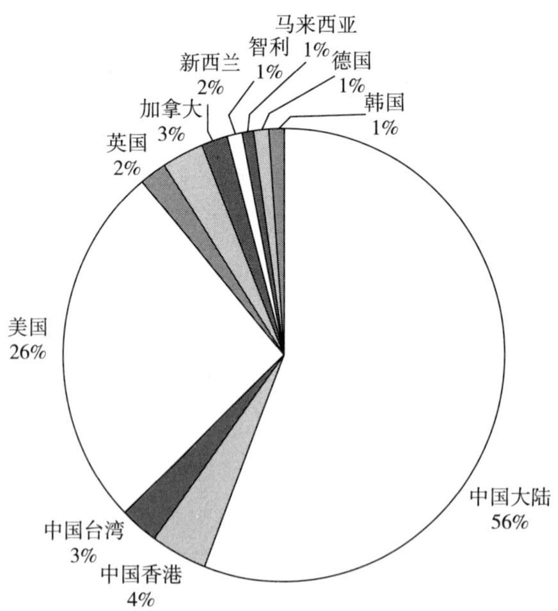

图 9 “凤凰计划”引进工作类高层次人才国籍情况（2010~2016 年）

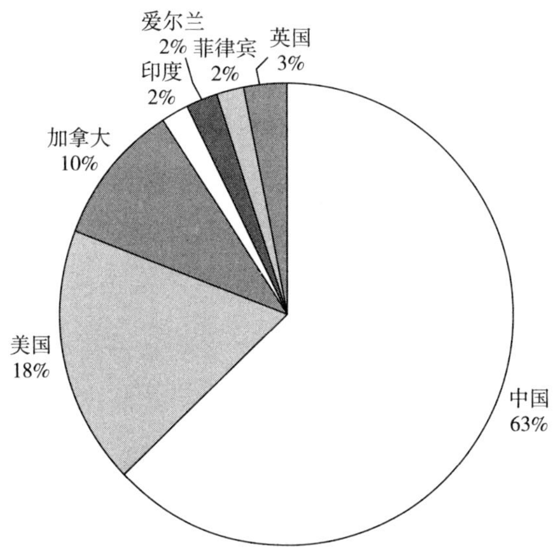

图 10　“凤凰计划”资助的人才团队成员国籍情况（2010～2016 年）

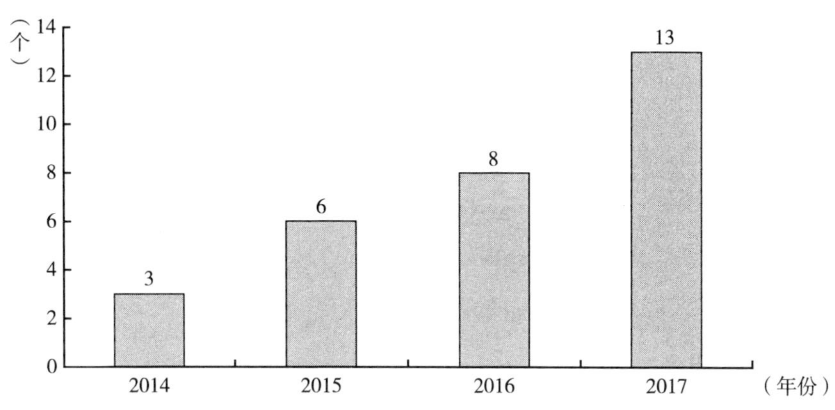

图 11　OTEC 海外赛区数量变化趋势（2014～2017 年）

大赛首次在海外开辟 3 个赛区，到 2017 年海外赛区数量扩大到 13 个，详见图 11。同时在马来西亚、泰国、新加坡、以色列等“一带一路”参与国开设分赛区，并邀请其中的优秀项目负责人到北京考察，借助创新创业加强同“一带一路”国家创业者们的交往与联系。通过不断拓展海外赛区版图，越来越多的海外人才感受到了朝阳区优质的创业环境，并在许多国家的创业圈中形成了一定的影响力。截至目前，已有来自美国、法国、以色列、荷兰、泰国等9个国家的125个国际创业项目入驻朝阳区。

四 下一步提升朝阳区国际化人才战略水平的重点举措

随着习近平总书记两次视察北京重要讲话精神的深入贯彻落实，以及京津冀协同发展的深入推进、首都经济发展方式的深度调整、城市发展格局深刻变化和新的城市总体规划出台，朝阳区营造优良国际服务环境、提升国际化配套服务的能力还需要进一步提升，下一步将在以下几个方面做好工作。

（一）加大国际化人才引进和培养力度，增强朝阳区国际化人才和资源的集聚力

实施“走出去”引才与本土人才国际化培育相结合。加大吸引和集聚国际高层次人才力度。科学评估和预测重点行业、重点领域的人才需求情况，定期编制朝阳区急需紧缺人才目录，并联合国内知名网络媒体广泛向全社会发布。深化与朝阳人才咨询服务机构协会的合作，定向引进急需的高层次人才。依托人才工作海外联络站，宣传朝阳区人才发展环境及相关政策，广泛寻访和引进国际人才。面向海外高层次人才设立政府特聘岗位，依托举贤网等平台资源寻访国际高端人才。在继续加大高层次人才及领军人才引进的同时，进一步挖掘海外优秀青年潜力人才，加大对区域内企业和社会组织中外籍优秀青年学生实习、就业的支持力度，建立国际化人才梯队。对内继续发挥市场主体、用人单位等在相关工作中的重要作用，鼓励和支持他们通过举办中外联合办学、选送优秀本土人才出国深造、开展国际经贸科技合作等形式丰富的活动，为区域人才境外工作、考察和交流提供便利和服务，提升本土人才的国际化水平。

（二）进一步加大人才服务体系建设力度，提升区域国际化人才服务水平

以“朝阳望京国际人才社区”为示范点，打造优质的国际人才环境。在国际化的社区服务方面，提升涉外社区管理水平，制定服务标准，加强涉外培训，打造一支服务国际高端人才的专业化队伍。在国际人才政务服务大厅建设方面，在电子城西区锐创大厦建立国际人才政务服务中心，构建集人力资源、社会保障、公安户政等功能于一体的高端人才服务体系。建设国际高端人才基础信息库，动态掌握国际人才的流动情况、需求情况和发展情况，提高国际人才服务效能。建立智能化的对外交流展示中心，运用信息化手段，为国际人才提供便捷高效的服务。

（三）增强区域内国际化氛围，服务创新发展

朝阳区是首都国际化资源较为丰富的地区，具有很强的区域优势，要充分发挥现有国际化优势，统筹区域内有关资源，积极推进“国际交往中心”建设，鼓励国际优秀创新创业资源落户朝阳区，优化配套环境，不断增强区域创新创业的国际化氛围。紧抓举办 2022 年北京冬奥会的重要契机，加强与延庆区、张家口市的交流合作：成立国际人才交流驿站，搭建人才资源共享、优势互补、互利共赢的合作平台，为人才发展提供全方位的综合服务；共同发起成立“京张冰雪项目场馆人才联盟”，为场馆人才提供信息共享、思想交流、体育休闲等多种形式的服务。通过积极主动融入京津冀协同发展大局，增强朝阳区的国际化氛围在京津冀地区的辐射能力，让朝阳区国际化人才战略发挥最大效应。

B.17
全球人才竞争力大盘点
——《2017 年全球人才竞争力指数》解读

北京市人力资源研究中心

摘　要：人才竞争力可以促使一个国家（或城市），通过制定系列人才政策、采取系列行动计划，吸引集聚一大批优质人才资本，提升生产力、促进经济繁荣。因此，本文重点解读了《2017 年全球人才竞争力指数》报告，以了解世界各国人才竞争能力，掌握主要城市人才发展情况，并对报告反映的主要趋势进行分析总结。

关键词：全球人才　人才竞争力　人才竞争力指数

2017 年 1 月，德科集团（Adecco）与英士国际商学院（INSEAD）、新加坡人力资本领导能力研究院（HCLI）联合发布了《2017 年全球人才竞争力指数》报告（以下称《报告》）。《报告》在综合研判全球经济社会发展新趋势基础上，以“人才与技术”为切入点，提出了系列新观点，并依据投入产出法则，使用各国市场环境（Enable）、人才吸引能力（Attract）、人才培养能力（Grow）、人才留存能力（Retain）、劳动力与职业技能水平（Labor and Vocational Skills）、全球知识技能水平（Global Knowledge Skills）等六大维度构建了人才竞争力评价指标体系，对全球 118 个国家、46 个标杆城市人才竞争能力进行了评价分析。

一　世界各国人才竞争力排名

参与评价的国家 GDP 占全球的 97.3%，占世界人口的 88.7%。《报告》设计了 65 个评价指标，指标数据大部分来自各国官方发布，剩余部分数据通过电话调查方式获取，采用国际通用量化方法，对 118 个国家人才竞争能力进行了计量排名。

排名靠前的主要是经济发达国家。《报告》显示，2017 年人才竞争力排名前 10 位的国家是：瑞士、新加坡、英国、美国、瑞典、澳大利亚、卢森堡、丹麦、芬兰、挪威。加拿大（13 位）、新西兰（14 位）、德国（17 位）、日本（22 位）等发达国家也排名靠前。《报告》提到，人才竞争力排名较高的国家有鲜明的共性特征，比如拥有适应经济发展的教育系统、更灵活的就业政策、更紧密的政企合作等。

人均 GDP 与国家全球人才竞争力呈现正相关趋势。人均 GDP 较高的国家，其全球人才竞争力得分也相对较高。以高收入、中等偏上收入、中等偏下收入、低收入四个层次分类可以看出，各国人均 GDP 与其全球人才竞争力得分呈现高度正相关关系，详见下图。

欧洲国家保持全球人才竞争力指数排名领先地位。《报告》指出，欧洲有 16 个国家全球排名前 25 位，其余非欧洲国家分别是新加坡、美国、澳大利亚、加拿大、新西兰、阿联酋、卡塔尔、日本和以色列，排名分别为第 2 位、4 位、6 位、13 位、14 位、19 位、21 位、22 位和 25 位。

中国人才培养表现突出。中国人才竞争力综合排名为 54 位，较 2016 年下滑了 6 位。具体看，排名最高的是全球知识技能水平（27 位）；其次是人才培养能力（39 位）；排名最低的是人才吸引力（100 位），下降了 29 位。所以，排名下降主要原因是人才吸引力指标下滑幅度较大。另外，金砖国家中中国仍领先其他 4 个国家，俄罗斯（56 位）、南非（67 位）、巴西（81 位）、印度（92 位）。《报告》进一步指出，中国在人才培养方面表现突出，尤其体现在大学教育、企业培训等方面。

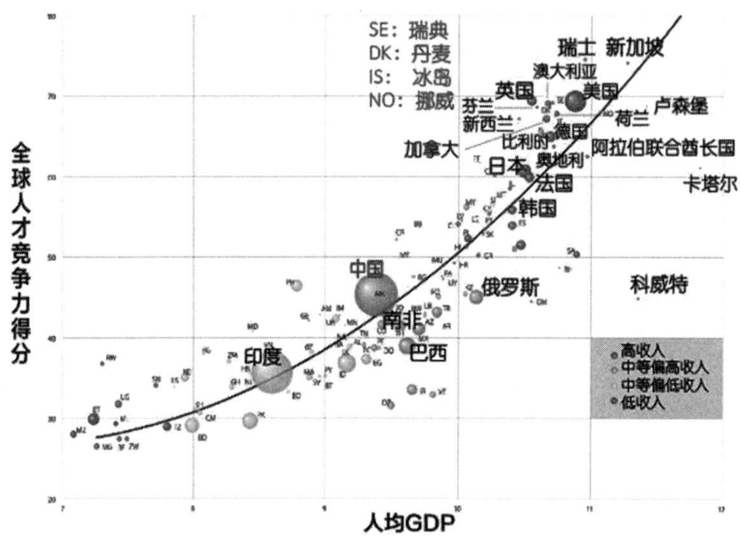

国家人均 GDP 与人才竞争力得分关系

注：气泡大小代表人口多少

各国人均 GDP（以购买力平价设定）、人口数据均来自世界银行《世界发展指标》资料来源：《2017 年全球竞争力指数》报告。

二　全球标杆城市人才竞争力排名

为进一步探究哪些城市对优秀人才更具吸引力，《报告》首次推出了全球城市人才竞争力指数，选取了全球 46 个标杆城市。

欧洲城市人才竞争力强劲。排名前 10 的城市是：哥本哈根（丹麦）、苏黎世（瑞士）、赫尔辛基（荷兰）、旧金山（美国）、哥森堡（瑞典）、马德里（西班牙）、巴黎（法国）、洛杉矶（美国）、埃因霍温（荷兰）、都柏林（爱尔兰）。排名前 3 名的均为欧洲城市，前 10 名城市中欧洲独占 8 个，其余两个为美国城市。《报告》指出，排名靠前城市都具有较高生活水平、更灵活人际关系、更多元职业机会等。

北欧城市整体表现卓越。《报告》显示，北欧城市哥本哈根（1 位），赫尔辛基（3 位）和哥森堡（5 位）占据排名前列。北欧城市靠前的排名反映了城市的高昂生活成本已经被良好的物质基础、信息基础设施、城市间的连通性、与国际密切的联系以及高生活质量指标所抵消。

中国上海入选标杆城市。《报告》选取上海为中国标杆城市，人才竞争力排名第 37 位，排名总体上靠后，但领先开罗、墨西哥城、圣保罗等城市。

全球城市人才竞争力指数间具有关联性。《报告》指出，影响城市人才竞争力的各因素之间是有所关联的，特别是在排名靠前的城市中，指标间相互促进的作用就会更明显。例如，一个城市的人均生产总值越高，随着时间推移，其技术普及率就会越高，城市的教育和医疗质量就越高。这种各因素间的互相促进会形成发展的良性循环，如知名大学会吸引更高素质的教学研究人员，从而提高学校人才培养质量，产生更多的高水平人才进入市场，服务于经济社会的发展。

三　主要趋势判断

一是人才竞争力提升仍是城市需要考虑的核心问题。《报告》从技术发展对人才竞争力影响出发，认为尽管很多职业正逐步被机器所取代，但技术也在为人才创造更多新机遇。未来时期，人才的专业技能、适应性和合作精神是获取成功的关键，政府与企业应当在人才教育、人才政策等方面紧密协作，以提升本国人才在国际舞台的竞争力。

对城市来讲，人才是否具有竞争力至关重要。20 世纪“哪里有工作就去哪里”的理念正被 21 世纪“哪里有人才哪里就有工作”所取代。过去，人才吸引能力很强的城市通常可以容纳大型工业和公司。很明显，目前这些特点并没有消失。拥有重要雇主的大型城市仍然凭借其强大人才竞争力享有得天独厚的优势。今天，人才特别是高层次人才可以拥有更多自由选择权。当一个城市试图吸引投资特别是国外投资时，往往需要使用优惠的财税、土地等政策，在交通、信息等基础设施方面也需要下功夫。除此之外，当地构建庞大的人才库将成为提升城市竞争能力的核心。

二是全球人才竞争中城市将发挥越来越重要的作用。《报告》认为，城市在全球人才竞争中作用发挥日益显著，将会改变参与全球人才竞争的城市等级。如果一个城市在培养、吸引和留住人才等方面付出诸多努力，但却没有反映这些努力的数据，对这些城市进行全球人才竞争力评价时只能采用国家层面数据，那将会导致低估这些城市人才竞争的能力。所以，要提高城市全球人才竞争力排名，需做好三方面工作：首先，选取评价使用的合适指标，让人才工作决策者了解城市这些指标数值现状并预判发展趋势，在人才引进、人才管理等方面采取切实可行的举措。其次，要针对不同城市制定差异化的人才发展战略，实施差异化人才政策，提出多元化具体举措。最后，城市人才竞争力排名，应当成为城市领导之间相互交流经验的重点，并将其作为检验城市人才工作成效的参照点，为城市人才发展量身定制发展战略，进一步提升城市全球人才竞争能力。

三是小城市逐渐成为全球人才竞争的胜利者。从全球城市人才竞争力指数排名情况看，值得注意的是，除马德里（6 位）、巴黎（7 位）和旧金山（4 位）、洛杉矶（8 位）等国家首都或国际化大城市外，排名前 10 位中的其他 6 个城市人口都在 40 万以下。《报告》认为，受过高等教育的人集中在大型城市的模式已成为过去，虽然大城市在就业规模和城市连接性上仍具有许多优势，但随着交通运输和通信技术的发展，很大程度上弱化了小城市的传统劣势，使小城市的生活质量反而被认为高于环境受到极大挑战的大型城市。因此，在当今全球人才竞争力的格局中，可能曾经的二线甚至三线城市，已经成为排名前列的地区之一。

附　　录

Appendix

B.18
2017年北京人才工作大事记

1月

12日　第三届“首都杰出人才奖”获奖者暨“北京市有突出贡献人才”表彰座谈会召开。北京市委书记郭金龙，市委副书记、代市长蔡奇为获奖者颁奖。四位“首都杰出人才奖”获得者和“北京市有突出贡献人才”荣誉称号获得者代表王宁利发言。

16日　北京市政协十二届五次会议举行了主题为“实施创新驱动发展战略，加快建设全国科技创新中心”的联组讨论会，怀柔科学城目前正在紧密布局。

2月

4日　由北京市、北京航空航天大学、托马斯·聚德霍夫教授三方共建的托马斯北京研究院揭牌仪式在北京航空航天大学唯实国际会议中心举行。研究院将积极推动“建设一批与国际接轨的新型科研机构”和“依托创新平台和重大任务吸引培养高端领军人才”重大任务的落实，围绕人工智能、新材料、生物技术等前沿领域实施“全球顶尖科学家及其创新团队引进计划”，为北京建设全国科技创新中心提供人才保障。

7日 北京市科委举办面向海外高层次人才政府特聘岗位合同签字仪式，北京市科委副主任朱世龙，中国科学院院士刘忠范，北京市委组织部人才工作处处长、北京市人力资源研究中心主任刘敏华，北京市委组织部人才工作处副处长于海蛟，北京市人力社保局流动调配处副处长肖先平等领导出席签字仪式。

16日 北京市召开组织部长会议，传达全国组织部长会议精神，总结2016年工作，部署新一年任务。会议就做好2017年全市组织工作和人才工作提出了要求。

26日 “首都院士之家”首个保健基地在北京中医医院揭牌成立。北京中医医院保健基地将为在京院士提供专业化保健咨询和诊疗服务。

3月

6日 京青互助低氧适应医学研究所共建项目启动仪式在青海省互助县举行。该项目由首都医科大学低氧医学研究所、低氧适应转化医学北京市重点实验室、首都医科大学宣武医院院士专家工作站等提供研究技术平台支持，开展有针对性的应用基础与临床转化研究。

22日 北京市人才工作领导小组办公室组织北京市第十二批“海聚工程”入选专家奖励证书颁发仪式。第十二批“海聚工程”共有133人入选，其中战略科学家1人、全职工作类34人、青年项目31人、短期项目34人、外专长期项目1人、外专短期项目6人、创业类26人。

24日 北京市、比尔及梅琳达·盖茨基金会以及清华大学联合发起成立的全球健康药物研发中心启动仪式在京隆重举行。北京市副市长隋振江、盖茨基金会联席主席比尔·盖茨与清华大学校长邱勇出席了启动仪式并致辞。

30 日 2017 年北京市人才工作领导小组会议召开。会议听取了北京市人力社保局、北京市公安局、北京市教委、中关村管委会有关工作情况汇报，审议并原则通过了北京市人才工作领导小组《关于 2016 年工作情况的报告》《2017 年重点工作安排》《京津冀人才一体化发展规划（2017 ~ 2030 年）》等文件。

31 日 北京精准医疗与健康研究院（筹）在北京科技大学揭牌成立，诺贝尔奖得主斐里德·穆拉德受聘担任研究院名誉院长。研究院将采用与国际接轨的管理和运行机制，充分发挥央地结合优势，为全球顶尖科学家及其团队营造"类海外"的工作和发展环境，联合开展精准医疗与健康领域的国际前沿研究，力争形成一批重大原始创新成果并转化应用，打造具有国际影响力的生物医学创新中心。

4月

11 日 中关村管委会、石景山区政府共同主办的"新浪潮，新活力"全球虚拟现实产业峰会暨中关村虚拟现实产业园启动仪式在北京举行。中关村虚拟现实产业园正式的启动，标志着北京市将虚拟现实产业扶持政策正式落户中关村石景山园区。

北京市与中国航空发动机集团联合发起设立的北京石墨烯产业创新中心举行了授牌仪式。北京石墨烯研究综合实力全国首屈一指，院所数量及研究人员数量占全国半数以上，拥有 20 多个包含院士在内的带头人和研发团队，单位 GDP 产出的专利申请量位列全国第一，一些领域实现国际领跑。

26 日 2016 年度北京市科学技术奖励大会召开，180 项成果荣获北京市科学技术奖。会上宣读了北京市政府《关于 2016 年度北京市科学技术奖励的决定》，有关领导向获奖者颁发了荣誉证书。

北京专家联谊会召开 2017 年常务理事会（扩大）会议。会议听取了北京专家联谊会 2016 年工作报告和 2017 年工作计划，与会专家围绕 2017 年重点工作，就如何发挥专业优势、服务全国科技创新中心建设、非首都功能疏解、京津冀协同发展等重大问题进行研讨，并针对如何加强联谊会建设、更广泛地联系服务首都专家提出了许多建设性的意见和建议。

27 日 京津冀人才一体化发展部际协调小组第二次会议在天津召开，会议总结了部际协调小组成立一年来在推动京津冀人才一体化发展方面开展的工作，审议通过了《京津冀人才一体化发展规划（2017～2030 年）》，研究部署了 2017 年重点任务。北京市顺义区与天津市宝坻区、北京市东城区与河北省承德市、天津市南开区与河北省石家庄市分别在会上签订了人才合作协议。

5月

2 日 北京市服务业扩大开放综合试点示范区外籍人才出入境改革“新十条”正式启动实施，作为示范区，朝阳区和顺义区分别设立了外国人出入境服务大厅，为外籍人才提供更为宽松便捷的出入境、停居留环境。“新十条”落地后，北京市初步形成了中关村科技服务人才、朝阳区商务服务人才、顺义区临空经济服务人才三位一体的外籍人才引智布局。

4 日 北京市委、市政府举行首都青年代表座谈会。北京市委副书记景俊海出席会议并讲话，北京市委常委、组织部部长魏小东主持会议，北京市副市长王宁出席。首都各界青年代表 100 余人参加座谈会。

19 日 北京市人才工作领导小组办公室召开“高创计划”2016 年入选人员代表座谈会暨 2017 年遴选工作启动会。会议为“高创计划”2016 年入选人才代表颁发了证书，总结了 2016 年“高创计划”遴选工作，北京市人才工作领导小组办公室介绍了 2016 年“高创计划”遴选总体情况和下一步工作计划，北京市委组织部、北京市科委、北京市委宣传部、北京市教委、北京市人力社保局分别介绍了各遴选平台相关工作、支持措施，听取了人才代表关于“高创计划”和人才工作的意见建议。

20 日 2017 年全国科技活动周暨北京科技周主场活动在北京民族文化

宫正式拉开帷幕。

22 日 2017 年北京市首席技师工作室申报工作启动。2017 年计划建设 10 家市级首席技师工作室，并对 6 家重点工作室给予资助，充分发挥“金蓝领”技师在加快科技成果转化与推广应用关键环节的不可替代的作用，推动北京市高技能人才培养带动工程的实施。

25 日 北京市人才工作领导小组、北京市党的建设研究会和北京市委党校共同主办的“习近平人才思想专题研讨会”在北京市委党校举行。研讨会邀请 4 位专家分别围绕创新中国特色人才理论、习近平人才工作信息化思想、坚持党管人才原则、深化人才发展体制机制改革做专题报告，解读习近平总书记人才思想核心内容。还邀请 6 位专家与人才代表围绕“向用人主体放权，为人才松绑，为打造具有全球影响力的科技创新中心提供智力支撑”主题展开对话。

6月

1 日 “智造 100”工程新闻发布会在北京亦庄经济技术开发区举行，正式对外发布《“智造 100”工程实施方案》。方案中提出，到 2020 年北京将实现数字化车间、智能工厂、京津冀联网智能制造等 100 个左右智能制造应用示范项目，打造 60 个左右智能制造标杆企业等目标，以此引领带动重点产业智能化转型升级。

2 日 2017 年度优秀人才培养资助工作启动。为深入实施首都人才优先发展战略，培养造就大批青年人才，北京市委组织部再次启动优秀人才培养资助工作，资助项目包括青年骨干个人项目、青年拔尖个人项目、青年拔尖团队项目、人才工作集体项目。

7 日 海淀区人民政府、北京市科委、中关村管委员会及美国加州政府能源委员会联合主办的加州 - 北京科技企业交流活动暨加州 - 北京创新中心启动仪式在中关村国际创新中心举行。加州 - 北京创新中心将作为美国加州政府在京设立的唯一创新服务平台，辅以产业创新基金，成为集空间载体与创新服务于一体的综合机构，最大限度地促进在能源、环保等行业上的技术交流、投融资服务、产业合作、资源共享，建立长久密切的合作关系。

8日 2017年第一期北京人才沙龙成功举办。由北京市人才工作领导小组办公室、中国人民大学国发院国家人才战略研究中心、中国人民大学劳动人事学院联合举办的2017年第一期北京人才沙龙在中国人民大学举行。沙龙邀请了京津冀三地人才工作者及专家学者，为实现京津冀人才互联、政策互通、资源共享，加快建设区域协同创新共同体建言献策。

23~24日 北京市人力社保局、北京市科委、北京市海外学人中心联合主办的第十二期北京市留学人员创业园工作人员培训班在京举办。培训班以“大力延揽海外英才，助推科创中心建设”为主题，对北京市各类引才政策进行了权威解读，并与园区的工作经验相结合，分享了如何坚持和强化首都战略新定位、加强科技创新中心建设的有关经验。

25日 北京专家联谊会健康系列讲座“博物馆里谈养生——像爱护珍宝一样爱护您的心脏”在中华民族艺术珍品馆举办，40余名专家会员参加活动。

26日 北京市教委下发《北京市“一带一路”国家人才培养基地项目管理办法（试行）》的通知。通知指出，北京市将设立“紫禁城奖学金”，用于全奖资助“一带一路”沿线国家来京接受全日制硕士、博士学历教育的留学生和博士后。力争3年资助的奖学金生达到“一带一路”沿线64国全覆盖。

北京市发布首张外国人来华工作许可证。北京市人力社保局副局长、北京市外国专家局副局长李淑萍在北京市人力社保局外专服务大厅为宝马（中国）服务有限公司总裁魏斯麦颁发了外国人来华工作许可证。

京津冀三地人才工作领导小组联合发布了《京津冀人才一体化发展规划（2017~2030年）》。这是我国首个跨区域的人才规划，也是首个服务国家重大战略的人才专项规划。

27日 北京市人才工作领导小组办公室组织召开2017年市海外高层次人才引进工作座谈会。会议强调，面对全市未来五年的目标任务，必须围绕落实北京市第十二次党代会精神，进一步增强做好人才引进工作的责任感、使命感、紧迫感、危机感，为加快建设具有全球影响力的科技创新中心提供坚强的人才支撑。

29 日 北京市委组织部、北京市公安局、北京市财政局、北京市人力社保局、北京市卫计委、中关村管委会 6 家单位联合为 2016 年中关村“高聚工程”入选领军人才颁发证书。2016 年共有 53 名行业领军人才入选中关村“高聚工程”。

30 日 北京专家联谊会第三期青年训练营在怀柔区雁栖湖生态发展示范区管委会开营。近 70 位入选“千人计划”“海聚工程”“高创计划”“优秀青年”“科技新星”“凤凰计划”等人才项目的青年才俊汇聚一堂。

7月

2～3 日 由北京市人才工作领导小组办公室、香港理工大学、北京海外学人中心、北京市科协和西城区委组织部联合举办的“海外大学生北京行”活动在京成功举办。来自中国香港、英国、新加坡、希腊、菲律宾、伊朗、巴基斯坦等国家及地区的近 20 位海外大学生与北京高校学生共同体验中国传统文化，参观科技企业，以“一带一路”为主题展开创新创业交流竞赛。

2～10 日 由北京市委组织部、北京市人力社保局指导，北京市发改委、北京海外学人中心、北京市科协、中关村发展集团联合主办的北京市海外引才品牌活动——“2017 海外赤子北京行”在北京亦庄经济技术开发区举行。此次活动共有来自美国、加拿大、澳大利亚、英国、德国、法国、日本等 20 个国家及地区的 400 多名海外高层次人才报名参加。

4 日 北京市科委、昌平区政府联合组织举办北京未来科学城氢能技术协同创新平台签约仪式，14 家共建单位联合签署了平台共建合作协议，并向首批 20 名专家委员会专家授予了聘书。

6 日 北京专家联谊会在中国矿业大学（北京）举办“京津冀绿色交通施工技术交流专题活动”。本次活动聚焦轨道交通施工技术领域，汇聚政产学研用各方智慧，共同推动京津冀交通一体化发展。

9日 北京市青年联合会、香港青年联会、澳门青年联合会联合主办“2017京港澳青年创新创业论坛”。暑期在京实习的300余名港澳大学生以及港澳青年企业家代表、北京高校学生代表、北京市青联委员和青年创业者代表共800余人参加论坛。

10日 由欧美同学会、北京市委组织部联合举办，北京市发改委、海淀区政府、朝阳区政府承办的“海外院士专家团考察首都国际人才社区”活动顺利举行。来自美国、英国、德国、法国、加拿大、澳大利亚、俄罗斯、以色列、乌克兰等国家的60余位科学院或工程院院士，分别赴新首钢、朝阳望京、海淀中关村大街国际人才社区考察交流。

11日 北京专家联谊会与全球化智库在京联合举办“北京专家联谊会哲社经管界别组智库人才发展讨论会”。会议强调，智库应做好从智库到政府、从政府到智库的“旋转门”工作。在着重培养智库人才的同时，充分利用现有的政府渠道以及媒体平台，建立智库特有的语言和有效的建言献策和社会传播机制，保证“旋转门”中政府与智库双方的交流互动，推动和完善智库人才的发展。

12～14日 2017年北京市人才工作者培训班成功举办。北京市人才工作领导小组各成员单位、各区人才工作者，以及北京市驻海外11个联络处负责人等130余人参加了此次培训。

20日 由北京市委组织部主办、平谷区委组织部牵头，天津市蓟州区、河北省廊坊市、三河市、承德市兴隆县四地组织部门共同开展的首都专家“平蓟三兴”行活动在河北廊坊三河市启动。活动以“平蓟三兴”四地经济社会发展需求和促进人才交流合作为导向，搭建区域合作和人才服务平台，推进京津冀协同发展。

8月

1日 2017年“京青专家服务活动”启动仪式在青海西宁胜利召开。21位首都专家汇聚青海，将在一周时间内，倾智汇力，深入基层，为服务单位送去急需的技术、信息和服务。

14日 北京市委组织部和拉萨市委组织部在拉萨市共同举办2017年“首都专家拉萨行”活动启动仪式。京拉两地党委组织部有关负责同志、首都专家服务团成员和拉萨市有关部门负责同志参加了仪式。

22日 “海外院士专家北京工作站”正式落户北京侨梦苑。海外院士专家北京工作站是在国务院侨办和北京市人才工作领导小组的领导下，由北京市人才工作领导小组办公室和北京市政府侨办在北京共同搭建的海外院士专家沟通交流综合服务平台，旨在瞄准全球顶尖侨务资源，创新引才用才服务机制，打造海外院士专家与全球华人创新创业的示范基地。

23日 “海外院士专家北京工作站”分站授牌仪式和特聘专家颁发证书仪式在北京饭店举行。崔占峰院士、宋伟宏院士等10位海外院士专家分别与北京市高校、科研机构、医院和企业等单位建立了合作关系，被聘为海外院士专家北京工作站专家。

25日 北京市财政局、北京市科委修订《北京市自然科学基金资助项目经费管理办法》，下放了预算调整及经费管理权限，明确了差旅费、会议费及结余经费的管理要求，增加了结算方式、政府采购、资产处置方式、企业税务处理原则等相关内容。

北京市欧美同学会正式成立。北京市欧美同学会首任会长闫傲霜在讲话中表示，北京市欧美同学会将弘扬留学报国光荣传统，建设首都广大留学人员温馨家园，协调推动有关部门优化海归创业环境，搭建留学人员干事创业平台。

29日 北京市教委公布第十三届北京市高等学校教学名师奖、首届北京市高等学校青年教学名师奖获奖名单。授予北京大学李玲等82名教师第十三届北京市高等学校教学名师奖、中国人民大学张翔等50名教师首届北京市高等学校青年教学名师奖。

9月

15日 2017年全国大众创业万众创新活动周北京会场暨中关村创新创

业季活动在中关村国家自主创新示范区展示中心正式启动，此次活动通过展示双创优秀成果，促进创新创业的蓬勃发展，进一步壮大培育经济社会发展的巨大动能。

20日 由北京市科委、中关村管委会、中关村发展集团主办的北京市硅谷人才与科技峰会在位于硅谷圣克拉拉市的中关村硅谷创新中心隆重举行。北京市代市长陈吉宁、中国驻旧金山总领事罗林泉、加州国会议员罗·康纳等出席活动。

21日 北京市人民政府新闻办公室与北京市经信委联合举办《北京市推进两化深度融合推动制造业与互联网融合发展行动计划》新闻发布会。行动计划提出，到2020年，以信息化改造提升传统产业、培育发展新动能的工作格局基本形成，重点行业骨干企业两化融合发展水平显著提高，生产设备数字化率达到65%以上，数字化生产设备联网率达到60%以上，云平台应用率达到75%以上，实现网络化协同的企业比例达到45%以上，制造业数字化、网络化、智能化取得明显进展，产业融合创新催生的新业态成为北京经济增长的新引擎，成为辐射引领京津冀协同乃至全国产业升级的新典范。

北京市科委正式对外发布2018年度首都科技领军人才培养工程和北京市科技新星计划入选人员名单。入选人员30人，涉及电子信息、装备制造等8个专业领域。

22日 2017首都高层次人才中秋联谊会在北京市东城区成功举办。包括国家“千人计划”专家、“万人计划”专家、北京市“海聚工程”特聘专家、“高创计划”专家、北京市突出贡献专家、北京市优秀青年人才在内的近100位首都各界的高层次人才汇聚一堂，共赏北京民俗和精彩节目，共话创新创业合作，共庆国庆中秋佳节，共迎党的十九大胜利召开。

25~26日 京冀两地党委组织部门联合举办了“首都专家延庆张家口行”活动。活动紧紧围绕京津冀协同发展战略和冬奥会等大事要事，按照延庆区和张家口市提出的实际需求，组织了涉及冬奥会筹办、新能源利用、教育培训、医疗卫生、生态农业等领域的30余名专家和相关区委办局职能处室负责同志参加。

26 日　北京市《关于率先行动改革优化营商环境实施方案》正式发布。北京市将从投资、贸易、生产经营、人才发展、法治五大方面，陆续推出26 项改革新政，着力加大北京市营商环境改革力度。

27 日　北京专家联谊会、北京农学院和北京市农林科学院联合举办“京津冀农业科研人才协同发展研讨会”。与会专家畅所欲言、各抒己见，为京津冀农业科研人才一体化发展建言献策。

28 日　由北京市人才工作领导小组办公室、中国人民大学国发院国家人才战略研究中心、中国人民大学劳动人事学院联合举办的 2017 年第二期北京人才沙龙在中国人民大学举行。沙龙邀请了国家人社部、北京市人大常委会、北京市政府法制办、北京市法学会等有关部门同志，以及中国社会科学院、中国人事科学研究院、中国人民大学的专家学者，围绕北京市如何开展人才立法工作进行深入研讨，为加速优化首都人才法治环境建言献策。

10月

10 日　2017 年北京市人才工作领导小组第二次会议召开。会议传达了中组部深化人才发展体制机制改革经验交流会和市委常委会会议精神，听取了中关村管委会、北京市人力社保局、北京市科委有关工作情况汇报，审议了《关于落实首都人才发展体制机制改革重点任务分工的督查方案（征求意见稿）》。

由北京建筑大学发起的“一带一路”建筑类大学国际联盟宣告成立。该联盟成员覆盖亚洲、欧洲、北美洲、南美洲、大洋洲的 19 个国家的 44 所大学。该联盟为按照“自愿平等、开放共享、合作共赢、创新发展”的原则自发组织的非营利性战略合作组织，致力于高素质、国际化工程技术人才培养，培育模式的创新实践，为社会培养高水平、实践能力强的工程技术人才，实现高层次工程技术人才教育的新突破。

26 日　由北京海外学人中心组织的北京海外引才团组出访澳大利亚和

新加坡，宣讲北京市海外人才政策，推介北京市第三批政府特聘岗位，与驻外使领馆、当地政府、中关村驻澳大利亚联络处、华人专业社团及中央媒体驻外机构负责人等各界人士深入交流。

31日　北京海外学人中心主办的海外高层次人才学习党的十九大精神培训班在京举办。本次专题培训班旨在深入领会党的十九大精神实质，学习贯彻习近平总书记关于人才工作的重要指示精神，切实发挥新时代北京海外高层次人才的爱国之情、强国之志、报国之行。

11月

2日　北京市委组织部召开第18批博士服务团成员送行座谈会。北京市选派的18名博士服务团成员，选派系统、选派单位有关负责同志以及往届博士服务团成员代表参加了会议。博士服务团工作是中组部、团中央贯彻落实西部大开发战略和人才强国战略、为西部地区提供智力支持的重点人才项目。

3日　北京海外学人中心与石景山区委组织部联合组织了北京海外高层次人才石景山行，北京海外学人中心石景山分中心揭牌仪式在石景山经济发展推进大会上成功举行。

9日　北京市委组织部对2017年度北京市优秀人才培养资助拟资助项目进行公示，其中，初步确定2017年度优秀人才培养资助各类项目375个，其中骨干个人项目300个、青年拔尖个人项目50个、青年拔尖团队项目5个、人才工作集体项目20个。

16日　在科技部、北京市政府联合指导下，由中关村管委会、中关村发展集团主办，中关村硅谷创新中心承办的首届中关村硅谷全球创新未来峰会暨中关村海外论坛于美国硅谷隆重举行。在中美各界合作伙伴的关心与支持下，峰会邀请到以世界顶尖科学家、中美一线企业家、投资人、创业者在内的众多重量级嘉宾齐聚一堂，共襄盛举。

27日　由科技部与北京市政府主办、北京市科委承办的2017中国（北京）跨国技术转移大会在北京国际会议中心开幕。大会围绕“汇聚全球之智、共谋创新发展”的主题，按照“创新战略、前沿趋势、要素整合、产业发展”四大版块，聚焦“一带一路”科技创新合作，继续打造技术转移与创新合作国际平台，重点关注前沿创新技术，推动国内创新主体融入全球创新体系，支撑北京具有全球影响力的科技创新中心建设。

28 日　由北京市科委、中关管委会、香港贸易发展局、香港科技园公司联合主办的京港科技创新合作专题活动在香港会展中心举行。专题活动以“建设全国科技创新中心——科技创新驱动京港可持续发展”为主题，向香港各界人士展示了北京加强全国科技创新中心建设的发展目标、总体布局、重点任务和政策措施，以及“三城一区”的功能定位、发展重点和重大项目等。

12月

11 月下旬至 12 月中旬　北京市人才工作领导小组开展首都人才发展体制机制改革任务分工落实督查工作。通过督查，压紧压实首都人才发展体制机制改革责任，着力破解难题，发现特色亮点，推动工作落实，健全完善首都现代化人才发展治理体系，形成“聚天下英才而用之”的政策环境和制度环境。

6 ~ 11 日　北京市人才工作领导小组办公室组团赴香港开展人才合作交流，与香港理工大学、香港科技大学、香港科技园、澳门人才发展委员会等相关机构就集聚高端人才、推动京港（澳）人才交流互访、共促人才创新创业等主题进行研讨交流，召开了海外联络处主任会，促进了京港澳人才合作。

13 ~ 15 日　京津冀三地党委组织部门在河北保定举办 2017 年京津冀高层次人才国情研修班。研修班以“深入贯彻落实党的十九大精神，推进京津冀人才一体化发展”为主题，安排了专题讲座、现场教学、座谈交流等内容。三地 80 余名高层次人才参加了研修班。

21～23日 京津冀三地党委组织部门在天津武清举办2017年京津冀人才工作者培训班。围绕学习贯彻党的十九大精神，深入学习习近平总书记关于人才工作重要论述，深刻解读《京津冀人才一体化发展规划（2017～2030年)》，系统掌握京津冀协同发展的重大决策和工作部署开展培训。三地人才工作领导小组成员单位职能处室负责同志、市（区县）党委组织部分管人才工作领导和人才工作科室负责同志等近200人参加了培训。

22～23日 由北京市人才工作领导小组办公室与中国人民大学劳动人事学院联合举办的“2018年（第十四届）中国人力资源管理新年报告会暨中国人才发展高峰论坛”在中国人民大学如论讲堂隆重举行。报告会以“创变时代的管理范式”为主题，盘点了人力资源管理年度大事，共同探讨了新时代人才强国与创新发展战略，探索中国人力资源管理问题的解决之道和实践之路。

B.19

2017年北京人才发展重要政策文件目录

1.《关于加快知识产权首善之区建设的实施意见》（京政发〔2017〕4号），北京市人民政府，1月10日。

2.《北京市“十三五”时期现代产业发展和重点功能区建设规划》（京政发〔2017〕6号），北京市人民政府，1月13日。

3.《关于调整本市引进非北京生源毕业生和人员调京工作渠道的通知》（京人社毕发〔2017〕45号），北京市人力资源和社会保障局，2月21日。

4.《首都科技领军人才培养工程实施管理办法》（京科发〔2017〕64号），北京市科学技术委员会，3月7日。

5.《北京市科技新星计划管理办法》（京科发〔2017〕65号），北京市科学技术委员会，3月7日。

6.《“十三五”时期北京市属高校高水平教师队伍建设支持计划》（京教工〔2017〕18号），中共北京市委教育工作委员会、北京市教育委员会，3月8日。

7.《中关村国家自主创新示范区优化创业服务促进人才发展支持资金管理办法》（中科园发〔2017〕14号），中关村科技园区管理委员会，4月6日。

8.《关于促进通州区教师素质提升支持计划（2017－2020年）》（京教人〔2017〕13号），北京市教育委员会、北京市财政局，4月16日。

9.《关于在部分区开展外国人来华工作许可受理试点的通知》（京人社外专发〔2017〕97号），北京市人力资源和社会保障局，5月4日。

10.《关于开展第十三届北京市高等学校教学名师奖暨首届北京市高等学校青年教学名师奖评选工作的通知》（京教高〔2017〕9号），北京市教

育委员会，5 月 27 日。

11.《关于支持和鼓励高校、科研机构等事业单位专业技术人员创新创业的实施意见》（京人社专技发〔2017〕117 号），北京市人力资源和社会保障局，5 月 31 日。

12.《关于开展 2017 年度优秀人才培养资助工作的通知》（京组通〔2017〕29 号），中共北京市委组织部，6 月 2 日。

13.《北京市高层次创新创业人才支持计划卫生领军人才支持项目实施方案》（京卫组人〔2017〕48 号），北京市卫生和计划生育委员会，6 月 19 日。

14.《北京市“一带一路”国家人才培养基地项目管理办法（试行）》（京教外〔2017〕4 号），北京市教育委员会、北京市财政局，6 月 20 日。

15.《北京市“十三五”时期能源发展规划》（京政发〔2017〕18 号），北京市人民政府，6 月 23 日。

16.《京津冀人才一体化发展规划（2017 ~ 2030 年）》，北京市人才工作领导小组、天津市人才工作领导小组、中共河北省人才工作了领导小组，6 月 26 日。

17.《加快全国科技创新中心建设促进重大创新成果转化落地项目管理暂行办法》（京经信委发〔2017〕47 号），北京市经济和信息化委员会，6 月 29 日。

18.《首都卫生发展科研专项管理办法》（京卫科教字〔2017〕25 号），北京市卫生和计划生育委员，7 月 10 日。

19.《关于推进首都国际人才社区建设的指导意见》（京人才发〔2017〕2 号），北京市人才工作领导小组，7 月 17 日。

20.《北京市自然科学基金资助项目经费管理办法》（京财科文〔2017〕1842 号）北京市财政局、北京市科学技术委员，8 月 8 日。

21.《北京市关于进一步加快发展民族教育工作的意见》（京教基二〔2017〕16 号），北京市教育委员会、北京市民族事务委员会，8 月 17 日。

22.《关于进一步规范本市引进非北京生源毕业生和人员调京工作渠道

的通知》（京人社毕发〔2017〕193 号），北京市人力资源和社会保障局，8 月 31 日。

23.《关于加强本市引进非北京生源毕业生公示工作的通知》（京人社毕发〔2017〕194 号），北京市人力资源和社会保障局，8 月 31 日。

24.《关于财政支持疏解非首都功能构建高精尖经济结构的意见》（京政办发〔2017〕35 号），北京市人民政府办公厅，9 月 2 日。

25.《北京市高精尖产业发展资金管理暂行办法》（京经信委发〔2017〕74 号），北京市经济和信息化委员会、北京市财政局，9 月 13 日。

26.《〈中关村国家自主创新示范区优化创业服务促进人才发展支持资金管理办法〉实施细则（试行）》（中科园发〔2017〕37 号），中关村科技园区管理委员会，9 月 14 日。

27.《北京市属高等学校科技创新平台建设管理办法》（京教研〔2017〕14 号），北京市教育委员会、北京市财政局，9 月 15 日。

28.《北京高等学校卓越青年科学家计划管理办法》（京教研〔2017〕15 号），北京市教育委员会、北京市财政局，9 月 15 日。

29.《关于率先行动改革优化营商环境实施方案》（京发〔2017〕20 号），中共北京市委、北京市人民政府，9 月 16 日。

30.《北京学者计划实施办法》（京政办发〔2017〕41 号），北京市人民政府办公厅，9 月 25 日。

31.《关于 2017 年度北京市科学技术奖励的决定》（京政发〔2017〕31 号），北京市人民政府，11 月 21 日。

Abstract

Annual Report on Development of Beijing's Talent (*2017*) is the sixth book from the series "Blue Book of Beijing's Talent", edited by Beijing Human Resource Research Center for the purpose of comprehensively presenting and summarizing the theoretical achievements and practical experience of talent development in Beijing for a certain period. The report comprises six parts: General Report, Report on Industry, Report on District, Report on Specialist, Invited Report and Appendix.

General Report summarizes the basic situation of talent development in Beijing, discusses the main progress of the capital's development of world's high-end talents, and also gives a prospect for the future work.

Report on Industry, Report on District, Report on Specialist and Invited Report have collected reports on talent development in some key industries, districts and experts in Beijing. They in combination aim to display practical exploration, work achievements and strategies by related departments, districts, experts and scholars from a multi-perspective.

Appendix has collected significant event and important documents directory on talent development in Beijing in 2017, enabling the readers to acquire a comprehensive understanding on the general strategy of development in Beijing during the concerning period.

Contents

Ⅰ General Report

Abstract: Firstly, the report summarizes the development of talent resources in Beijing from the quantity, quality and structure. Secondly, the report focuses on the implementation of major talent projects, reform on system and mechanism of talent development, creation of talent development environment, promotion of talent integration of talents in Beijing-Tianjin-Hebei region, adherence to the principle of party managing talents and other aspects, mainly discusses Beijing's main practice and experience in building the world's high-end talents and gathering talents. Finally, the report looks into the working direction and key content about implementing the spirit of 19th CPC Congress, promoting the implementation of the "Beijing Urban Master Plan (2016 - 2035)", focusing on the internationalization of talent work and the reform of system and mechanism for talent development, and looking forward to the talent work of Beijing.

Keywords: Gather the Talents of the World and Use them; System Mechanism Reform; Integration; High-end Talent Gathering Capital

Ⅱ Report on Industry

B. 2 Research on Typical Cases and Countermeasures of High-end Innovative Talents Introduction in Beijing

Group of Talent Exchange Center of Beijing Municipal Science & Technology Commission / 021

Abstract: With the emergence of new scientific and technological revolution, the importance of high-end innovative talents has become increasingly prominent in technical innovation and industrial development. In order to attract high-end innovative talents, local governments have been actively introducing policies to meet the needs of local development and to appeal to high-end innovative talents. Based on the analysis of the existing standard of Beijing talent plan, this report puts forward the definition of high-end innovative talents and summarizes the development process of high-end innovative talents in Beijing. Based on the research of large number of high-end innovations in the field of biological medicine and new materials, the article summarizes the introduction experience and requirements of high-end innovative talents. Finally, it gives relevant suggestions and key strategies to promote introducing the high-end innovative talents in Beijing. Based on the feedback, the problem includes improving the talent evaluation and incentive mechanism, optimizing the layout of talent planning and developing platform, expanding the channels of talent introduction, strengthening the construction of the service platform and the supporting measures, optimizing the life support measures, strengthening the publicity of talent policy and so on.

Keywords: High-end Innovative Talents; Talent Introduction Experience; Countermeasures

Abstract: The article first presents the human resource data in Zhongguancun Talent Management Reform Experimental Zone in 2016, including the scale, structure and outputs. Secondly, we analyze the policy making, policy implementing and other activities. Thirdly, we summarize the characteristics of Zhongguancun Talent Management Reform Experimental Zone's development. In 2016, Zhongguancun has accelerated the gathering of overseas talents with obvious high-end advantages; the total number of scientific and technological talents has continued to grow and the level has improved; the structure of the talent contingent has been optimized and the talents in the characteristic industries have been concentrated; the results of innovation have been outstanding and there's plenty of entrepreneurial energy. Overall, Zhongguancun Talent Management Reform Experimental Zone shows the characteristics of being a leader, a pilot and an explorer.

Keywords: Talent Management Reform Experimental Zone; Talent Development; Overseas Returnee Talent

Abstract: As the three Beijing's current development strategic plans, the "Four-Center" strategic positioning, the evacuation of non-capital functions and the construction of a "global-city" are making a new inner-request to the development of Beijing's international high-level talent team. This paper will analyze the existing problems of Beijing's international high-level talent team based on literature research, case study and other methods. And comparing with foreign typical cities' experiences of gathering international high-level talent, we should make countermeasures and suggestions of the international high-level talent's development and utilization by the city, to encourage the international high-level talent's leadership and scientific and technological innovation, strengthen the international talent training, and promoting Beijing to become the capital of the first class talents in the world.

Keywords: High-level Talent; City Strategic Positioning; System and Mechanism Reform; Policy Innovation

B. 5 Research on System and Mechanism Reform of Beijing's Talent

Chen Bei / 086

Abstract: Talents are the foremost resource. Building a strong talent pool is vital to the economic and social development. Based on accelerating the pace of building a world-class talent system, this paper focuses on solving difficulties within talents introduction mechanism, and carries out practical researches from perspectives of "break", "delegation", "fusion" and "innovation".

Keywords: Talent; System and Mechanism Reform; Evaluation and Stimulation

B. 6 Research on Introduction and Cultivation of High-end Financial Talents in Beijing

Huo Xuewen / 095

Abstract: Since the 18th Congress of the CPC, China has continuously stressed the importance of talents as the first resource of economic and social development. President Xi Jinping has proposed "gathering and using the talents of the world" and accelerating the construction of talent system with global competitiveness. In this paper, by analyzing the development history of three major international financial centers in Amsterdam, London and New York, and the comprehensive comparative advantages of the three major domestic financial centers in Beijing, Shanghai and Shenzhen, we highlight the irreplaceable role of high-end financial talents in promoting international financial center competition and accelerating the formation of the international financial center, adhere to the core strengths of the capital financial talents and financial resources priority development strategy, propose a series of measures to strengthen the financial high-end talent introduction and training, to maintain the dominant position of Beijing financial industry and to be in an invincible position in the fierce competition.

Keywords: International Financial Center; Financial Talents; Core Advantage; Introduction and Cultivation

Ⅲ Report on District

Abstract: Nowadays, the Party and Chinese government have attached great importance to advancing the international development of talents. It is an important component of talent strategy. Through the introduction and cultivation of international talents, international competitiveness of some key technologies, emerging disciplines and emerging industries could be significantly improved. Also, this practice is conducive to raising the disclosure power of China in the process of globalization. In recent years, Dongcheng District has actively implemented policies and key values related to the enhancement of the introduction, cultivation and service of international high-level talents. Based on regional characteristics, Dongcheng District is continuously strengthening the capabilities of attracting and conglomerating international talents through policy breakthrough, cross-cultural exchange, optimization of the innovation and entrepreneurship platform as well as improvement of the atmosphere of internationalization. At the same time, we have actively proposed new ideas for the development of international talents, including major practical actions like the construction of Hangxin Park, Dongcheng Cultural Talent (International) Pioneering Park, which all have brought out critical achievement. In the future, on the basis of current mechanism, Dongcheng District will increase the intensity of reform and innovation, and actively promote the international level of talent to transform Dongcheng District into an area which is habitable for international talents and a land of promise to innovate and start business.

Keywords: International Talent; Cultural Talent; Globalization

Abstract: Chaoyang District plays an important role in performing the core functions of Beijing, China's capital, and conducting international exchanges. Meanwhile, Chaoyang District is a key corridor that connects Beijing's centers and sub-centers. Guided by President Xi Jinping's ideas about the talent, Chaoyang District will continue its strategy of talent internationalization and will attract more global talents, which will provide further impetus for Chaoyang District in making new breakthroughs during the 13th Five-year Plan period. Firstly, Chaoyang District will enhance its internationalization with global perspective. It will grasp the trend of the era and further expand the opening – up policy for talents. Based on the development requirements, Chaoyang will further deepen the talent internationalization. Also, it will promote innovation and development, and attract more international talents. Secondly, the development of Chaoyang District will be led by the talents. Chaoyang will introduce talents in line with development demands and project requirements and will attract more talents through building international platform. Last but not least, Chaoyang District will upgrade talents competitiveness thorough optimizing the environment. Chaoyang will conduct reforms and innovation, motivate talents; optimize the environment for talents; improve the legal protection for talents; as well as create the diverse but integrated cultural atmosphere.

Keywords: Chaoyang; Talent Internationalization; International Talents; Talent Environment

Abstract: Haidian District has the advantages of science and technology, education and human resources. In the context of strengthening the construction of the national science and technology innovation center by central government and Beijing municipal government, Haidian District will seize the historical opportunity for development, focus on Zhongguancun Science City, comprehensively implement the innovation-driven strategy, to promote the construction of core area of national science and technology innovation center with all Haidian District's effort. Aiming at the shortage of top talent, the insufficiency of talents internationalization, the deficiency of talents flow mechanism, the deterioration of talents survival and developmental environment in Zhongguancun Science City, it is time to work harder and accelerate the pace of exploration, from expanding the field of vision, deepening the reform of institutional mechanisms, providing better personnel service and support and building talent development environment, which can improve Beijing-Tianjin-Hebei region, set a good example for the whole country, and have the deep influence in the globe, to provide the solid intellectual support and talents guarantee for the construction of the national science and technology innovation center.

Keywords: Zhongguancun Science City; International Talents; Industrialized Talents; Innovation and Entrepreneurship

Abstract: Centering on deepening the study and implementation of Xi Jinping's instructions to talent work, this article expounds major practices on talent work in recent years and future directions in Fengtai District from three aspects. Firstly, the career shapes talents and enables the high-flyers to develop freely. By building up a career platform characterized by clustering, internationalization and integration, we create an innovation and business space, build an open and integrated network and facilitate the flow and development channels for talents. Secondly, the favorable environment attracts talents and is the best niche for high-flyers. We need to build up a harmonious and favorable public service environment, a flexible and efficient market allocation environment, and a habitable and workable urban living environment for talents. Thirdly, the good mechanism encourages talents and enables high-flyers to give full play to their talents. We need to establish a more flexible talent introduction mechanism, effective talent-cultivation mechanism, scientific talent evaluation mechanism and diversified talent investment mechanism. By renewing talent development mechanism, we will work to build Fengtai District into a place for talents to develop their careers, to develop in clusters, to realize their social values in the course of implementing the "four-center" strategy to serve the capital, making this district a real "fertile land for harvest and central stage for success" .

Keywords: Talent Work; Career Platform; Development Environment; Incentive Mechanism

B. 11 Research on the Integration of Talents and Industries in the Urban Sub-center of Beijing

Abstract: The new Beijing urban master plan in 2017 clearly puts forward the orientation of the urban sub-center. By tightly centering on the docking of function and population ease of the central city districts, it requires the sub-center to play its demonstrating role in the ease of non-capital functions, to promote the organic combination of the administrative and other urban functions, and to form a comprehensive set of urban function for the sub-center. These are brand-new requirements for the construction of the urban sub-center. From the current status of development of the urban sub-center, the integration of talents and industries is not enough, and even becomes the constraints for further development. Promoting and upgrading the integration of talents and industries is therefore an urgent issue to be solved . This report presents a comprehensive analysis on the integration of the urban sub-center's talents and industries. With the core development concept of humanism, it comes out with some key approaches to promote the integration of talents and industries, such as policy innovation, industrial development guidance and environmental construction, as well as some key projects to promote the integration and development.

Keywords: Sub-center; Industrial Structure; Talent Strategy; Integration of Talents & Industries

Ⅳ Report on Specialist

B. 12 Research on Countermeasures for the Innovation and Development of Exit and Entry Management Policy for Foreign Talent in Zhongguancun

Wang Huiyao / 184

Abstract: In March 2016, the Ministry of Public Security officially launched 20 policies for the entry and exit of foreign talents in Beijing. Among these policies, there are ten policies specially targeted at Zhongguancun Science Park, covering four major groups, including foreign high-level talents, foreign member of entrepreneurial team and foreign technical talents, ethnic Chinese with foreign nationality and foreign students in China. These ten policies involve the facilitation measures and services in visa and residence permit application during their innovation and enterpreneurship in Zhongguancun. After more than a year of practice, Zhongguancun's Exit & Entry Policies for international talents have achieved good results, greatly mobilized foreign talents' enthusiasm to start up new businesses in Zhongguancun, promoted the formation of Zhongguancun's international environment and atmosphere of innovation and entrepreneurship , and played a good demonstrative role for other domestic regions to follow up, regarding the formation and implementation of international talent policies. Based on the current situation of Zhongguancun's international talents, the characteristics and the implementation effect of the Exit & Entry policy reform, this report analyzed the development status of Zhongguancun's international talents and put forward several policy recommendations.

Keywords: Foreign Talents; Exit & Entry Policies; Innovative Development Strategy

Abstract: The institutional construction thought is an important part of Xi Jinping's thoughts on talents. This paper presents an in-depth analysis of its origin, its development, and its guiding significance for talent work. Corresponding measures to building a world-class talent capital are also proposed from the following four aspects: the thinking of rule of law, mind of opening-up, pushing forward reform and innovation, as well as carrying out regional cooperation.

Keywords: Talent institution; Thinking of rule of law; Mind of opening-up; Reform and innovation; Regional cooperation

Abstract: The Chinese talent system is an important component of the socialist system with Chinese characteristics. It is an important task to promote the establishment of the talent system with global competitiveness for realizing the general goal of comprehensively deepening reform. To build up the talent system with global competitiveness, we should focus on the basis of talent training, take the absorption and allocation of global talents as a breakthrough, take the decisive role of market as the guidance, and take the realization of talent value as the core. Additionally, we should further the reform of talent development system and mechanism. The talent system with Chinese characteristics needs further improvement and development. We ought to comprehensively strengthen the global competitiveness of China's talent system, and its purpose is to provide powerful talent system support for economic and social development.

Keywords: global competitiveness; talent system; institutional and mechanisms reform

V Invited Report

B. 15 Research on the Growth Law of High-end Talents

Group of Beijing Human Resource Research Center / 225

Abstract: High-end talents are the talent groups with high comprehensive quality, high technical skills and outstanding social contribution. Based on the theoretical definition of high-end talents, the paper analyzes the basic rules of high-end talent growth, and puts forward some suggestions on how to cultivate and use high-end talents.

Keywords: High-end talents; Law of Growth; Working Environment; Talent Scout

B. 16 Innovative Measures to Implement International Talent Strategy in Chaoyang District

Research group of Innovative Measures to Implement International Talent Strategy in Chaoyang District / 249

Abstract: Chaoyang District has been an important window for foreign affairs and communications as well as a fertile ground for international talents' innovations. In recent years, in response to the requirements of regional development and strategies of attracting overseas talents, Chaoyang has developed several innovative mechanisms, including "Phoenix Plan" and "Overseas Talent Entrepreneurship Conference" (OTEC). A lot of achievements are made by means of such strategies as basic regulations, talent assessment and platform-building. Focusing on analyzing the features and effects of talent internationalization policies of Chaoyang District, this paper also gives some suggestions to its talent work in the future.

Keywords: Chaoyang District; Phoenix Plan; OTEC; Talents Internationalization

Abstract: The competitiveness of talents can motivate a country (or city) to attract a large number of high – quality talent capital, improve productivity and promote economic prosperity by formulating a series of talents policies and adopting a series of action plans. Therefore, this article focuses on "The Global Talent Competitiveness Index 2017", so as to understand the competitive ability of most countries in the world and master the development of talent in major cities, and analyze the main trend reflected in the report.

Keywords: Global Talent; Talent Competitiveness; Talent Competitiveness Index

S 子库介绍
Sub-Database Introduction

中国经济发展数据库

涵盖宏观经济、农业经济、工业经济、产业经济、财政金融、交通旅游、商业贸易、劳动经济、企业经济、房地产经济、城市经济、区域经济等领域，为用户实时了解经济运行态势、 把握经济发展规律、 洞察经济形势、 做出经济决策提供参考和依据。

中国社会发展数据库

全面整合国内外有关中国社会发展的统计数据、 深度分析报告、 专家解读和热点资讯构建而成的专业学术数据库。涉及宗教、社会、人口、政治、外交、法律、文化、教育、体育、文学艺术、医药卫生、资源环境等多个领域。

中国行业发展数据库

以中国国民经济行业分类为依据，跟踪分析国民经济各行业市场运行状况和政策导向，提供行业发展最前沿的资讯，为用户投资、从业及各种经济决策提供理论基础和实践指导。内容涵盖农业，能源与矿产业，交通运输业，制造业，金融业，房地产业，租赁和商务服务业，科学研究，环境和公共设施管理，居民服务业，教育，卫生和社会保障，文化、体育和娱乐业等 100 余个行业。

中国区域发展数据库

对特定区域内的经济、社会、文化、法治、资源环境等领域的现状与发展情况进行分析和预测。涵盖中部、西部、东北、西北等地区，长三角、珠三角、黄三角、京津冀、环渤海、合肥经济圈、长株潭城市群、关中—天水经济区、海峡经济区等区域经济体和城市圈，北京、上海、浙江、河南、陕西等 34 个省份及中国台湾地区 。

中国文化传媒数据库

包括文化事业、文化产业、宗教、群众文化、图书馆事业、博物馆事业、档案事业、语言文字、文学、历史地理、新闻传播、广播电视、出版事业、艺术、电影、娱乐等多个子库。

世界经济与国际关系数据库

以皮书系列中涉及世界经济与国际关系的研究成果为基础，全面整合国内外有关世界经济与国际关系的统计数据、深度分析报告、专家解读和热点资讯构建而成的专业学术数据库。包括世界经济、国际政治、世界文化与科技、全球性问题、国际组织与国际法、区域研究等多个子库。

法律声明